古瀬奈津子 編

広開土王碑拓本の新研究

同成社

まえがき

――お茶の水女子大学本の発見の経緯と概要――

「広開土王碑」は、高等学校の日本史教科書にも世界史教科書にも掲載されている、よく知られた史料である。高句麗史の史料としてだけではなく、四世紀末から五世紀初頭に倭が高句麗と戦ったことが書かれているため、他に文献史料がほとんどない四世紀から五世紀の日本古代史を考える際にも、重要な史料として取り上げられてきた。また、戦後には「広開土王碑文」が日本の陸軍参謀本部によって石灰で改竄されたとする説が出され、注目を集めた。しかし、その後、原碑調査や「原石拓本」の研究が進み、「石灰拓本」の制作事情が明らかになってきたことにより、現在では否定されている。

近年では、「広開土王碑」の「石灰拓本」が日本各地で新たに発見されている。二〇一二年は、広開土王没後一六〇〇年ということもあり、「広開土王碑」や「広開土王碑拓本」に関するシンポジウムが韓国や日本で開かれた。お茶の水女子大学でも、歴史資料館所蔵の「広開土王碑拓本」が再発見され、それを契機に「発見！お茶の水女子大学の広開土王碑拓本」が二〇一二年七月七日（土）国際日本学シンポジウムの第一セッションとして開催された。当日は、広開土王碑研究の第一人者である武田幸男氏（朝鮮古代史）、中国側の代表的研究者である徐建新氏（日本古代史）、早乙女雅博氏（朝鮮考古学）、奥田環氏（博物館学）による講演が行われ、その後、三上喜孝氏（日本古代史）を司会にパネルディスカッションが催された。

本書では、第一部に、シンポジウムの講演をもとにして現在新しい展開を見せている「広開土王碑拓本」研究の最新の研究動向を収録するとともに、二〇一二年に金光図書館で再発見された石灰拓本について稲田奈津子氏に、同じく二〇一二年に山形大学小白川図書館で発見された石灰拓本について三上喜孝氏に寄稿していただいた。第二部には、研究の積み重ねにより創出された「広開土王碑拓本」の代表的な年代判定法によりお茶の水女子大学本の拓出年代を論じた武田幸男氏、徐建新氏、早乙女雅博氏・橋本繁氏の論文を収めた。

まず、「広開土王」と「広開土王碑拓本」について簡単に説明しておこう。広開土王（好太王）は、中国東北部から朝鮮半島北部にかけて存在した高句麗の最盛期の王で、三九一年から四一二年に在位した。広開土王碑は、没後に息子の長寿王によって建立されたもので、現在は中国吉林省集安市にある。高さ約六・四メートル、凝灰岩で造られた不整形の方柱で、四面に約一八〇〇文字が刻まれている。碑文には広開土王の事績などが記されていて高句麗史の重要な史料であるが、四世紀末から五世紀初頭に倭が高句麗と戦ったことが記されているため、四世紀から五世紀の日本の歴史を考える上でも貴重な史料となっている。

碑文は四面あるが、碑文の内容は二部に分けられる。第Ⅰ面第六行末尾の空白二字分以前が序論となっていて、高句麗の始祖から広開土王にいたる高句麗の王統が神話的に語られている。本論は二部に分けて扱うのが通例で、本論第一部は第Ⅲ面第八行の「凡所攻破城六十四村一千四百」まで、本論第二部は「守墓人烟戸」から末尾までとなっている。本論第一部は、大王の勲績を各年に列挙している「紀年記事」で、全部で八年（八条）からなる。高句麗と倭が戦ったこともこの部分に含まれている。本論第二部は「守墓人烟戸」の記事で、大王墓の墓守に関する規定である。

広開土王碑は一八八〇年頃発見され、原碑調査が困難であったこともあり、拓本の解読が日中韓台の研究者らによって進められてきた。拓本は、拓本を手書きで写した「墨水廓塡本」、石灰で崩れた字画を整えて拓出した「石灰拓本」、なにも加工をほどこさずに拓本をとった「原石拓本」の三種類に分類できる。史料的には「原石拓本」が最も重要であるが、碑面が風化しており、文字を解読するのは大変困難である。

日本に最初にもたらされた拓本は陸軍軍人酒匂景信による「墨水廓塡本」であった。その後、現地で「石灰拓本」が一八九〇年代から一九三〇年代にかけて盛んに作られ、日本にも多くの拓本が将来された。背景としては、近代日本の朝鮮半島進出を正当化するために、碑文の記事が注目されたことが指摘されている。

戦後、広開土王碑文が日本の陸軍参謀本部によって石灰で改竄されたとする説が出されたが、その後、「原石拓本」の研究が進んだことなどにより、現在では否定されていることは前述のとおりである。

お茶の水女子大学の広開土王碑拓本は、前身の東京女子高等師範学校が、一九二三年の関東大震災後に購入もしくは寄贈によって入手したものと考えられる。一九三二年、東京女子高等師範学校がお茶の水から現在の大塚に移転した後、大学本館にあった歴史国語標本室に保管されていたと思われ、一九七二年に文教育学部本館（現在の文教育学部一号館）が造られた際に、史学科研究室に移された。史学科の青木和夫先生（一九二六〜二〇〇九、日本古代史、お茶の水女子大学名誉教授）定年後に文教育学部二号館の博物館学資料室に移管され、二〇〇九年頃より歴史資料館が保管してきた。

お茶の水女子大学本の拓本は四面そろった完全な形で発見され、表装されておらず、各面は縦五三二〜五四六センチ、横一〇一〜一八二センチの大きさで、一辺五三センチほどの正方形の中国製の紙を貼り継いで作られている。

二〇一二年三月二十四日に中国側の研究者である徐建新氏に、三月二十六日には広開土王碑研究の第一人者である武田幸男氏、早乙女雅博氏、三上喜孝氏、稲田奈津子氏、橋本繁氏、奥田環氏に調査していただいた。さまざまな手法を駆使して調査することにより、この拓本の拓出年代が推定できたことの意義は大きい。その成果については、本書の中で明らかにされるであろう。

なお、お茶の水女子大学のシンポジウム当日、歴史資料館により、拓本の第I面が本館一〇三室で特別展示され、一〇〇人を超える入場者があった。拓本の写真はお茶の水女子大学デジタルアーカイブズ（http://archives.cf.ocha.ac.jp/shiryo_takuhon.html）でも閲覧できる。

以上、多くの方々からのご協力を得て、国際日本学シンポジウムを開催し、本書を刊行する運びとなった。記して感謝の意を表したい。

本書が「広開土王碑拓本」研究の今後の進展に資するものとなれば幸いである。

二〇一三年四月

古瀬奈津子

目次

第Ⅰ部　広開土王碑拓本研究の現在

広開土王碑の真意をたずねて

武田幸男

一　「広開土王碑」碑文の三段構成

1　第一段・序論／開国王統論

高句麗「広開土王碑」はもと一七七五字ほど刻字され[1]、序論と本論との二部から構成されるが、通例、碑文研究の便宜から本論部分を二分して、全三段で構成されるとみて考察する。

第一段は序論、すなわち高句麗の開国王統論に相当し、高句麗王統が正しい道理をもって連綿と受けつがれたことを強調する。始祖の日光感精、卵生した幼児の天降り、イニシエーションとしての逃亡南下、魚亀や葭葦の橋の話など、もとは北東アジアに分布する素朴な王者・鄒牟伝説が、天帝と河伯の所生、帝王の巡幸南下、黄竜昇天（黄竜に乗って天に昇る、死亡する）など、中国的な装いで厳粛華麗な帝王神話に昇華した。

始祖・鄒牟（朱蒙、都慕）王の建国神話にはじまり、伝承的な諸王の治績を受けついで、一七世孫の広開土王（在

史料1「広開土王碑」釈文

第Ⅰ面

第1段

1 惟昔始祖鄒牟王之創基也出自北夫餘天帝之子母河伯女郎剖卵降世生而*有聖□□□□□□命駕

2 巡幸南下路由夫餘奄利大水王臨津言曰我是皇天之子母河伯女郎鄒牟王爲我連葭浮龜應聲即爲

3 連葭浮龜然後造渡於沸流谷忽本西城山上而建都焉不樂世位天遣黄龍來下迎王王於忽本東罡履

4 龍首昇天顧命世子儒留王以道興治大朱留王紹承基業遝*至十七世孫國罡上廣開土境平安好太王

5 二九登祚号爲永樂太王恩澤洽*于皇天威武振被四海掃除□□庶寧其業國富民殷五穀豊熟昊天不

6 弔州有九宴駕棄國以甲寅年九月廿九日乙酉遷就山陵於是*立碑銘記勳績以示後世焉其辭*曰

第2段

(1)

7 永樂五年歳在乙未王以稗麗不□□人躬率往討過富山貧山*至鹽水上破其三*部洛六七百營牛馬羣

8 羊不可稱數於是旋駕因過襄*平道東來候城力城北豊五備*海*遊觀土境田猟而還百殘新羅舊是屬民

9 由來朝貢而倭以辛卯年来渡海破百殘東□新*羅以爲臣民以六年丙申王躬率□軍討伐*殘國軍□□

(2)

10 因攻取壹八城臼模盧城各模盧城幹弖利城□□城關弥城牟盧城弥沙城□舍蔦城阿旦城古利城□

11 利*城雜珍城奧利城句牟城古須耶羅城莫□□□□城□而耶羅城瑑城於*利城農*賣城豆奴城沸□□

＊…字画の一部が合致する碑字　字…推定した碑字　□…釈文できない碑字

第Ⅱ面

1 利城弥鄒城也利城太山韓城掃加城敦拔城□□城*□婁賣城散那*城那旦城細城牟婁城亐婁城蘇灰

2 城燕婁城析支利城巖門□城味*城□□□□□□□利城就鄒城□拔城古牟婁城閏奴城貫奴城彡穰*

3 城□□城*儒*□盧城仇天城□□□[城]□其國城殘不服*義敢出百*戰*王威赫怒渡阿利水*遣刺迫城□□

4 侵*穴*□便圍*城而殘主困逼獻*□男女生口一千人細布千匹跪*王自誓從今以後永爲奴客太王恩赦先*

5 迷之愆錄其後順之誠於是得*五十八城村七百將殘主弟幷大臣十人旋師還都(3)八年戊戌教遣偏師觀

6 肅*慎土谷因便抄得莫□羅城加太羅谷男女三百餘人自此以来朝貢論事(4)九年己亥百殘違誓与倭和

7 通王巡下平穰而新羅遣使白王云倭人滿其國境潰破城池以奴客爲民歸王請命太王恩慈*稱*其忠誠*

8 時遣使還告以□計(5)十年庚子教遣歩騎五萬往救新羅從男居城至新羅城倭滿其中官軍方至倭賊退

9 □□背急追至任那加羅從拔城城即歸服安羅人戍兵□新羅*城□城倭□□潰城六*

10 十*九*盡拒*□□安羅人戍兵[滿]□□□□其□□□□□□□言*

第Ⅲ面

(6)　(7)　(8)

1 □□□□□□□□□□□□□□□興*□□□□□□□□□□辭□□□□□□□□□□□□□潰

2 □□□□安羅人戍兵昔新羅寐錦未有身來論*事□[國][罡][上][廣]開土境好太王□□□□寐錦*□□□勾

3 □□□□朝貢十四年甲辰*而倭不軌侵入帶方界□□□□□石城□連船□□□[王]躬*率□□從*平穰

4 □□□鋒相遇王幢要截盪刺倭寇潰敗斬殺無數十七年丁未敎遣步騎五萬□□□□□□□□□師

5 □□合戰斬殺蕩盡所穫鎧鉀一萬餘領軍資器械不可稱數還破沙溝城婁城□住城□□□□□□那*

6 □城廿年庚戌東夫餘舊是鄒牟王屬民中叛不貢王躬率往討軍到餘城而餘*城國駭□□□□□□□

7 □□王恩普覆於是旋還又其慕化隨官来者味仇婁鴨盧卑斯麻鴨盧椯社婁鴨盧肅斯舍鴨*盧*□□□

8 鴨*盧凡所攻破城六十四村一千四百守墓人烟戶賣句余民國烟二看烟三東海賈國烟三看烟五敦城

第3段

9 民四家盡爲看烟亐城一家爲看烟碑利城二家爲國烟平穰城民國烟一看烟十訾連二家爲看烟俳婁

10 人國烟一看烟卅三梁谷二家爲看烟梁*城二家爲看烟安夫連廿二家爲看烟□谷三家爲看烟新城三

11 家爲看烟南蘇城一家爲國烟新来韓穢沙水城國烟一看烟一牟婁城二家爲看烟[豆]比鴨岑韓五家爲

12 看烟句牟客頭二家爲看烟求[底]韓一家爲看烟舍蔦城韓穢國烟三、看烟廿一古[須]耶羅城一家爲看烟

13 [臾]古城國烟一看烟三客賢韓一家爲看烟阿旦城雜珍城合十家爲看烟巴奴城韓九家爲看烟臼模盧

14 城四家爲看烟各模盧城二家爲看烟牟水城三家爲看烟幹弖利城國烟一看烟三弥[鄒]城國烟一看烟

第Ⅳ面

1 七也利城三家爲看烟豆奴城國烟一看烟二奥利城國烟二看烟八須鄒城國烟二看烟五百
2 **殘**南居韓國烟一看烟五太山韓城六家爲看烟農賣城國烟一看烟七閏奴城國烟二看烟廿二古牟婁
3 **城**國烟二看烟八瑑城國烟一看烟八味城六家爲看烟就咨城五家爲看烟彡穰城廿四家爲看烟散那
4 **城**一家爲國烟那旦城一家爲看烟句牟城一家爲看烟於利城八家爲看烟比利城三家爲看烟細城三
5 **家**爲看烟國罡上廣開土境好太王存時敎言祖王先王但敎取遠近舊民守墓洒掃吾慮舊民轉當羸劣
6 **若**吾萬年之後安守墓者但取吾躬巡所略来韓穢令備洒掃言敎如此是以如敎令取韓穢二百廿家慮
7 **其**不知法則復取舊民一百十家合新舊守墓戸國烟卅看烟三百都合三百卅家自上祖先王以来墓上
8 **不**安石碑致使守墓人烟戸差錯唯國罡上廣開土境好太王盡爲祖先王墓上立碑銘其烟戸不令差錯
9 **又**制守墓人自今以後不得更相轉賣雖有富足之者亦不得擅買其有違令賣者刑之買人制令守墓之

位三九一～四一二年）にいたるまで、いわば高句麗栄光の「大過去」の神秘的な時代をほどよく凝縮したかたちで物語る。

その物語をひきついで、四世紀末から五世紀末にかけて、土境（領土）を広く開いた新しい高句麗が登場する。碑文に称揚された広開土王と、碑文で広開土王を称揚した長寿王（在位四一二～四九一年）とが父子ともども築いた新時代、ちょうど一世紀におよぶ高句麗最盛期の開幕したことが告げられる。

2　第二段・本論その一／紀年勲績論

第二段は本論その一、すなわち広開土王一代の紀年勲績論に相当し、広開土王が一七代の高句麗王として、その治政二二年間になしとげた偉大な勲績を銘記する。いま広開土王碑を読むわれわれをふくめた「後世」に、その勲績を示すためである。

達成された勲績は、そのつど「永楽」年号を冠し、干支年を並記して、あわせて八年・八条にわたり、独自の修辞を交えながら適切明快に著録する。第二段は年ごとに記述したいわば「過去」に属する時代であり、そのため「紀年記事」ともいう。西暦四一四年に著録したこの記事に、もうすでに、歴史叙述法にいう編年史の典型的な事例を見出すことができる。

広開土王の名は、『三国史記』によると「談徳」と伝えられる。それはおそらく幼名であろう。碑文に記された「永楽太王」は、生前に称した尊号である。「永楽」は即位年に定めた高句麗独自の年号であり、永楽を冠した尊号は高句麗の内外にわたって、広開土王の自尊の態度を表示する。

その一方で、死後に贈られた諡号（おくりな）は「国罡上、広開土境、平安、好太王」（読点は筆者の挿入）という。(2)「国罡上」というのは、国罡の上（ほとり）の意味である。「国罡」とは高句麗の中心部をなす高句麗第二の王都、国内城とその周縁に限定された特別重要な聖地であり、(3)広開土王碑が立てられ、広開土王墓が造られた土地である。

また、「平安」は生前の広開土王が中国皇帝に対して用いた国際的な名称、つまり「安」の基づくフルネームである。さらに、「好太王」は『牟頭婁墓誌』に墨書された「好太聖王」の書法から推察できるように、「好」も「太」も、もちろん「聖」もふくめて高句麗「王」号の美辞であり、そういう意味では没個性的な称号にほかならない。そのため広開土王を美辞美称の「好太王」とよぶのは、たとえ略号のつもりでも、同王の王者としての個性的な風格や、成功裡に達成した偉大な勲績にてらして、必ずしも適切であるとはおもえない。

諡号のなかでとくに注目したいのは、評価の高い「広開土境」、すなわち広く土境を開いた勲績である。第二段を総括する「凡所攻破城六十四村一千四百（凡そ攻め破りし所の城は六十四、村一千四百）」の一三文字（史料1「広開土王碑」釈文第Ⅲ面に波線を引いた部分）こそ、「広開土境」の具体的な成果そのものを指し示す。『三国史記』が著録した「広開土王」は、同王みずから獲得した成果を最も象徴的に称揚していて、同王に最もふさわしい称号とおもわれる。

3　第三段・本論その二／守墓人烟戸論

第三段は本論その一をうけた本論その二、すなわち広開土王墓を守り、墓域を洒掃する（水をまいて清掃する）守墓人烟戸論に相当する。(4)遠近五〇の城邑から徴発した守墓人烟戸は、国烟が三〇家（家は戸ともいう）、看烟が三〇〇家、あわせて三三〇家にのぼる。そこで、第一に注目したいのは、「城—戸」支配を貫徹したことである。

まず城邑を把握し、城邑を拠点にして多くの在地の家戸を把握することは、当時の高句麗による基本的な領域支配の様式を示唆するものである。

第二は、守墓人烟戸が「旧民」と「新来」とから構成されたことである。旧民というのはそれ以前から高句麗に属した人民であり、新来とは永楽六年に百済から奪いとった城・村を中心として、広開土王が「吾れ躬ら巡りて略来した（奪いとってきた）所の韓と穢」の人民をさす。同王はかねてから新来の韓・穢だけを守墓人にあてようとしていたが、長寿王は韓・穢が守墓の仕方を知らないことを危ぶんで、事情を知った旧民を加えることにした。旧民は一四城邑から一一〇戸、韓・穢は三六城邑の二二〇戸があてられた。ちなみに、韓・穢の三六城邑は第二段、本論その一にあげられた「凡そ攻め破りし所の城」と密接に関連していて、両段を相互に比較し研究することは、広開土王碑のより確かな釈文や碑文研究に不可欠の手続きである。

第三は、新来の韓・穢に寄せられた、いわば未来志向の期待である。守墓人烟戸の割合は、韓・穢の二にたいして、旧民が一。この比率には、現在から未来へむけて、広開土王が韓・穢に寄せた明確な意図がこめられる。同王は衰えた旧民のやつれゆくさまを憂慮して、旧民に代わって韓・穢をあてて、「万年の後」にまで持続することを期待した。広開土王に「万年の後」まで保障するかにみえたのは、みずから略来した新来の韓と穢とであった。

第四は、「立碑、銘記」したことである。それまでも祖王・先王の墓ごとに守墓人烟戸が定められてはいたのだが、しだいに守墓人売買の風習がひろまって、守墓人制度は崩壊しかけていたようである。それをおしとどめ、改革しようとしたのは広開土王であった。同王は初めて祖先王の墓の上（ほとり）に石碑をたて、初めて守墓人烟戸を銘記して、制度を不動のものとした。おそらく城邑ごとに旧民の烟戸を銘記したのであり、それらは広開土王碑の第三段、本論その二の祖形になったとおもわれる。ちなみに第二段の本論その一、紀年勲績論を加えたのは、あるいは長寿王の発明になったものではなかろうか。

最後は広開土王碑をむすぶ最後の文言、広開土王が下した「制」すなわち「令」である。同王が初めて立碑し、銘記したあとで、さらに「又た」、もうひとつ重ねて「制」していう、「守墓人は、今自（よ）り以後、更相（たがい）に転売するを得ず。富足の者ありと雖も、亦た擅（ほしいまま）に買うを得ず。其れ、令に違（そむ）きて売る者あれば、これを刑せよ。買う人は、制令もて守墓せしめよ」。この制令は守墓役体制の危機的情況を映し出すとともに、はやばやと高句麗古法が成文化されたことを証明する。

最盛期の父子二王が広開土王碑に託したものは、神秘的な高句麗の開国王統論であり、偉大な広開土王の紀年勲績論であり、今後にむけての守墓人烟戸論である。さらにつけ加えたいのは、広開土王碑を成文法でしめくくり、近づき見るものを威嚇して、はるか万年の後まで見据えていたことである（「補記」参照）。

二　「広開土王碑」辛卯年条の真意

1　「紀年記事」各条の二つのタイプ

広開土王碑の研究史上、国際的規模で多彩な論議が百出し、最も注目されてきた碑文は、第二段にふくまれた辛卯年（三九一年）条の碑文（史料1「広開土王碑釈文」第Ⅰ面に波線を引いた部分）の解釈問題とおもわれる。とりわけ注目されたのは、その後半の一九字「倭以辛卯年来渡□破百残□□新羅以為臣民」（□は釈読不能か、釈読困難な文字）であった。

後半一九字に関する解釈は、大きくわけて二系統の説がある。一つは、日本で早くも十九世紀末までに成立した

表1　「紀年記事」全八条の二つのタイプ

紀　　年	本　　文		前置文
永　楽・干支（西暦）	王躬率タイプ	教　遣タイプ	
五　年・乙未（395）	王躬率		有
六　年・丙申（396）	王躬率		有
八　年・戊戌（398）		教遣	無
九　年・己亥（399）	王巡下		有
十　年・庚子（400）		教遣	無
十四年・甲辰（404）	王躬率		有
十七年・丁未（407）		教遣	無
廿　年・庚戌（410）	王躬率		有

〈「倭」主導型〉解釈であり、「倭」が「来り渡」り、百残等（百済や新羅）を「破」り、かれらを臣民と「為（な）」したと解釈する。主語は碑文に読まれる「倭」だとする。(5)

もう一つは、韓国・朝鮮で二十世紀後半に提唱され、センセーショナルな反応を巻きおこした〈「高句麗」主導型〉の解釈である。「高句麗」を主語とみて、高句麗が「来り渡」り、「破」り、「為」したという。ただし、碑文には「高句麗」の文字がないので、その文字を「来渡」の前に補入して、そのうえで解釈すべしと主張する。(6)

しかし、辛卯年条は碑文に読まれるとおりに解釈できるし、当然、そのように解釈すべきである。〈「高句麗」主導型〉にしたがって、わざわざ碑文にない語句を補入したり、それを任意の位置に挿入したり、それを主語とすることは不適切な史料操作であり、もともと無用のものである。ただし、ここでは〈「高句麗」主導型〉解釈への批判とはまた別の角度から、碑文第二段の特徴的な碑文構成と独特な修辞法を指摘して、それによって辛卯年条の真意を追求してみたい。(7)

さて、さきに述べたように、碑文第二段は八年・八条の「紀年記事」から構成されるが、それらの各条は対照的な表記法にてらして、特徴的な二つのタイプにわけられる。一つは「王躬率」タイプ。その表記法の特徴は、原則として、冒頭部分が

①紀年（永楽年次＋干支）→②前置文→③「王（躬率、または巡下）」の順序で始まる記事である。永楽五・六・九・十四・二十年の五条がそれであり、広開土王が事態の推移に対処して積極的に「王躬率」（王がみずから官軍を率いて親征）したり、「王巡下」（王が地方に行幸）したりする。ここで着目したいのは、各条にわれわれが「前置文」とよぶ独特な文章が摘出されることである。

もう一つは「教遣」タイプ。その特徴は、各条が①紀年（永楽年次＋干支）→②「教遣」で始まることにある。それらは「王躬率」タイプとは異なって、広開土王自身は動かず、官軍を派遣して対処する。これには永楽八・十・十七年の三条がふくまれるが、ここでは、それらが「前置文」を欠くことを重視する。以上を整理して表1を提示する。

2 「前置文」説と高句麗の苦況

さて、つぎに、「王躬率」タイプの「前置文」にみられる共通性を一つずつ摘出し、その実情を検討してみよう。まず、永楽五年（三九五年）条の「前置文」は七字、「稗麗が□人を□せしを以て」云々と推釈される。不明字の□をふくんでいるが、当時の情況から「□（たとえば辺？）人を□（掠？）めたので」のように釈読されるであろう。稗麗（ひれい）は高句麗に敵対的なキッタン遊牧民であり、かれらの行動は広開土王に不利な情況をひきおこし、広開土王を苦況に陥れたとおもわれる。

つぎの永楽六年（三九六年）条の「前置文」は、じつは「辛卯年」条そのものにほかならない。つまり、「辛卯年」条は同年条の「前置文」なのである。すでに述べたように、「辛卯年」条は「倭」が「来り渡」り、百残等を「破」

り、かれらを臣民と「為」したというのであった。広開土王にとって見過ごせない大きな国際情勢の変化であり、これにより高句麗が苦況に追いこまれたことは間違いない。その情況については、あらためて後ほど考察する。

永楽九年（三九九年）条の「前置文」は八字、「百残が誓いに違いて、倭と和通せり」と釈読される。百残（ひゃくざん）は百済を卑しめて呼んだもの。その百残が三年前、広開土王にひざまずいて誓った誓いにそむき、倭と和通したという。広開土王は百残に裏切られ、おもわぬ苦況に追いやられたのである。

永楽十四年（四〇四年）条の「前置文」は二二字、「而（しか）るに倭は不軌にして、帯方界に入り、□□□□石城□船を連ねて□□□せり」と推釈される。不明字の□が少なくないが、倭はこのとき半島西海岸を北上し、広開土王と激しい海戦をたたかったことは明らかである。

最後の永楽二十年（四一〇年）条の「前置文」一四字は、「東夫餘は旧（も）と是れ鄒牟王の属民たり、中ごろ叛むきて貢（みつ）がざりき」と釈読される。このときも、広開土王は東夫餘のつよい反抗にあい、それに対処せざるをえなかった。

「前置文」を通読してみると、「前置文」に共通する一つの傾向が摘出できるであろう。「王躬率」タイプの全五条は、「前置文」の「辛卯年」条をもふくめて、すべて広開土王が直面した不利な情況、高句麗が陥った国際的苦況を述べている。しかし、追いこまれた不利・苦況のときにこそ、真の王者が登場すべきであり、広開土王だけがその不利・苦況をうち破り、勲績をあげることができるのである。

3　辛卯年条の特殊性

つづいて、「前置文」としての「辛卯年」条が特殊な性格をもつことを指摘しよう。永楽六年条の冒頭部分は、

その他の「王躬率」タイプの前置文とは異なって、①と②とが逆転して、

②前置文（「辛卯年」条）→①永楽年号・干支→③「王躬率」

という順序で記述された。このような倒置法はこの一例だけであり、「辛卯年」条の特殊な性格にかかわるものとおもわれる。

考えられるのは、一つには、「前置文」のなかでは最も多い三二文字で記述されたことである。万一倒置しなければ、たとえば、①の紀年はもともと③の行動の年次を直接示すのに、両者は離れすぎる位置にあり、別の年次の事件とみなされるかもしれない。あるいは、①の紀年はもともと②の苦況よりも後のことなのに、両者は前後連続しているので、別の年次の事件とはみなされないかもしれない。つまり、文意が曖昧になりかねないであろう。ちなみに、「辛卯年」条の前半は「百残・新羅」が主語であり、後半は「倭」であって、二つのセンテンスからなる。それにたいして、他年条の「前置文」はすべて主語一つの短文であり、文意は明白であって曖昧さは残らない。

もう一つ考えられるのは、そのころ高句麗がおし進めた南進政策との関連である。辛卯年は広開土王にとって特別重要な即位年（三九一年）であり、しかも「百残」と「新羅」と「倭」とが登場し、高句麗南方の主要な国々がこぞって著録されている。南進政策の展開を見据えた記述は、他の各年条の「前置文」には見当らないものである。

4　辛卯年条「大前置文」説

そこで注目されるのは、「前置文」が広範な国際関係を描写したにもかかわらず、それを受けた永楽六年条の「本文」が「王躬率」したと記すのは「百残」であり、「新羅」でも「倭」でもなかったことである。すなわち、ここ

に記された国数は、「前置文」では三国を数えたが、「本文」では百残の一国だけになる。「本文」と「前置文」とは対応していない。広開土王は突如として「新羅」や「倭」への関心を失ったのだろうか。

そうではないであろう。それ以後も、紀年記事にしばしば「新羅」と「倭」とが登場するのであり、高句麗は南方の三国に一貫してつよい関心を寄せていたからである。換言すれば、永楽六年条の「前置文」つまり「辛卯年」条は、本年討伐した「百残」をふくめて、あらかじめ「新羅」「倭」の南方三国を列挙していたのである。本年条につづいて、永楽九年条（王躬率タイプ）の百残・倭・新羅、十年条（教遣タイプ）の新羅・倭・任那加羅・安羅、十四年条（王躬率タイプ）の倭、これは推定になるが、十七年条（教遣タイプ）の百残があげられる。

「辛卯年」条の特殊な性格は、広開土王の即位年にあたり、直面する国際的な苦況を契機として、あらためて南方方面につよい関心を寄せたこと、また南方諸国とのさまざまな形での接触を示唆したことに認められるが、さらに高句麗が推進する歴史的な南進政策の展開を予告するのである。

「辛卯年」条の解釈は、「王躬率」タイプの碑文に基づく「前置文」説を前提として、全八年・八条からなる紀年記事、すなわち碑文第二段の全条に支えられて成立する。これは「大前置文」説とよぶ解釈法である。この「大前置文」説に拠ってこそ、より一層正しく「辛卯年」条の真意にアクセスできるであろう。

三　「広開土王碑」の国際関係

1　「広開土王碑」の国号

「広開土王碑」は広開土王代の国際関係を解明する基本史料であり、正史の『三国史記』や『三国遺事』とはまた別の同時代史料である。本節では諸国の国号と君主号、また高句麗を中心とした「朝貢」関係に着目し、王碑の国際関係について考える。(8)

広開土王碑を通覧して気づくのは、百済を「百残」と表記したことである。「百残」と書くことは、「残（さん）」の音が「済（さい、せい）」に通じるので、それほど特異なことではない。しかし、その真意は、葉昌熾「高句驪王墓碑跋」（一八八四年）がはやくも「残悪之詞」と見抜いたように、高句麗が好字の「済」をさけて、わざと「残悪」や「廃残」などの「残」字を充てた用字法に示される。背叛常なしと見た高句麗の、百済にたいする思いがみてとれる。

中国人は古くから、おのれの好悪の心情を用字の語義に託して、相手を卑しめた例が少なくない。史上で有名なのは、かつて新の王莽が高句麗を「下句麗」と改名したことである。このたびは、高句麗がその手法を百済に転用したことになる。「中原高句麗碑」が新羅を「東夷」と名指しした態度に連なるものである。「倭」字もまた背の曲がった小人の意味であり、好字からほど遠い文字である。しかし、これは「新羅」と同じく、伝統的な中国の国号表記にしたがったまでであろう。ここで見逃せないのは、王碑に「高句麗」の国号が見当らないことである。おもうに、高句麗がすべての周辺諸国から超越すると自認したからではあるまいか。

2　「広開土王碑」の君主号

「広開土王碑」の君主号は、高句麗国号を中心とした国際的な秩序に対応する。「太王」号をもふくむ「王」号は、高句麗君主に固有の超越的な君主号である。(9) 高句麗「王」号のもとに、諸国の君主号をそれぞれ位置づける。まず、敵対的な百済の君主を「百残主」と表記した。「主」は高句麗「王」におよばず、その本質において「王」たりえぬ君主をいう。また、新羅の君主は漢語を写した漢字でなく、土着の新羅語に基づいて「寐錦」と記された。「中原高句麗碑」でも依然として「東夷之寐錦」と表記され、高句麗王に属する夷狄の君主とみなされた。

ここで注目すべきことは、一つは「倭」について。広開土王碑には「倭」字を冠した「倭人」「倭賊」「倭寇」等が読まれるが、倭の君主の姿は見当らない。最大の敵対国とみてか、王碑は「倭」の君主を無視し、表向き君主の存在しない国と認識したのである。ほかに君主なき国として同列にみなされたのは稗麗、粛慎、任那加羅、東夫餘（餘城国）である。これに安羅を加えてもよいであろう。

もう一つは中国について。最高位を占める中国君主号は、当時の五胡十六国でも「皇帝」であった。しかし、王碑に中国「皇帝」は登場せず、倭の場合と同じように無視された。ただし、高句麗は中国「皇帝」の存在を十分認識していたに違いない。むしろ、十分認識していたからこそ、その侮りがたい実態を熟知していたからこそ、高句麗はあえて無視したとおもわれる。

3　高句麗勢力圏と「朝貢」関係

高句麗が築いた勢力圏は、一方で君主なき周縁諸国を想定し、他方であえて中国「皇帝」を無視して成立したのであり、必ずしも現実的な基盤に十分立脚したとはおもえない。勢力圏への参入、それからの離反の目まぐるしい変化変動の実態は、紀年記事につぶさに著録されたとおりである。とはいえ、広開土王は超越的な「王」を頂点とする高句麗独自の国際関係、すなわち重層的な「高句麗勢力圏」を形成した。

高句麗勢力圏を貫く基本的な秩序体系は、周縁の諸国と結んだ「朝貢」関係として現れた。広開土王碑の紀年記事には、『三国史記』や『三国遺事』では知られない国際的な支配・隷属関係、すなわち「朝貢」関係が記された。

その第一は、永楽六年の前置文、辛卯年条の「百済・新羅は、旧（も）と是れ属民にして、由来朝貢せり」である。「朝貢」はかつて百済・新羅の「属民」が負担した。

第二は、同八年条の本文の「粛慎の土谷を観せしむ。因りて便ち、莫□羅城・加太羅谷の男女三百余人を抄得す。此れより以来、朝貢して論事す」である。粛慎の城・谷が負担した「朝貢」は、「論事」をともなうものである。

第三は、同十年条の本文の「昔、新羅の寐錦の未だ身（したし）く来りて論事せしこと有らざりき、……□□□□朝貢す」である。新羅の寐錦が「論事」しなかったのは昔だが、「朝貢」したのは今であり、その間にかなりの歳月が過ぎさった。前後に未釈字が少なくないが、その文意をたどってみると、昔の事態が逆転し、その結果として今がある。とすると、いま現在の情況は、第二の事例と同様に、新羅が高句麗に「朝貢」し、それにともなって「論事」したのではなかろうか。

第四は、同二十年条の前置文の「【前半部】東夫余は旧（も）と是れ鄒牟王の属民にして、【後半部】中ごろ叛きて貢（みつが）ざりき」である。「貢」ぐというのは「朝貢」することであり、かつて「属民」が負担したと解釈される。

このように見てくると、基本的秩序としての「朝貢」関係が貫徹する一方、他方においてつぎのような当時の情況が見えてくる。まず、広開土王の治政二二年を通じて、高句麗に抵抗し、非朝貢国の立場を堅持した諸国が存在する。倭をはじめとして稗麗、任那加羅、安羅がそれであり、東夫余にもその可能性がないではない。それにたいして、終始一貫して朝貢しつづけた諸国は見当らない。激動する高句麗勢力圏の動向が、「朝貢」関係の変動を通じて眼前に彷彿してくるようにおもわれる。

4　高句麗勢力圏の展開⑴／「朝貢」と「属民」

高句麗勢力圏が展開するなかで、「朝貢」は「属民」や「論事」とはなはだ密接な関係にあり、隷属的な「属民」が「朝貢」関係を維持し、「朝貢」関係は隷属的な行為としての「論事」をともなった。

そこで、まず、「属民」の性格如何の問題である。「属民」の文字は永楽六年条と同二十年条とに認められるが、注目されるのは両者とも両年条の「前置文」に記されたことである。しかも、両年条の前置文が共通して二段で構成されていて、どちらかといえば、【前半部】は高句麗の相手国に関するやや牧歌的な回想であり、そのぶんだけ記述の仕方がおおまかである。それにたいして、【後半部】は高句麗が直面する不利・苦況を記述する。それは現実的、かつ深刻な記述である。

問題の「属民」は、いずれも牧歌的な回想の【前半部】にふくまれる。とすると、王碑にいう「属民」は、〈広開土王治政のはるか以前から「朝貢」関係に組み込まれ、ながらく高句麗王に隷属してきたと信じられる異国の民〉と解釈できるのではなかろうか。

この「属民」解釈に対比して、同じ前置文（辛卯年条）に記された「臣民」について、いま現在の試釈を示してみよう。両者は共通して隷属する異国民（新羅と百済の民）とみてよいが、私見によれば、さらに両者を類別すべき基準は二つあり、一つが支配国の君主の違い、もう一つが隷属開始期の新旧の違いと考える。ちなみに、新と旧との違いは、第三段の守墓人烟戸論で見た「旧民」と「新来」との違いと軌を一にする分類法である。

以上の考察をうけて、牧歌的な【前半部】の「属民」は〈以前から高句麗王に隷属してきたと信じられる異国民〉であり、苦況に直面した【後半部】の「臣民」は〈近ごろ新たに倭に隷属した異国民〉と解釈する。

ただし、当時の高句麗の表向きでの認識は、倭は君主不在の国である。それにもかかわらず、倭に異国民が隷属するというのは整合的ではない。その整合しないぶんだけ、「臣民」は目前の危機感にとらわれて、その概念が必ずしも安定しないままに表記されたのではなかろうか。辛卯年条の「臣民」はすぐれて歴史的用語であり、四世紀末期から五世紀初頭における高句麗の特殊具体的な歴史的情況をふまえて解釈すべきである。

5　高句麗勢力圏の展開(2)／「朝貢」と「論事」

つぎは、「論事」の問題である。「論事」は永楽八年条と同十年条にみられるが、両者とも両年条の「本文」に記されて、この場合は「前置文」に読まれた「属民」と対照的である。本文の「論事」をとりまく情況は、前置文の「属民」に比べて、より現実的かつより深刻であったとおもわれる。

少々疑問が残るのは、永楽十年条の「論事」についてである。「論事」しなかったのは、新羅の寐錦がまだ高句麗と結んでいなかった昔のことであり、現在進行中の「朝貢」関係が「論事」をともなったかどうかは、前後の碑文に不釈字が多くて確認されていない。

ただし、さきに推定したように、このとき、新羅は「論事」に相当する行為を積極的に進めたのではなかろうか。「論事」の解釈については、『大唐六典』巻九・中書令条が「論事勅書」に注記した「公卿を慰諭し、臣下を誡約すれば、則ち之を用ふ」の規定が参考になろう。[10] これが国際的規模で拡大した情況を想定する。すなわち、高句麗王が「朝貢」関係に組みこんだ諸国にたいして、〈朝貢と不可分の服属儀礼として、高句麗王に政事・軍事について陳奏し、具体的な方針を策定する〉と解釈される。「論事」の実態は、その当時、高句麗王が「朝貢」国に下した厳格な指示、命令として発現したのであろう。

「論事」の具体的な情況は、もちろん広開土王碑の記述対象のそとにある。しかし、ここで注目したいのは永楽九～十年条である。両年条はその叙述の形式だけでなく、作戦の内容が連年連続していて、全八条の紀年記事のなかで特殊なものである。まず、永楽九年条によれば、倭は百済との和通（腆支の入質事件）をきっかけに、新羅方面に進出したようである。それに対処して、広開土王が平壌に南下したところ、新羅は急使を派遣して、同王に危機的な緊急事態を訴えたので、同王は使者に「□計」を伝えたのであった。

そこに展開された情況は、新羅が高句麗王に服属し、政事・軍事について陳奏し、具体的な方針が策定されたのである。碑文の「□計」は「王計」か「軍計」か「密計」か、その「計」こそが策定された具体的な方針そのものにほかならない。このような王前の陳奏と策定の経過とは、二年にわたって「論事」の実態を示唆するものである。新羅はそのときまだ「朝貢」国ではなかったが、翌永楽十年の高句麗官軍による新羅救援作戦を経たのちに高句麗の「朝貢」国となり、高句麗勢力圏に参入したのである。

註

（1）本稿に掲げる「広開土王碑釈文」は、おもに水谷悌二郎『好太王碑考』所収「釈文」（開明書院、一九七七年）を参照し、また「原石拓本」に基づいて、拙著『高句麗史と東アジア』附録一（岩波書店、一九八九年）、『広開土王碑との対話』附録一（白帝社、二〇〇七年）、『広開土王碑墨本の研究』附録二（吉川弘文館、二〇〇九年）で示した「釈文」を若干補訂したものである。

（2）広開土王の謚号は、『乙卯年壺杅銘文』（慶州・壺杅塚出土、四一五年鋳造）に「国罡上、広開土地、好太王」（読点は筆者の挿入、以下同じ）、『牟頭婁墓誌』（集安・牟頭婁塚墨書、五世紀前半ころ築造）に「国罡上、□□土地、好太聖王」とあり、その漢字表記は必ずしも一定していない。

（3）拙著『高句麗史と東アジア』（前掲）終章「丸都・国内城の史的位置」参照。

（4）本稿の「守墓人烟戸論」については、拙著『高句麗史と東アジア』（前掲）第一編「広開土王の領域支配」に基づいて増補した。

（5）〈「倭」主導型〉による定説的解釈は一連の論文、すなわち菅政友「高麗好太王碑考」（『史学会雑誌』二二―二五、一八九一年）、那珂通世「高句麗古碑考」（『史学雑誌』四七・四八、一八九三年）、三宅米吉「高麗古碑考」（『考古学会雑誌』二の一―三、一八九八年）で成立した。

（6）〈「高句麗」主導型〉の解釈は、鄭寅普「広開土境平安好太王陵碑文釈略」（『白楽濬博士還甲記念国学論叢』延世大学校、一九五五年）が提唱し、その解釈は朴時亨『広開土王陵碑』（社会科学院出版社、一九六六年）、金錫亨『広開土王陵碑』（社会科学院出版社、一九六六年）をはじめとして、おもに朝鮮・韓国の多くの論者に継承された。

（7）本稿の「前置文」説、および「大前置文」説については、拙著『高句麗史と東アジア』（前掲）第七章「辛卯年条記事の再吟味」に基づき、その後の所見で増補した。なお濱田耕策『朝鮮古代史料研究』（吉川弘文館、二〇一三年）Ⅰ高句麗、第一章「高句麗広開土王陵碑文の虚像と実像」、第二章「高句麗広開土王陵碑文の研究」参照。

（8）本稿の「広開土王碑」の国際関係、および国際認識については、拙著『高句麗史と東アジア』（前掲）第二編「広開土王代の国際関係」、および第三編第九章「長寿王の東アジア認識」に基づいて増補した。

（9）本稿の「広開土王碑」の「太王」号については、拙著『高句麗史と東アジア』（前掲）第三編第一〇章「高句麗「太王」の国際性」参照。なお、水谷悌二郎『好太王碑考』（前掲、五一頁）は、「広開土王碑」の百済「王」の釈文を初めて「主」字に改めた。わずか一画、一点の違いだが、王碑の国際関係研究史上すこぶる重要な成果である。

（10）拙著『高句麗史と東アジア』（前掲）一一七頁。

補記――新発見の高句麗守墓烟戸碑に関する所感――

二〇一二年の半ばころ、集安で高句麗古碑が発見され、二〇一三年の初め、その第一報として古碑の拓本と釈文が発表された。これまでの調査関係諸氏の労苦を推察し、それを多とするものである。

上記の釈文等によれば、碑文には「守墓」「烟戸」「富足」「転売」や「立碑銘其烟戸」等々、広開土王碑第三段に刻まれた語句が少なからず列記されている。また、王碑第一段の「始祖鄒牟王之創基也、天帝之子河伯之孫」がそのまま登場し、第三段の高句麗古法が「自今以後、守墓之民、不得□□、更相轉賣、雖富足之者、亦不得其賣買、□□違令者、後世□嗣□□、看其碑文与其罪過」のように、ほとんど同文で繰り返されている。この高句麗古碑が広開土王碑と密接に関連し、とくにその第三段と直接関係していることは、だれの目にも明らかであろう。

古碑発見の第一報に接したのは、本稿を擱筆してまもなくのころであった。本稿において、広開土王碑の第三段が「守墓人烟戸論」に相当すると指摘した後、広開土王碑が高句麗古法でしめくくった意義を強調してすぐ後のことであった。古碑発見の報道は、思ってもみなかった驚くべき朗報であるとともに、ころよく王碑第三段の解釈と結びつき、ほどよく「守墓人烟戸論」を受け入れてくれるかのように思われた。その意味で、ほかならぬ広開土王碑の立つ集安の地で発見されたこの古碑は、筆者にとって、集安・高句麗守墓烟戸碑と呼ぶのがふさわしい。

このたびの高句麗守墓烟戸碑の発見は、一八八〇年発見の広開土王碑そのものに次いで、王碑研究史を前後に二分するほどの第二の大きな発見である。これより後、広開土王碑の新たな研究を触発することは必至である。ひいては高句麗史研究に一石を投じ、古代東アジア史に波紋を起こすであろう。その史的意義は高く評価されるであろう。しかし、いまはまだ調査報告の第一報が届いたばかりであり、古碑そのものとその背景とに関して、より正確に、より広範に解明すべき課題が少なくない。それらの課題を追究し、今後多大の学術的成果があげられることを期待する。

（二〇一三年一月二十八日）

好太王碑発見史と早期拓本制作史の新史料

――李超瓊『遼左日記』の発見――

徐　建新
（江川式部訳）

一　好太王碑発見史と早期拓本制作史の研究

高句麗広開土境平安好太王碑は中国では一般に「好太王碑」あるいは「好大王碑」とよばれている。好太王碑は東晋の義熙十年（四一四年）に立てられ、一九六〇年代以後、この碑に関する研究や議論が盛んに行われるようになり、やがて日本・朝鮮・韓国および中国の学者が参加する国際的な学術討論の場へと発展してきた。

好太王碑は清朝末期に発見された。最も早くにこの巨碑を目にしたのは、清末に現地の荒地開墾に従事した辺境の人びとであった。清末の文献記載によると、好太王碑は概ね一八八〇年（清・光緒六年）に発見された。碑石を見つけたのは懐仁県のある下級役人で、名前を関月山という。このときはまだ碑全体が苔で覆われており、また文字も判別しがたい状態であったため、鮮明な拓本を取ることができなかった。取拓に便利なようにと、現地の取拓者は馬糞を碑面に塗り、これに火をかけて焼いたのである。碑を焼いたことで苔は取り除かれたが、碑面の一部が剝落し、回復不可能な損失を被ることになった。

好太王碑文の内容については、学界ではすでによく知られており、ここで再び詳しく紹介する必要はないだろう。好太王碑文の史料価値を要説すると、以下の三つの点があげられる。第一に、碑文は古代高句麗王国史研究の貴重な史料であること。第二に、四～五世紀の日本史に欠落している同時代文字史料であること。碑文中には古代の倭人の動向に関する部分が多くあり、したがって日本古代史研究における重要史料となっていること。第三に、碑文は古代漢字で書かれており、東アジアの古代漢字文化の伝統における重要な実物資料であること、である。

日本人研究者らの考察によると、最初にこの碑文の拓本を日本に持ち帰った人物は、当時日本参謀本部にいた酒匂景信である。一九八〇年代以前には、酒匂景信が帰国したのは明治十六年（一八八三年）十月と考えられていたが、佐伯有清・武田幸男・永井哲雄・小谷寿量らの研究により、酒匂景信が帰国した日、つまり拓本が日本に持ち込まれたのは、明治十七年（一八八四年）五月であることが指摘されている。日本国内ではじめてこの件を大衆に向けて報道したのは、明治十七年（一八八四年）六月二十九日の『東京横浜毎日新聞』である(1)。酒匂景信が持ち帰った拓本は、実際には正確な意味での拓本ではなく、一種の摹拓本であった。中国では、このような、先に双鉤し（文字の外形を縁取りすること）、その後に塡墨［墨入れ］（以下［　］内は訳者補足）を施した墨本を「双鉤塡墨本」あるいは「響拓本」と呼んでいる。碑文研究に関しては、日本では青江秀と横井忠直の釈文研究が最も早く、青江秀の「東夫余永楽太王碑銘の解」という一文が一八八四年七月に書かれている。

一方、好太王碑発見当初における中国人研究者の拓本収蔵情況と研究情況については、長い間はっきりしていなかった。清末の金石学者である葉昌熾の日記（『縁督廬日記』）により、葉昌熾が一八八四年に碑文の考証を行ったことは知られていたものの、考証の詳細までは知られていなかった。二〇〇三年、筆者は北京で一本の稀少な墨本を調査し、墨本に附された四点の跋文とそれに関連する記載から、この墨本が好太王碑発見当初に制作されたものの一つであることを証明した。(2) そしてこの墨本に附された葉昌熾の跋文（図1）によって、当時中日両国の研究者たちが、同じ年の同じ月、すなわち一八八四年の七～八月の間に、最初の拓本に基づいた碑文研究と考証とを開始していたことが明らかとなったのである。このときすでに、好太王碑発見から四年が経過していた。

一九八〇年代以前、東アジア各国の研究者たちが好太王碑を研究する際には、主に拓本資料を使用していた。一九八〇年頃に中国人研究者の王健群が好太王碑の詳細な実地調査を行っている。王健群の釈文では多くの文字が新たに録出され、彼の釈文は現在においても研究上重要な研究成果の一つとされている。しかし、好太王碑は発見されてから現在に至るまですでに百年余りの自然風化を経ており、同時に石灰を用いた補修などの人為的な改変も受けてきた。厳密な意味では、一九八〇年代の好太王碑の文字の一部分は、碑発見当初の原碑の文字の面貌を反映していたとはいえない。このため研究者たちは、再度拓本に目を向けようとしたのである。このとき彼らが関心を向けたのは、一二〇年前の原碑本来の姿を反映している拓本、つまり石灰による文字補修を受けていない、いわゆる原石拓本である。長い間、原石拓本に対する学術界の認識は曖昧なものであった。一九五〇年代以後、水谷悌二郎・李進熙・王健群・末松保和・武田幸男・高明士等東アジア各国の研究者が、碑石の発見年代・焚碑の年代・石灰補字の出現年代・拓本の編年等の問題について、詳細な研究と討論を行い、好太王碑の拓本、とくに原石拓本の採拓と流伝の事実がしだいにはっきりと把握されるようになってきた。好太王碑拓本の研究は一九八〇年代の中期以後に大きく進展し、中でも画期的な研究成果は武田幸男氏の大著『広開土王碑原石拓本集成』（東京大学出版会、一九八八年）である。

好太王碑にはすでに一三〇年の研究史と蓄積された大量の研究文献があるが、この碑に関する幾つかの問題は、

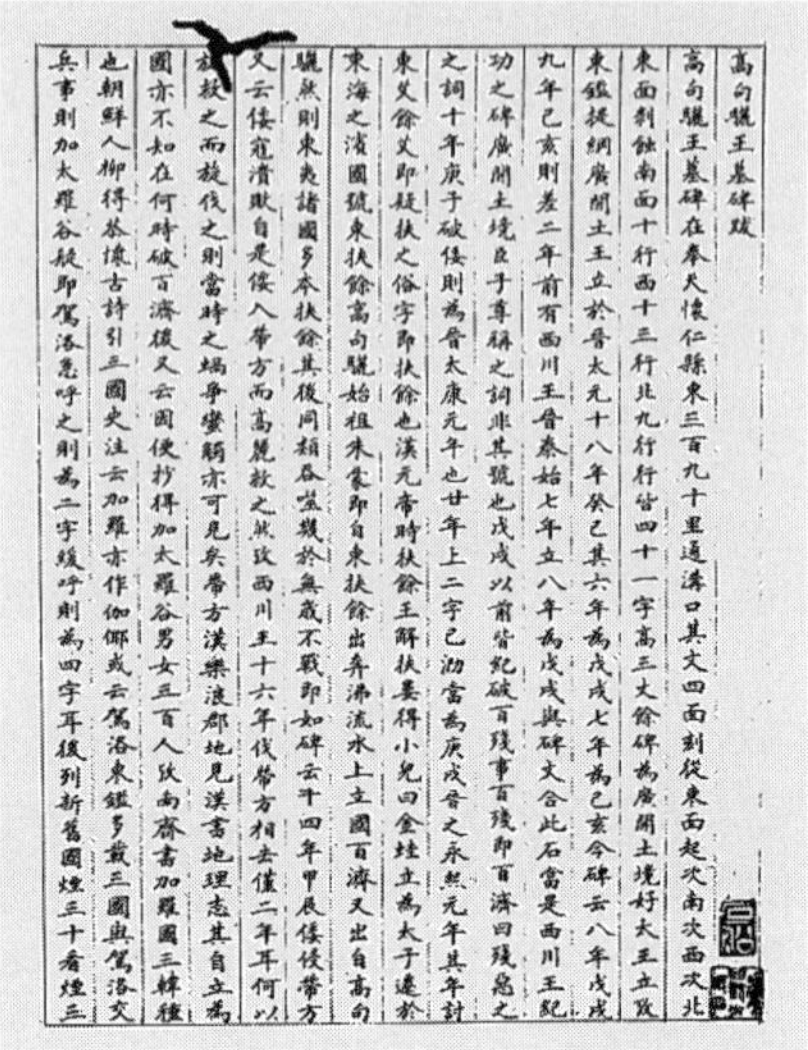

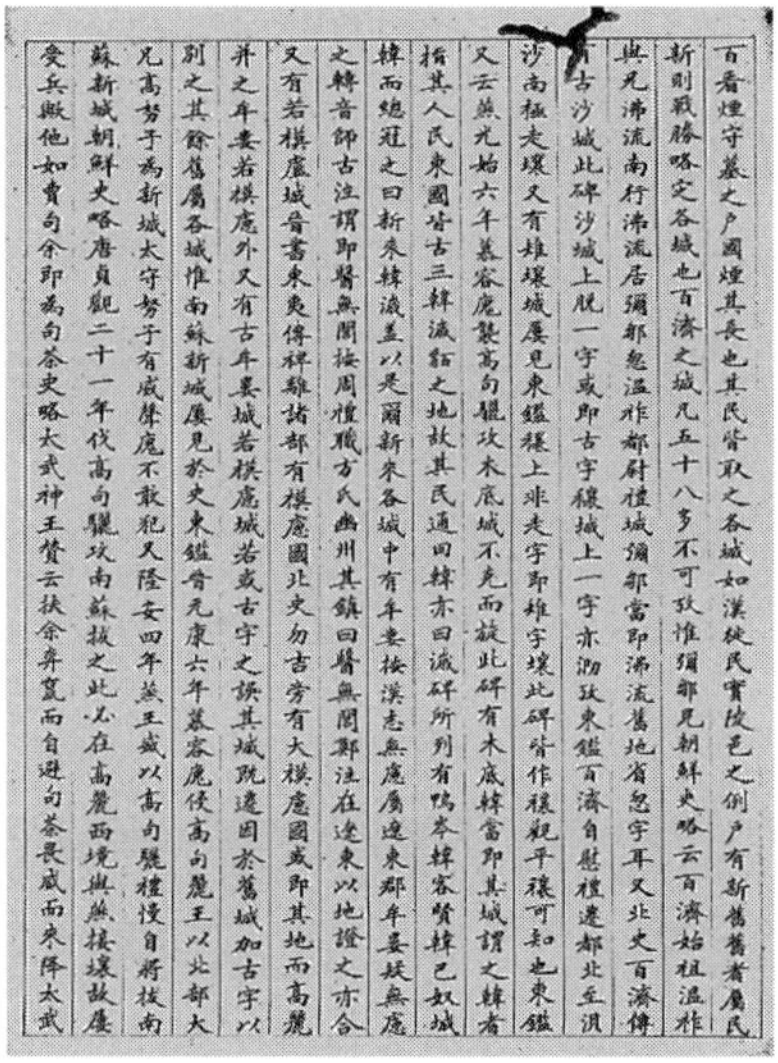

図1　1884年の葉昌熾の跋文

今なお解決を待つ状態にある。とくにこの碑の発見史と早期拓本の制作史がそれである。

こんにち研究者らが好太王碑の発見過程を討論する際に、最も多く言及する史料は、中国東北の地方官であった談国桓が、東北地方史の研究者金毓黻に宛てて書いた一通の手紙（一般には『談国桓手札』と呼ばれる。王健群の考証によれば、手札は一九〇九～一九二五年の間に書かれたものである）と、好太王碑拓本のために書かれた跋語（一般には『談国桓跋語』といわれており、一九二九年に書かれたもの）とである。『談国桓手札』には、つぎのように書かれている。

近得高句麗好太王碑、尚不悪、当在光緒初葉時所拓。此碑最初歴史、弟有所知、敢貢左右、藉備参考。奉天懐仁県設治之時、首膺其選者為章君樾、字幼樵。幕中関君月山、癖于金石、公余訪諸野、獲此碑于荒煙蔓草中、喜欲狂、手拓数字、分贈同好、弟髫年猶及見之。字頗精整。当時并未有全拓本、以碑高二丈余、寛六尺強、非築層台不能従事、而風日之下、更不易措手也。

現代語訳：最近、高句麗好太王碑［の拓本］を得ましたが、なかなかのもので、光緒初期の拓本です。この碑の初期の歴史については、私も知る所がありますので、今後の参考になればと愚昧を顧みずに筆を執り、敢えて諸氏に申し上げる次第です。奉天に懐仁県が置かれた時、はじめて選ばれて県令の任に就いたのは章樾、字は幼樵です。彼の幕中に関月山がおり、金石をたいへん愛好していました。彼は余時に各地を訪ねて、この碑を荒野の蔓草の中に見つけ、狂喜して手ずから数字を拓本に取り、同好の人びとに贈りました。私は少年の頃この拓本を見たことがあり、字はとても整っていました。当時はまだ全拓はありませんでした。それはこの碑が高さ二丈余り、幅が六尺強もあり、台を組まなければ作業することができず、風日の下では仕事がやりにくかったからです。

光緒十三年間、学使楊蓉浦頤、広東之茂名県人、聞此碑、属家君覓人往拓、約得六本。弟家蔵両本、失于甲午之役。維時倉卒之間、既無良工、又乏佳墨、而碑因歳久剝蝕、石歯嶙峋、非精于此道、不能求其美善、故当時所拓者、僅字划清楚而已。嗣後、呉清卿中丞亦属家君再拓、思用宣紙、竟（未）如愿、以著碑、紙即破砕、乃用単高麗紙拓得数本。至王観察少廬所拓者、則未経寓目、亦不得其詳。

楊学使考訂此碑為晋安帝義熙十年甲寅所建（『盛京通志』誤「十」為「六」）。栄観察禧亦有考訂之文、不能記憶。王少廬所考、与楊学使微有不同。王以此碑為隋開皇時所建也。

国光集中有影印本、不知何人翻刻、直不堪寓目矣。聞此碑、数年前、有傖父某以苔蘚過厚、不易拓、用馬矢焼之、而碑本粗劣、経此鍛練、恒片片墜、碑乃自此毀矣！物成敗有数、惜哉！

現代語訳：光緒十三年の頃、学使の楊蓉浦（楊頤）という人物がおり、広東の茂名県の人ですが、彼がこの碑のことを聞いて、父（談広慶）に人を遣わして取拓をしてくれるよう頼み、六本の拓を得ました。私の家に二本を蔵していましたが、甲午（一八九四年）の役の際に失ってしまいました。このときは倉卒に拓本を制作したため、良い工人がおらず、また良い墨も欠乏していました。そのうえ碑は長年の剝落浸蝕によって、石歯（歯のようにとがっている岩肌）の凹凸がはげしく、この道に精通した者でなければ、良い拓本をとることはできませんでした。このため当時の拓本は、わずかな字画がきれいに取拓されているだけでした。その後、呉清卿中丞（すなわち呉大澂）もまた父に再拓を依頼し、宣紙を使おうとしましたが願いどおりにはなりませんでした。紙を碑にあてたところ、すぐに破れてしまったからです。そこで単《ひとえ》の高麗紙を使い、数本の拓本を作ることができました。王観察少廬（王志修）がとった拓本は、まだ見たことはないので、詳しいことはわかりません。

楊学使（楊蓉浦）は、この碑は晋・安帝の義熙十年甲寅に立てられたものだと考えています（『盛京通志』には「十」を誤って「六」としている）。栄観察禧（栄禧）もまたこの碑文を考証していますが、はっきり記憶していません。王少廬（王志修）の考えは、楊学使とはやや異なります。王氏はこの碑は隋の開皇年間に立てられたものだとしています。

『国光集』の中にこの碑の拓影が掲載されていますが（これは神州国光社が一九〇九年に出版した『神州国光集』第九集のことであり、この画冊の中には羅振玉が提供した好太王碑の拓本の影印が掲載されている）、誰が翻刻したものかはわからず、（拓本の質が悪く）見るに堪えないものです。聞くところによると、この碑は数年前に傖父（ある俗人）の某が、苔が厚く拓本をとりにくいため、馬糞を用いて焼いたということです。碑石はもともと粗悪で、この所業によって次々剝落し、碑そのものが毀損してしまいました。事物の存亡には命運があるものですが、なんと惜しいことでしょう。

『談国桓跋語』には、つぎのように書かれている。

章樾字幼樵、河南光州人。光緒十一年、歳在乙酉、先君子宰承徳県首邑、晋引入都。章君代理県事。其書啓西席関君月山、贈余手拓碑字数枚、毎紙一字、即此碑也。字甚完整、拓工亦精、惜髫年不知宝貴、随手抛棄。唯時奉天督学使者、為茂名楊蓉甫先生、属先君子用良墨佳紙往拓。初用宣徳紙、以石歯甚利、改用高麗紙、先後拓得数本、乃精装両本蔵之。甲午之役、失于金州署中。回首前塵、恍如夢寐。按章君宰懐仁、在光緒八・九年。関即発現此碑之人。所謂二年拓本、不知従何而得、姑志数語、以俟異日考訂焉。己巳（一九二九年）秋八月二十五日、談国桓。

現代語訳：章樾、字は幼樵、河南光州の人である。光緒十一年（一八八五年）乙酉の歳、父（談広慶）が最も早くに設置された承徳県の県令となり、後に昇進して京城に招聘されると、代わって章君（章樾）が承徳県令となった。彼の書啓西席（県令配下の文官）である関月山が、私に手拓の碑字数枚を贈ってよこし、それは一枚の紙に一字の拓で、この碑のものであった。字は大変整っており、拓もきれいだったが、惜しいことに若い頃はこの碑が貴重であることを知らず、うっかり棄ててしまった。このとき奉天の督学使で、茂名の楊蓉甫先生が、私の父に良墨佳紙を用いて取拓してくれるよう依頼してきた。初めは宣徳紙を使ってみたが、石歯が鋭利なため、改めて高麗紙を用い、前後数本の拓を取り、そのうちの二本を精装して家蔵していたのである。しかし甲午（一八九四年）の役の際に、金州の官署で失ってしまった。その時のことをふりかえると、まるで夢のようだ。章君が懐仁県の県令であったのは、光緒八年（一八八二年）・九年（一八八三年）である。関氏がこの碑の発見者である。いわゆる二年の拓本は、どうやって得たものかわからない。しばし数語を記し、後日の考証を俟ちたい。己巳（一九二九年）秋八月二十五日、談国桓。

以上の談国桓の記録によって、現在の人びとの多くは、好太王碑は懐仁県の最初の県令であった章樾配下の関月山が発見したものと思っている(3)。

前に述べたように、筆者は二〇〇三年に北京で一本の稀少な墨本を調査した。この墨本は日本の酒匂景信が得た墨本と性質は同じで、いずれもいわゆる「墨水廓填之本」に属する。この墨本の発見により、筆者は酒匂景信が一八八三年に現地で得た墨本以前の一八八一年に、すでにこの種類の墨本が存在していたことを指摘した。しかし、この一八八一年墨本制作開始説は検討の余地がある（後段の『遼左日記』の部分を参照）。

この墨本に附された跋文には、これまで好太王碑研究史の中で名前のあがったことのない二人の人物がみえており、それが陳本植と李超瓊である。墨本の跋文と碑文の表装とは緊密に貼り合わされており、跋文と墨本が同一年代のものであることがわかる。よって跋文中の人物と事件とを明確にすることは、墨本の年代判定にきわめて重要である。

いわゆる一八八一年本にみえる李超瓊の二つの跋文は、以下のとおりである。

題跋之二

此碑余得自遼左、癸未（一八八三年）携之来呉。以一帙轉贈中江眉生丈鴻裔、極蒙賞愛。時呉潘文勤公奉諱在籍、見之亦甄異焉。因復来索、既応之矣。故此帙後文勤跋数百言、甲午（一八九四年）乃為人窃割以去、異矣。

現代語訳：この（好太王碑の）拓本は、私が遼左（遼東地方）で手に入れたものである。一八八三年にこれを呉県（いまの蘇州市）に持ち帰った。一部を四川省中江県出身の李鴻裔（字は眉生）に贈ると、彼はたいへん喜んだ。当時ちょうど呉県出身の潘文勤が、その父の守孝のために呉県に戻ってきていた。彼もまた拓本をみてたいへん珍しく貴重なものだとし、欲しいと言ってきたので、彼の要求に応じることにした。このため潘文勤はこの本の後面に数百字の跋語を記している。一八九四年に潘の跋語は人に切り取られてしまい、もとの様子とは違ってしまった。

題跋之四

是碑余以光緒辛巳（一八八一年）客鳳凰城時得之。碑在懐仁県之通溝口、今有分防巡検駐焉。東瀕鴨淥江、西則佟佳水、経通化、東南流、歴懐仁之黒熊溝、至是与鴨緑合、水勢迅急、古所謂沸流水者也。墓之南有廃城遺址、周十数里、土人以高麗城呼之、当則魏土（志）所謂丸都者。其西南諸山、非懸車束馬未易攀陟、毌丘倹之東銘不耐乃其遺墟。同治以前為礮廠辺門外封禁之地。光緒建元後、乃馳禁開墾為懐仁県境。設官粈治、皆吾邑陳海珊観察本植之功、余佐幕其間。友人祥符章幼樵樾首任県事、既得此碑摹搨見貽、故携之呉中、装池為帙也。(4)

現代語訳：この（好太王碑の）拓本は、私が一八八一年に遼東の鳳凰城に住んでいたときに手に入れたものである。この碑は懐仁県の通溝口にあり、現在は辺境防備のための巡検が駐在している。碑石所在地の東側は鴨緑江、西側は佟佳水で、通化を経て、東南へ向かって流れており、懐仁の黒熊溝を経て、ここで鴨緑江と合流している。水の流れは速く、ゆえに古くは沸流水と呼ばれていた。王墓の南側には旧城遺跡があり、周囲は十余里で、現地の人びとは高麗城と呼んでいる。まさにこれが『魏志』にみえる丸都城である。西南方向の山々は険峻で、登ることは困難である。毌丘倹が書いた銘文（すなわち「毌丘倹記功碑」を指す）に述べる不耐城の遺跡がまさにここである。この一帯は、清同治年代以前は礮廠辺門外の封禁［御禁制］の地であり、光緒元年以後徐々に解禁されて開墾が進み、懐仁県所管の地となった。懐仁県の設立と治理とは、すべて私の同郷である陳本植（海珊と号する）の功労によるものであった。私はかつてその幕下で仕事をしたことがある。私の友人である河南祥符の章樾（幼樵）が県令であったとき、この碑の摹拓本を得て私に贈ってきてくれたことがあった。それで私は拓本を蘇州呉中に持ち帰り、表装して冊子に仕立てたのである。

以上の李超瓊の二つの跋文は、筆者の考証と分析では、「題跋之二」は一八九四年以後に書かれたものであり、「題跋之四」は一八八四年以後に書かれたものである。「題跋之四」が書かれた年代は「題跋之二」よりも早い。

題跋にみえる陳本植は、かつて清朝の奉天将軍が臨時に派遣した地方官で、大東溝一帯（今の遼寧省東港市大東鎮一帯）の地方事務の処理を担っていた。彼の事績は民国年間に編纂された『安東省・安東県志』に載っている。筆者は李超瓊題跋の考証に、より力を注いだが、それは上述の跋文中に李超瓊の署名が無かったからである。そして後日、題跋中の「子翶」・「惕夫」・「石船」・「我家門対少岷山」等の印章の文字から、ついに李超瓊という人物にたどりついた。李超瓊は一八四六年に生まれ、一九〇九年に蘇州の自宅で亡くなり、享年は六十四歳であった。彼は溧陽県・元和県・陽湖県・江陰県・無錫県・呉県・南滙県・上海県・長洲県の県令を歴任し、清末の江南一帯では非常に有名な地方官であり、また文人でもあった。

北京発見の墨本に附されていた題跋の考証を通じて、筆者はかつて以下のような見解を得た。すなわち、李超瓊はもともと陳本植の下にいた幕僚の一人で、一八八一年に好太王碑のある懐仁県の県令章樾のところから二部（あるいは二部以上であったかもしれないが）の好太王碑墨本を得た。そして彼は一八八三年に墨本を持って蘇州に到り、表装したのち、江蘇按察使であった李鴻裔（一八三一～一八八五年）と、清光緒朝の工部尚書であった潘祖蔭（一八三〇～一八九〇年）に送った。上述の北京発見の墨本は、まさにこのとき李超瓊が蘇州に持ち込んだ墨本の一つである。筆者はさらに論を一歩進めて、北京発見の一八八一年本がかつて潘祖蔭の所蔵であったと考えている。[5] 一八八一年墨本と一八八四年に日本の酒匂景信が持ち帰った墨本との比較は、酒匂本

図２　李超瓊像

の性質と制作方法に重要な根拠を提示してくれた。

二　李超瓊『遼左日記』の発見

1　北京で発見された一八八一年本の問題点

しかし研究者の中には、この墨本に依然として些か疑問を持つ者もいる。たとえば、李超瓊が蘇州に持ち込んだ墨本はどのように流伝したのか、一八八一年の墨本は潘祖蔭蔵本なのかそれとも李超瓊蔵本なのか、墨本上の葉昌熾の跋文は誰の筆跡なのか、などである。武田幸男氏が二〇〇九年に出版した『広開土王碑拓本の研究』（吉川弘文館）の中でも、上記のような疑問が出されていた。こうした疑問は、筆者を李超瓊に関する史料の研究へとさらに駆り立てることになった。

二〇一一年の調査の中で、筆者は李超瓊の子孫が北京で生活していることを知った。そして北京で李超瓊の子孫を訪問したところ、かれらは筆者に李超瓊の書簡の一部を提示してくれた。筆者はすぐにこれら李超瓊の筆跡と一八八一年墨本に附された李超瓊の題跋とを比較し、この二種類の文書の書法や風格が完全に一致することを確認した。間違いなく同一人の書写によるものであった。これらの資料から、一八八一年本に附された李超瓊の題跋の真実性が再確認できた。そして訪問調査を通じ、筆者はついに李超瓊が一八八一年から一八八三年の間に書いた日記『遼左日記』を発見したのである。

2　『遼左日記』にみえる好太王碑関連の記載

『遼左日記』は李超瓊が生涯にわたり書き残した日記の一部であり、現存する李超瓊日記は全部で四三冊、光緒七年（一八八一年）四月六日から、宣統元年（一九〇九年）閏二月十一日までで、二十八年の長きに及ぶものである。その李超瓊日記の第一冊が『遼左日記』である。

『遼左日記』には好太王碑発見史および早期採拓史に関わる事柄が記述されており、さらにそれら事実の幾つかや描写については、これまで学界で知られていなかった内容がみえる。

現存する『遼左日記』は稿本で線装されており、もともと三冊に分けられていたのを、後に合訂して一冊としたものである。封面は牛皮紙で、本文の用紙は加皮竹紙である。毎頁には粉紅色の罫があり、各頁十行、書体は行書あるいは草書である。

封面の左上部には「遼左日記」の題名がある。その下には三方の押印があり、そのうちの一方は李超瓊の別号「石船居」である。封面の右側には李超瓊が一七年後に書いた題記があり、その内容は以下のとおりである。

此辛巳・壬午・癸未往返遼左日記也。自元年繇京赴瀋、日有程記。今皆失之。偶従敝篋中拾此三冊、彙訂而存之。展視憮然、盖不勝今昔之感矣。廿四年戊戌閏三月初五日鐙下。

現代語訳：これは私が光緒辛巳年（一八八一年）・壬午年（一八八二年）・癸未年（一八八三年）の間、遼左を往復した際の日記である。光緒元年（一八七五年）に京城より瀋陽に赴き、毎日の行程はすべて記録していたが、現在はそれらをすべて失ってしまった。のちにたまたま書箱の中からこの三冊を見つけ出し、合訂して保存したのである。読み返してみると、今日と過去の世事には感慨深いものがあふれる。光緒二十四年（一八九八年）閏三月初五日、灯下にて。

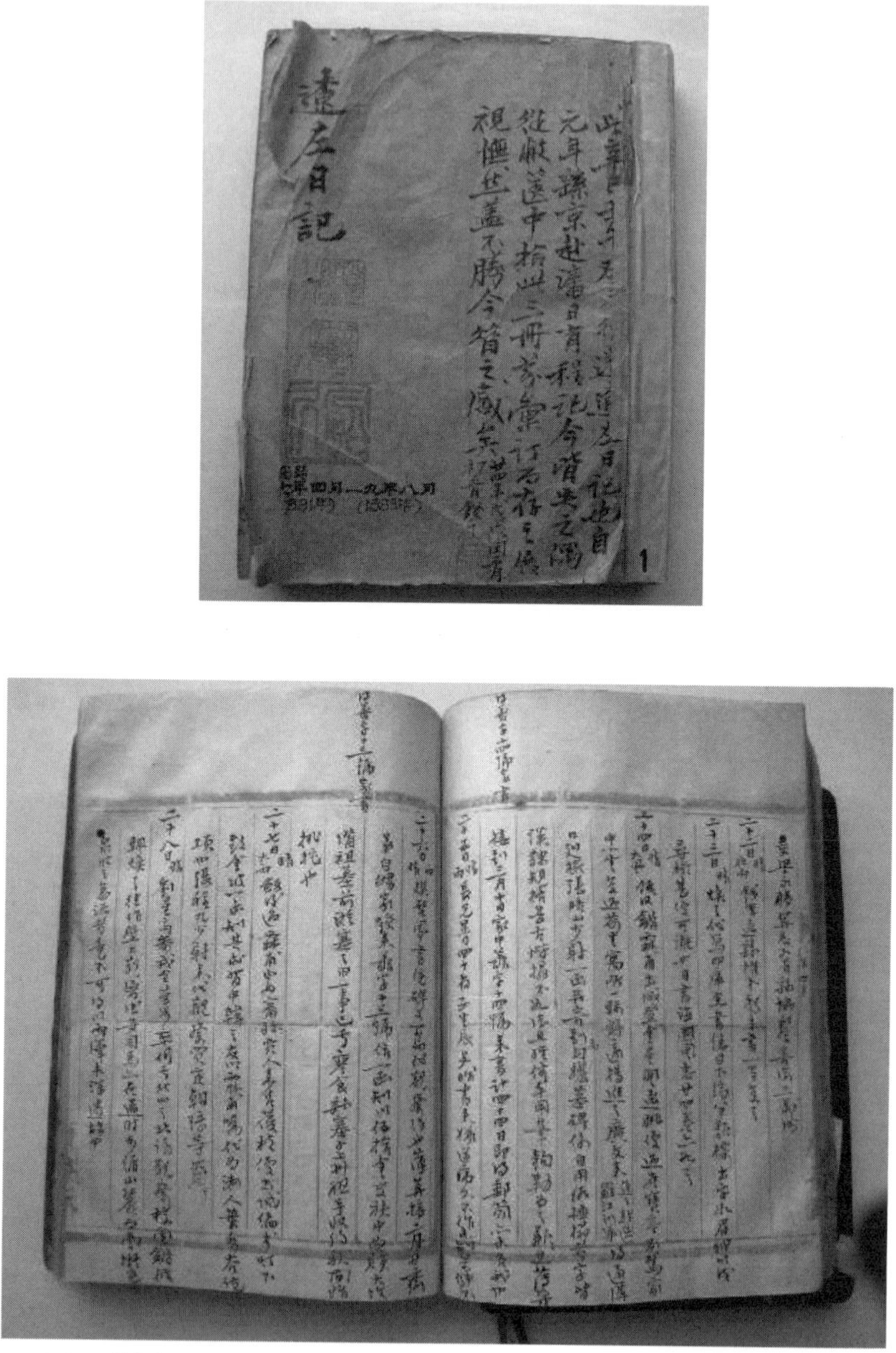

図 3 『遼左日記』の封面（上）と 1881 年 4 月 24 日の日記の本文（下）

このほか、述べておかなければならないのは、この題跋の上下に「剔夫」と「石船」の印が各一方ずつ押印されていることである。この二つの印章は筆者が一八八一年旧蔵本の題跋上にみていた「剔夫」「石船」の印章と全く同じものであった。

筆者は『遼左日記』の調査と研究を始めたばかりで、資料そのものの調査に限りがあり、まだ三年分の日記すべての内容は通読できていない。以下にわずかではあるが一八八二年一月から六月までの日記にみえる好太王碑関係の記載を紹介し、簡単な分析を行ってみたい。

史料1：『遼左日記』光緒八年（一八八二年）正月二十日　晴

薄莫（暮）、楊進之・張程九先后来訪。談次、程九述及此行北至懐仁、聞県東境之通溝口有古碑、高丈余、四面字迹模糊、約二千余字。章幼樵大令樾拟于春暖后當搨印、以便辨識。其地為古丸都故城遺阯、略約可識。幷出幼樵処西席魏君雲帆、系豫省名下士、所撰丸都賦一篇、約千数百字。託為呉稽先生之詞、摹拟班左遺調、中叙丸都之建在建安時、其酋長為伊夷摸、乃東明之后裔、云云。惜抄胥伝写訛誤甚多、所徴引似多本之劉昭続漢志・三国志毌丘倹伝。亦有心人也。惟援拠処似渉支蔓、詞亦未尽雅潔耳。

現代語訳：夕刻、楊進之・張程九が相次いで来訪。話の中で、このたび張程九が北の懐仁県に行ったことにふれた折、県の東の通溝口に古碑があり、高さは一丈余り、四面の文字は模糊としているが、約二千余字あるという。県令の章樾（幼樵）が春に天候が暖かくなるのを待ってから拓本を制作するようだから、そうすれば読めるだろうとのこと。その地はむかしの丸都故城の遺址で、およそ判断どおりであろう。張程九は私（李超瓊）に章樾配下の西席（幕友・幕客）である魏雲帆の撰した丸都賦一篇をみせたが、約一千余字あった。魏氏は河南省の有名な人物である。彼のこの丸都賦は、呉稽先生の名に仮託したもので、前漢の班固（『両都賦』

の作者）・西晋の左思（『三都賦』の作者）の詩賦の作風を模倣したものである。その中で、丸都城が後漢の建安年間（一九六～二二〇年）に建設され、その酋長は伊夷摸といって、東明王の後裔である、云々と述べられている。しかし惜しいことに書写人が書き写した際に間違えた部分が多くあり、文中に引用されているのは多く西晋の司馬彪が撰し、梁の劉昭が注釈をした『続漢志』と『三国志』の毌丘倹伝である。作者は心有る人物だが、援引や依拠した部分は簡潔でなく、詞の用い方も典雅ではないし清廉でもない。

史料2：光緒八年（一八八二年）正月二十二日　晴

晨間与少眉談及幼樵西席所作丸都賦。曾于三国志毌丘倹検其大略、為之訂正。因取伝読之。（中略。この部分は、李超瓊が三国志の記載を引いて、毌丘倹の高句麗征伐の史実を詳しく紹介している）拠此、則通溝古碑拟即王頎所勒者、君賦（魏雲帆の作った賦を指す）又以丸都城為伊夷模所建。（下略）

現代語訳：朝、少眉と章樾（幼樵）の幕友（魏雲帆）が作った丸都賦の話をした。私はかつて三国志の毌丘倹伝の中に同様の内容があるのを探して読んだことがあり、丸都賦に訂正を加えた。（中略）ここによると、通溝の古碑は三国時期の魏国の玄菟太守王頎の刻したものである。魏君（魏雲帆）の賦では、丸都城はやはり伊夷摸の立てたものとしている。（下略）

史料3：光緒八年（一八八二年）四月二十四日　晴　大風

（前略）通溝口巡検張皓山少尉一函、幷寄到高句驪墓碑。系自用紙捶搨者。字皆漢隷、規格甚古、惜搨不如法、且経俗手用筆勾勒為之、歎然。（下略）

現代語訳：（前略）通溝口巡検張皓山少尉の手紙を受け取り、彼はまた高句驪墓碑（の拓本）も送ってきた。拓本は彼が自ら紙を使って取拓したもので、碑字はみな漢隷であり、書法様式は古いものである。惜しいことに、拓の取り方が悪く、そのうえ勾勒は俗手（技術が凡庸な者）の手によるもので、甚だ不満である。（下略）

史料4：光緒八年（一八八二年）五月初五日　晴

（前略）灯下復通溝巡検張皓山一函、并以綿連紙二刀寄之、求其再搨句驪古碑也。

現代語訳：（前略）灯下にて通溝巡検の張皓山に返信を書き、さらに綿連紙二刀（二〇〇枚）を送り、再び彼に高句驪古碑の取拓を頼んだ。

史料5：光緒八年（一八八二年）六月十五日　雨　晴　陰

（前略）薄暮、過霖甫処。適午橋遣価至通溝搨印勾驪墓碑者初帰。云是碑高二丈余、二百歩外望之、字迹了了可辨、比近其前則無一可識。以手模索仍模糊無定。蓋碑石色墨而質麤（粗）、歴年既久、其平面崩隤（潰）、凸凹与所鑿字画不甚分別。因是捶搨者皆束手、以四五人十日之功、僅得一分（份）而已。于其下拾有故磚数塊、薄僅五六分、長八寸四分、寛四寸六分（皆今京尺）。辺有文曰、願太王陵安如山固如岳十字。可宝也。余亦得一、叩之鏗然作声、携帰置之案頭。惜質亦粗、聊以庋硯為計。其寿当建安之前、特非細致為之、不能傲銅雀台瓦耳。

現代語訳：（前略）夕方、陶霖甫の家を通り過ぎたとき、午橋（朱午橋）が人をやって制作させていた高句驪墓碑の拓本を持ち帰ってくるのに出会った。その人がいうには、碑は高さが二丈余りあり、二百歩ほど離れたところからこれを眺めると、たしかに字跡があることはわかるが、碑前に近寄っても、一字たりとてはっきり見えるものではない。手で碑字をなぞってみても確定できない。それは碑石の色が黒くまた石質も粗いからで、年代が古く、表面も破損しており、表面の凹凸と刻字の字画とがはっきり区別できないからである。このため取拓人達もなすすべがなく、四、五人で十日をかけて拓本を制作し、なんとか一セットだけ、拓本を作ることができた。碑の前で古い磚をいくつか拾得したが、磚の厚さは五六分、長さは八寸四分、幅は四寸六分（尺寸はすべて現在の京尺）。磚の側面には十余りの文字があり、そこには「願太王陵安如山固如岳［願はくは、太王陵の安きこと山の如く、固きこと岳の如くあらんことを］」とあった。宝物として収めておくべきだろう。私も一枚手に入れ、その磚を敲いてみると、よく響いて張りのある音がした。そこで持ち帰って机の上に置いた。惜しいことに質が粗く、しばらく収蔵硯（実用品としてよりはむしろ美術品として収蔵される観賞用の硯を指す）にしようと考えてみたが、其の年代はちょうど後漢の建安年代以前で、作りが精緻というわけでもなく、魏の銅雀台瓦で作った硯とは比べるべくもない。

3　整理とまとめ

一般には、日記は起こったばかりの事件の記録といえる。事件ののち長い時間を経てからの追憶は、往々細かいところで記憶の錯誤を生じるものである。こうした意味でいえば、日記というのは、あるいは後の追憶に比べてより正確であるともいえよう。『遼左日記』の内容は、先の一八八一年本に附されていた李超瓊が何年もたってから撰した題跋に、新たな検証資料を提供してくれた。

上述の『遼左日記』の史料から、以下のようなことが判断できよう。

（1）以前には、人びとが見ることのできた高句麗好太王碑についての最古の記録は、一八八四年に葉昌熾が書いた好太王碑の跋文と、一八八四年に李鴻裔が書いた跋文とであった。[6] 本稿で引用した『遼左日記』の関係記事は、一八八二年一月から六月にかけて書かれたものであり、したがって今までのところ、好太王碑に関する最も古い記録となる。

（2）前述の北京発見の摹拓本の李超瓊題跋には「是碑余以光緒辛巳（一八八一年）客鳳凰城時得之」という文言がみえており、すなわちこれは李超瓊自身が一八八一年に得た墨本である。しかし光緒七年（一八八一年）の『遼左日記』には、筆者は好太王碑に関する記述を発見できなかった。彼が初めて通溝の古碑（すなわち好太王碑）のことを知ったのは、一八八二年正月二十日（史料1）である。これは一八八二年正月以前には、李超瓊はまだ好太王碑のことを知らなかった、ということなのかもしれない。このようにみてくると、前述の一八八一年本に附されていた「是碑余以光緒辛巳（一八八一年）客鳳凰城時得之」という文も、李超瓊の誤記ではないかと思われる。つまり、好太王碑の拓本制作は一八八一年ではなく、一八八二年に始められたのではないだろうか。

（3）懐仁県の初代の県令であった章樾は、碑文を読むために、一八八二年春以後に拓本を制作しようとした（史料1）。このことは、好太王碑の早期拓本が、確かに章樾と関係があったことを示す。

（4）一八八二年四月二十四日、李超瓊は好太王碑の拓本を得た。拓本は懐仁県通溝口巡検の張皓山が送って来たものであった（史料3）。かつて故李進熙氏は、好太王碑の最初の拓本制作は一八八二年八月、すなわち陳士芸が懐仁県の二代目の県令となって以後だとしていた。しかし現在では、最初の拓本制作は、それよりも早い時期であったといえる。

（5）初期拓本の制作過程に関して、李超瓊の日記の中には多くの記述がある。一八八二年四月二十四日、李超瓊は張皓山が送ってよこした拓本について、観察と研究を行ったのち、これは張皓山がみずから紙を用いて取拓した拓本だと見て取った。重要なのは、その拓本が「経俗手用筆勾勒為之」（俗手、すなわち技術が凡庸な者の手によって、勾勒されたもの）（史料3）だということに、李超瓊が気づいたことである。この記載から、李超瓊はつとに、拓本制作者が拓本上に塡墨勾勒した事実を知っていたことがわかる。彼はこのことに不満を述べていた。二〇〇三年に筆者が中国の嘉徳オークション会社で発見したいわゆる一八八一年本は、李超瓊が得たこの墨本かもしれない。墨本に勾勒の痕跡があるのを認めたのち、李超瓊はすぐに通溝巡検に手紙をやり、二百枚の紙（二刀）を送って、再度高句麗古碑を取拓してくれるよう要求している（史料4）。

（6）一八八二年正月、李超瓊は通溝の古碑のことを知ってからも、碑文の注釈内容についてはよくわかっていなかった。彼は章樾の西席である魏雲帆が作った賦に基づき、通溝の古碑は魏の玄菟太守王頎が刻したものだと推測している（史料2）。

（7）一八八二年、李超瓊が住んでいたのは鳳凰城（今の遼寧省鳳城市）である。一八八二年六月以前には、李超瓊は好太王碑を見ていない。しかし、彼は取拓者の述べた話を比較的詳細に記録していた（史料5）。彼の日記から、好太王碑の早期拓本制作がかなり困難であったこと、つまり「以四五人十日之功、僅得一分而已」（四、五人で十日をかけて拓本を制作し、なんとか一セットだけ、拓本を作ることができた）（史料5）というものであったことがわかる。同様の早期拓本制作の様子については、のちに参謀本部の酒匂景信を通じて日本に伝えられ、日本の早期研究成果に盛り込まれた。(7)

総じていえば、李超瓊の『遼左日記』の関係記事は、好太王碑に関する最古の記録といえる。『遼左日記』の記録は、一九七七年に李進熙氏の下した「酒匂双鉤本より前の資料はのこっていない(8)」という判断を塗り替え、こんにちの人びとの、中国の好太王碑発見史・早期採拓史に対する認識を豊かにし、上述の問題を研究するための重要な文献資料であるといえよう。

註

（1）佐伯有清「広開土王碑文研究余論」（『古代東アジア金石文論考』吉川弘文館、一九九五年）。
（2）徐建新「高句麗好太王碑早期墨本的新発見―対一八八四年潘祖蔭蔵本的初歩調査―」（『中国史研究』二〇〇五年第一期）。
（3）王健群『好太王碑研究』（吉林人民出版社、一九八四年）より引用。
（4）徐建新前掲註(2)論文参照。
（5）徐建新前掲註(2)論文参照。
（6）徐建新前掲註(2)論文参照。
（7）たとえば、亜細亜研究会編輯『会余録』（一八八九年六月出版）の「高句麗碑出土記」には、「然れども碑面凸凹不平にして、大幅を用いて一時に施工すること能はず、已むを得ず尺余の紙を用いて次第に搨取せり。故に工費多くして成功少なく、今に至るまで僅かに二幅を得るのみと云う」とある。
（8）李進熙『好太王碑と任那日本府』（学生社、一九七七年）三〇頁。

小拓紙から見た広開土王碑拓本の分類と年代

早乙女　雅　博

はじめに

広開土王碑拓本は、一八八四年に酒匂景信が日本にもたらして以来、一九三八年の採拓禁止までの約六〇年間に数多く製作され、日本では現在約五〇組が知られている。

広開土王碑は角礫凝灰岩製で四角柱をなすが、頂部は平らでなく変形している。そこで、文字を彫ることに先立ち、各面に縦に長く長方形の枠線と、その中に縦罫線を彫って、文字を入れる空間を設定した。したがって、文字は縦書きにきれいにそろっている。拓本は石面全体に紙を貼るのではなく、文字が書かれた長方形の部分に紙が貼られた。石の表面が剝がれたり摩耗して文字が見えなくなった箇所にも紙が貼られたが、その箇所に墨をつけている拓本と墨をつけていない拓本がある。また、石碑の高さは六・三四メートルであるのに対して、拓本の各面の縦の長さが五・四〇メートル位であるのは、文字が書かれない上部には紙が貼られなかったためである。

一九一三年に現地でこの石碑を調査した関野貞は、「碑側の茅屋に初鵬度と曰ふ者居住し、碑を拓するを以て業となす」「石面粗に過ぎ拓本の文字分明を闕くを以て十年許前より文字の周圍の間地に石灰を塗りたり。爾後毎年石灰を以て處々補修をなすと。就て詳細に調査するに文字の間地は石灰を以て塗りしのみならず、往々字畫を補ひ、又全く新たに石灰の上に文字を刻せる者もあり」と述べ、職業としてこの石碑の拓本をとる人がいること、一〇年ほど前から文字の間に石灰を塗っていること、字画に石灰を塗っていることを指摘している。(1) さらに、一九一八年に現地で調査した黒板勝美は、拓本を鮮明にするため石灰を塗っていることに気づき、碑面を洗い釘で石灰を落として、これまで「上」（Ⅰ面七行二九字）と読んでいた文字を「丘」と読みなおした。(2) 二人の現地調査から、石碑の字画には石灰が塗られ、本来の文字とは異なって拓本がとられた文字があること、石灰を塗るのが一度だけではなく拓本をとっている長い期間に何度も塗り直されていることが知られる。

日本にある数多くの拓本を見ると、六〇年間にとられた拓本にしては、自然の風化による石面の変化の写しと考えても、それぞれの拓本の雰囲気が大きく異なる。その原因は、長い年月の間に何回も石灰を塗りなおして拓本をとったため、古い石灰の剝落と新しく塗った石灰があるので、石灰を塗るたびに拓本に写し出された文字の字画が変化していることによると考えられる。

この変化の様相をもとに、同じ箇所にある文字の字形を同じ雰囲気を持つもので一つにまとめて、いくつかのグループに分け、それを複数箇所の文字で比較して、その変化の方向を見つけて拓本の製作時期の古い新しいを判断したのが徐建新氏である。その際、採拓した年代の記録があるか、拓本入手年代がわかる拓本をもとに変化の方向が決められた。これを「碑字字形比較法」と呼んでいる。(3) この方法の根底にあるのは、同じ時期にとられた拓本の字形は同じで、異なる時期にとられた拓本の字形は異なるという前提である。

それに対して、拓本に墨着された字形ではなく、石面の剝落や亀裂等により文字が確認できず、拓紙は貼られたが墨がついていない白色部分の形の変化に注目したのが武田幸男氏である。一般に拓本は石面に文字が書かれたところ全体に隙間なく墨をつけてとることが多いが、広開土王碑の場合は、Ⅰ面とⅡ面は斜め方向に墨のつかない白色部分（空白部分）が残り、Ⅲ面は右下に大きく白色部分が残る。一九四五年以前に石灰が塗られた石碑の拓本を白色部分の形の相違をもとに大きく三グループに分けて、採拓した年代の記録があるか、拓本入手年代がわかる拓本をもとにそれぞれのグループの年代の新旧を考えた。(4) これを「着墨パターン法」という。

どちらの方法によっても石灰拓本の編年の基準は「年代のわかる拓本」である。たとえば、関野貞甲本は、「東京帝国大學工科大學建築學科教室備附む印第四〇号」と印が押され、それは台帳に一九一四年三月登録されている。この時期に建築学科教室で広開土王碑が立つ中国の集安を訪れた教官を調べると、関野貞助教授（当時）であった。(5) これから、関野貞甲本は関野貞が一九一三年に集安で入手して日本にもたらし、翌年の三月に東京帝国大学に入ったと考えられる。(6) これが「年代のわかる拓本」であり、そのグループに一九一三年という年代を与える。このような拓本を「グループ」ごとに見つけ出し、その年代の新旧とグループの変化の方向が矛盾しなければ、石灰拓本の編年が正しいということができる。考古学からみると、「グループ」は型式であり、「年代がわかる拓本」は層位にあたる。層位は型式に優先するという考古学の法則が石灰拓本の編年にもあてはまり、どのような分類基準でグループに分けて相対的な年代を考えても、「年代のわかる拓本」は不動の位置を占める。

広開土王碑拓本の写真は、すでにいくつかの本で紹介され、両者の編年の考え方もその写真から読み取ることができる。筆者は、これ以外の方法で拓本の年代を決める方法はないかと考えていたところ、長正統氏、横山昭一氏、濱田耕策氏の拓本の調査記録に出会った。この調査方法をもとに、一九九六年に東京大学に赴任してから、東京大学文学部甲本、関野貞甲本、東京大学東洋文化研究所本を調査したところ、小拓紙の大きさが異なることに気づいた。この違いは「グループ」の違いであり、一つの「グループ」に複数の拓本があればグループを形成しているといえよう。この方法を「小拓紙比較法」と呼び、以下にこの方法について説明するとともに、いくつかの拓本の調査記録をあげて、この方法が編年に有効かどうか検討する。

一　小拓紙の研究

拓本には製作年代の違いによる特徴が表れるとともに同時代でも拓本を作成した個人のクセが表れる。さらに、いわゆる石灰拓本は拓本をとるたびに碑面の文字を石灰で補修しているので、字形の連続的な変化を追うのは難しい。そこで、個人のクセを排除して時代の特徴がつかめれば、石灰拓本の製作順序がわかり、それとの比較において原石拓本の位置づけも明らかになるだろう。そのためには、両者が提唱した「碑字字形比較法」「着墨パターン法」以外にも拓本製作時に表れる特徴を見つけ出し、採拓年代のわかる同時期あるいは時期の異なる拓本どうしの比較が重要となる。梶本益一氏より九州大学に寄贈された拓本を一九八一年に調査報告した長正統氏、(7)内藤確介氏より目黒区に寄贈された拓本を一九八九年に調査報告した横山昭一氏、(8)足立幸一氏より福知山高校に寄贈された拓本を一九九〇年に調査報告した濱田耕策氏の三氏は、(9)拓本製作時に表れる特徴として、継ぎ合わせた小拓紙の一枚の大きさと小拓紙の貼り合わせ順序にも注目して調査を行った。このような報告は少なかったため、この段階では年代的特徴を示すという認識はまだなかった。

拓本は、拓紙・墨・技術が合わさって製作される。技術は、石面への石灰塗着・拓本の墨のつけ方など、拓工独

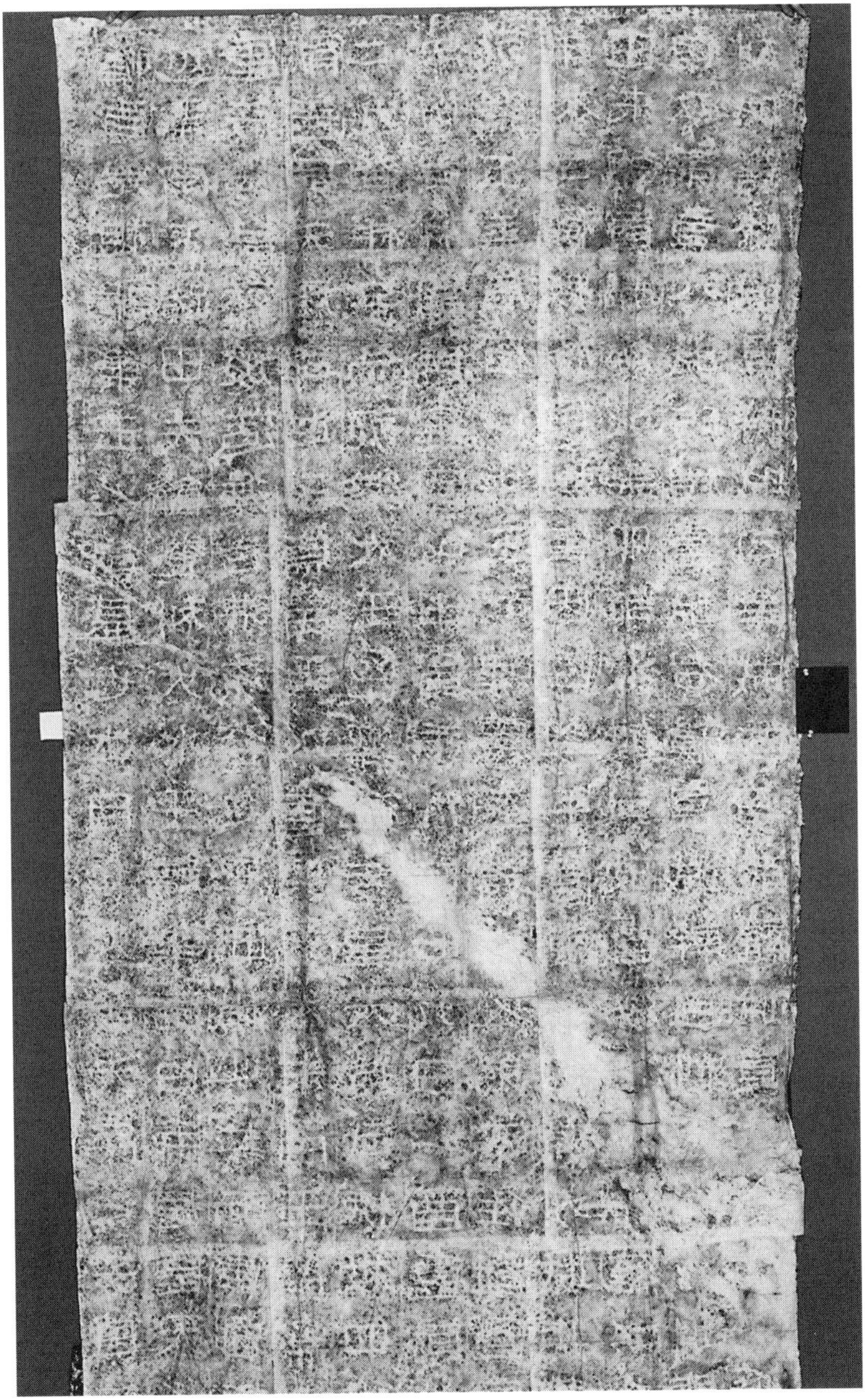

図1　お茶の水女子大学本Ⅰ面の裏面（上）（一九九八年鈴木昭夫氏撮影）

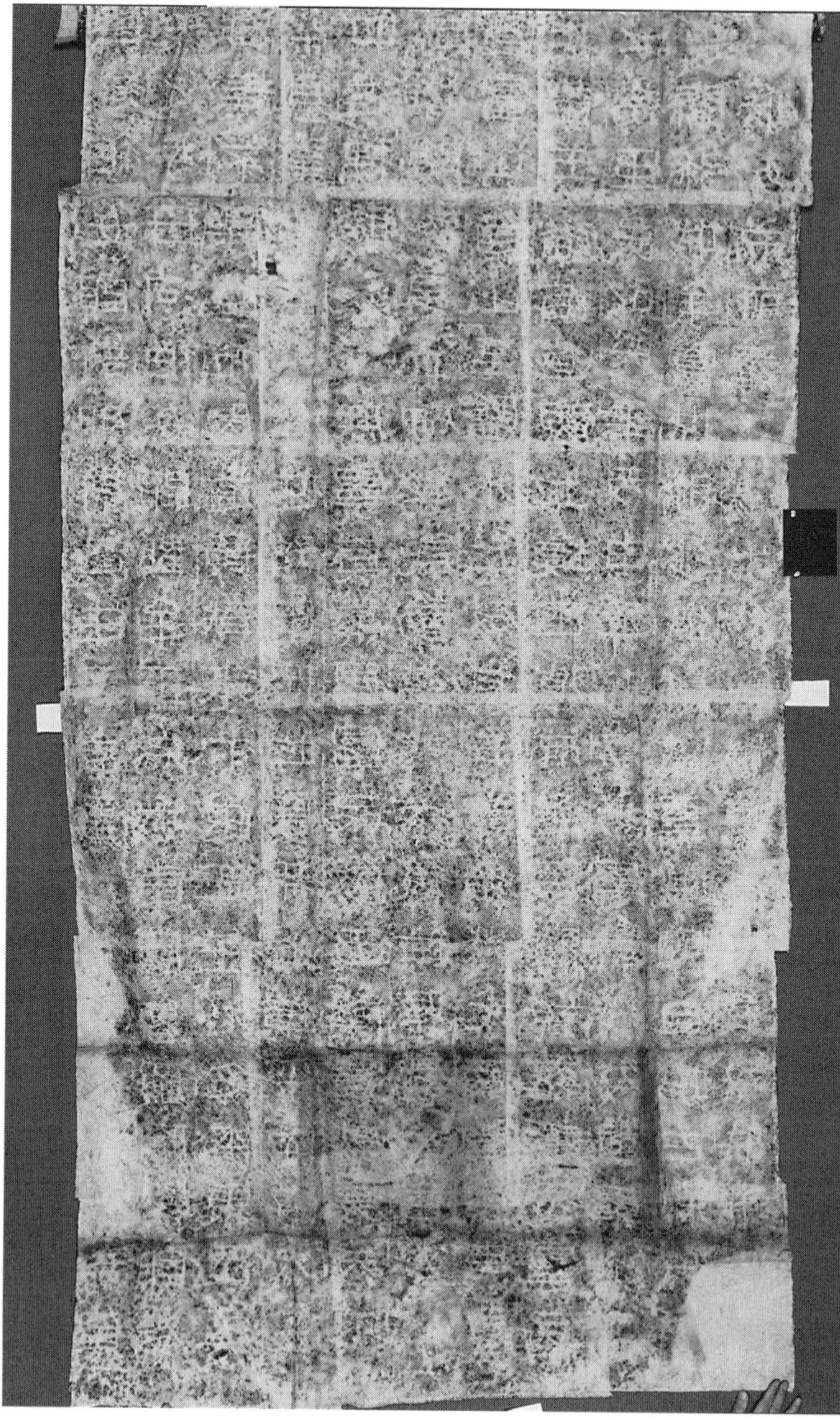

図2　お茶の水女子大学本Ⅰ面の裏面（下）（一九九八年鈴木昭夫氏撮影）

自の拓本のとり方があり、時代と人により異なる拓本がとられた。一方、拓紙は紙の質や色・一枚合わせか二枚合わせか・小拓紙の大きさやつなぎ合わせ方に違いがあり、それは拓工の技術とは関わらないところである。拓紙はどこで生産されたか、集安か北京かどこで調達したか、誰がいつ調達したかなどの問題はあるが、少なくともいくつかの拓本を見ると小拓紙の大きさと貼り方の順序に違いがあり、それをもとに「グループ」に分けることができる。貼り方の観察には、表面でなく裏面からの観察が有効である（図1・2）。表面は墨で黒くなり紙の貼り合わせが確認しにくいが、裏面は紙が重なっているため糊代箇所は白く浮き出て見えるので全面での観察が容易である。しかし、そのためには裏打ちしていない拓本を裏返して観察する必要があるが、容易なことではない。裏打ちあるいは軸装された拓本でも、縁が残っていれば、そこを見ると小拓紙の貼り合わせを見つけることができるので、その箇所での一枚の小拓紙の大きさを測ることができる。縦に切り取って組み直した冊子の剪装本になっていなければ、一枚の大きさは比較的観察しやすい。剪装本からの研究には「碑字字形比較法」が有効である。小拓紙からの研究では、貼り方と大きさからの分類が可能であるが、貼り方の順序は拓工の手法が反映されているので、それを排除して大きさから「グループ」を考えることを優先し、以下にこれまで調査された拓本をあげる。

東京大学文学部甲本（図3）

四面とも軸装されているので、貼り合わせが観察しにくい。Ⅰ面の右上端の小拓紙の大きさは縦七四センチ、横四六センチ、左上端の小拓紙の大きさは縦七四センチ、横四八センチであり、縦に六文字、横に三行が入る。他の箇所の小拓紙を見ても縦の長さは七四センチで共通しているのに対して、横の長さは碑面の幅に応じて四八～四五センチから短く切っている箇所がある。小拓紙は縦に七・一七段、横に三列貼り合わせられている。七段目の下には縦一文字分を横長の拓紙二枚を横につないで貼る。Ⅱ面の右上端の小拓紙の大きさは縦七四センチ、横四五センチで、縦七・一七段、横三列に貼り合わせている。右列は一段目が一文字分の幅しかなく、碑面に合わせて横を短く切っている。Ⅲ面はまだ未調査である。Ⅳ面の四段目右列の小拓紙の大きさは、縦七四センチ、横四五センチで縦六文字、横三・五行が入る。縦七段、横三列に貼り合わされる。貼り合わせの順序は観察できていない。

来歴は不明である。

関野貞甲本（図4）

Ⅰ面、Ⅱ面、Ⅳ面が裏打ちされて残っているが、Ⅲ面は所在不明である。Ⅰ面に「む印第四〇号」、Ⅱ面に「む印第卌九号」、Ⅳ面に「む印第卌八号」と連番が振られているので、Ⅲ面はもともとなかった可能性がある。Ⅰ面の小拓紙の大きさは、右上端で縦六三センチ、横四〇センチで、縦に五文字と横に三行が入り、やや黄色味を帯びた白色である。縦八・二段、横三・六七列に貼り合わせ、八段目の下に一文字分の横長拓紙を二枚横につなぐ。最左列は横二行分の幅で狭くなり、これを〇・六七（三分の二）と数えた。右から左そして上から下へと貼り合わせる。Ⅱ面の小拓紙の大きさは、右上端で縦六五センチ、横四一センチで、縦に五文字と横に三行が入り、やや黄色味を帯びた白色である。縦八・二段、横三列に貼り合わせ、八段目の下に一文字分の横長拓紙を二枚横につなぐ。右から左そして上から下へと貼り合わせる。Ⅳ面の小拓紙の大きさは、左上端で縦六四センチ、横三六センチで、縦に五文字と横に三行が入り、やや黄色味を帯びた白色である。縦八・二段、横三列に貼り合わせ、八段目の下に縦が一文字分の横長拓紙をつなぎ、左端には別に一文字分のみの小拓紙を貼る。左から右そして上から下へと貼り合わせる。Ⅳ面は左から右であり、Ⅰ面、Ⅱ面とは異なる。

図3　東京大学文学部甲本Ⅰ面（筆者作成）

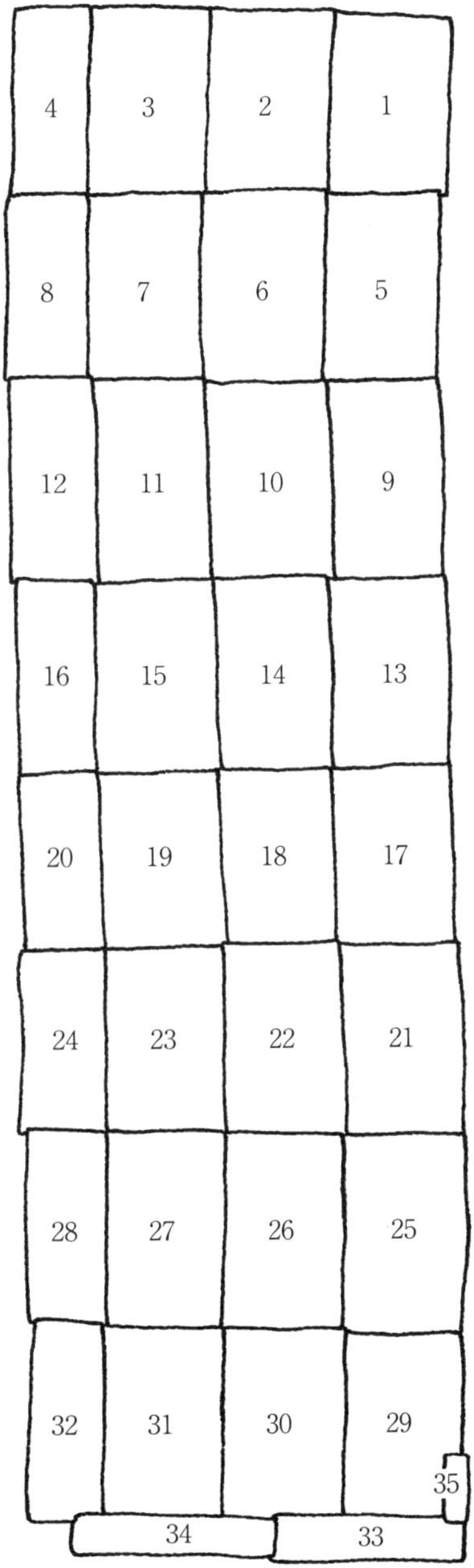

図4　関野貞甲本Ⅰ面（筆者作成）

すでに述べたように、関野貞が一九一三年に集安で入手した拓本である。

関野貞乙本（図5）

裏打ちされていず、裏面に石灰の付着が見られる。

Ⅰ面の小拓紙の大きさは、右上端で縦六七センチ、横三九センチで、縦に五文字と横に三行が入り、やや黄色味を帯びた白色である。縦八・二段、横三・六七列に貼り合わせ、八段目の下に一文字分の横長拓紙を二枚横につなぐ。右から左そして上から下へと貼り合わせる。Ⅱ面の小拓紙の大きさは、右上端で縦六七センチ、横三八センチで、縦に五文字と横に三行が入り、やや黄色味を帯びた白色である。縦八・二段、横三・六七列に貼り合わせ、八段目の下に一文字分より縦が短い横長拓紙を二枚横につなぐ。右から左そして上から下へと貼り合わせる。Ⅲ面の小拓紙の大きさは、左上端で縦六七センチ、横三八センチで、縦に五文字と横に三行が入り、やや黄色味を帯びた白色である。縦八・二段、横五列に貼り合わせ、八段目の下に一文字分の横長拓紙を三枚横につなぐ。左から右そして上から下へと貼り合わせる。Ⅳ面の小拓紙の大きさは、左上端で縦六七センチ、横三八センチで、縦に五文字と横に三行が入り、やや黄色味を帯びた白色である。縦八・二段、横三・二列に貼り合わせ、八段目の下に一文字分の横長拓紙を三枚横につなぎ、最右列は横八センチの細い拓紙を貼る。これを〇・二列と数えた。左から右そして上から下へと貼り合わせる。来歴は不明であるが、関野貞甲本との共通性が高い。

今西龍本（図6）

Ⅰ面は一枚の小拓紙に縦五文字、横三行が入るので、それと同じ文字が入っている関野貞甲本を参考にすると、

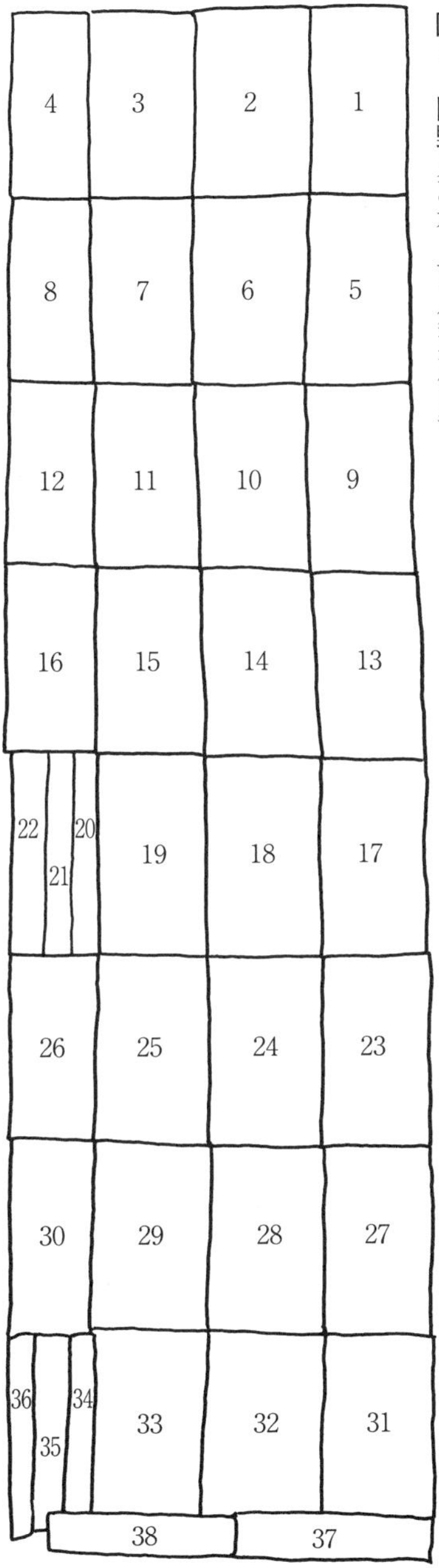

図5　関野貞乙本Ⅰ面（筆者作成）

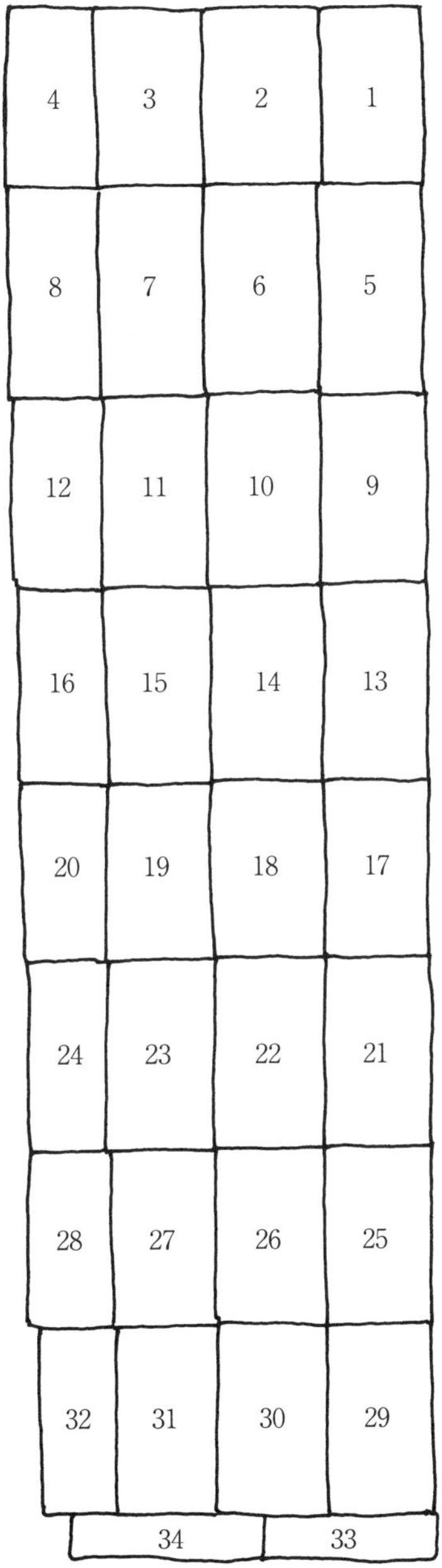

図6　今西龍本Ⅰ面（筆者作成）

縦六三センチ、横四〇センチほどになろうか。(10)縦八・二段、横四列で、右から左そして上から下に貼り合わせるが、八段目の下にさらに縦一字分の拓紙を横長に二枚貼る。Ⅱ面は縦八・二段、横三列で、右から左そして上から下に貼り合わせるが、最下段の下にさらに縦一字分の拓紙を横長に二枚貼る。この二枚のみ左から右へ貼る。Ⅲ面は縦八・二段、横五列、Ⅳ面は縦八・二段、横三列で、この二つの面は左から右そして上から下に貼り合わせていて、Ⅰ・Ⅱ面とは左右の貼り方が逆である。

今西龍は一九一三年に関野貞とともに集安を訪れており、これはその時に入手した拓本である。(11)したがって、関野貞甲本と同じ時期に同じところで入手したものと考えられる。

梶本益一本(7)（図7～10）

小拓紙一枚の大きさが、縦五二センチ、横五三センチのほぼ正方形で、継ぎ目の糊代は幅一センチ前後から数センチで一定しない。厚手の手すき紙でやや黄色味を帯び、二枚の紙を重ね貼りしているように見えるが、一枚の紙が長い年月を経ていわゆる「合いへぎ」を起こしたという。Ⅰ面は縦一一段、横三列で左から右そして上から下に貼り合わせ、Ⅱ面は縦一一段、横三列で右から左そして上から下へ貼り合わせ、最左端の列は細長い拓紙を一一段とさらに小さい紙をその左に部分的に貼っている。Ⅲ面は縦一一段、横四列で左から右そして上から下に貼り合わせるが、上から五段目のみ右から左へ貼る。最下端二段は右から三列目が不規則に小さな縦細拓紙を貼っている。Ⅳ面は縦一一段、横三列で左から右そして上から下に貼り合わせるが、上から六段目のみ右から左へ貼る。最右列の上から五段目までは縦細の拓紙を貼り、最左列の下から四段目と最下段も縦細の拓紙を貼っている。Ⅲ面と同じく、途中の一段のみ貼り合わせの順序が逆になる。

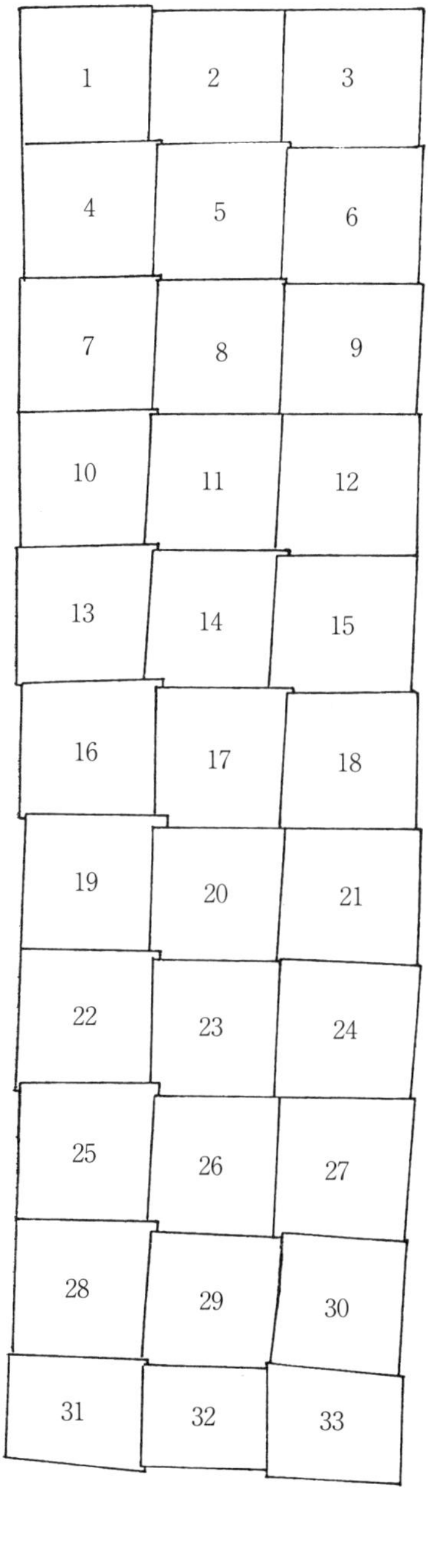

図7　梶本益一本Ⅰ面（註(7)）

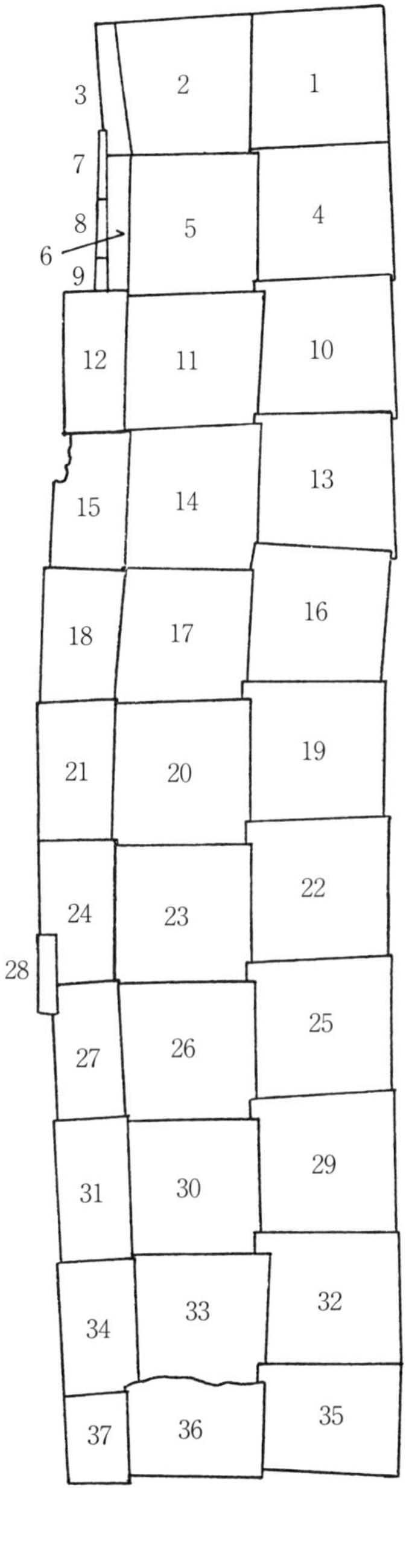

図8　梶本益一本Ⅱ面（註(7)）

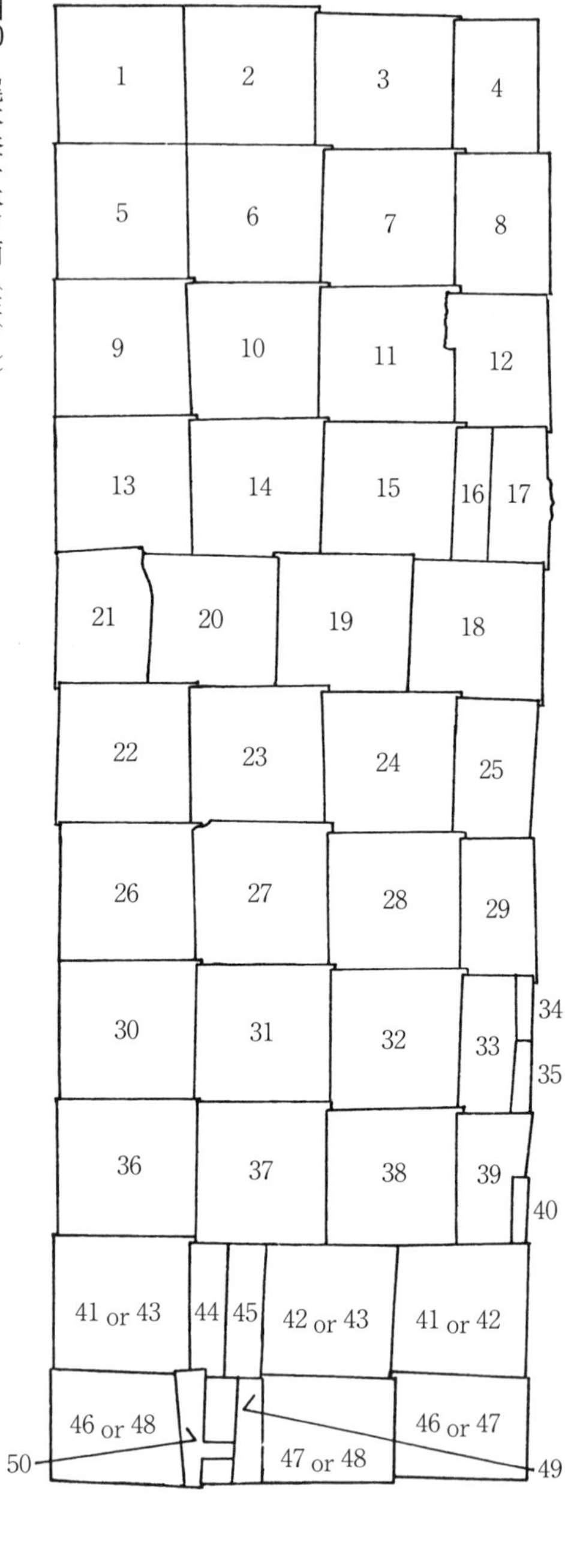

図9　梶本益一本Ⅲ面（註（7））

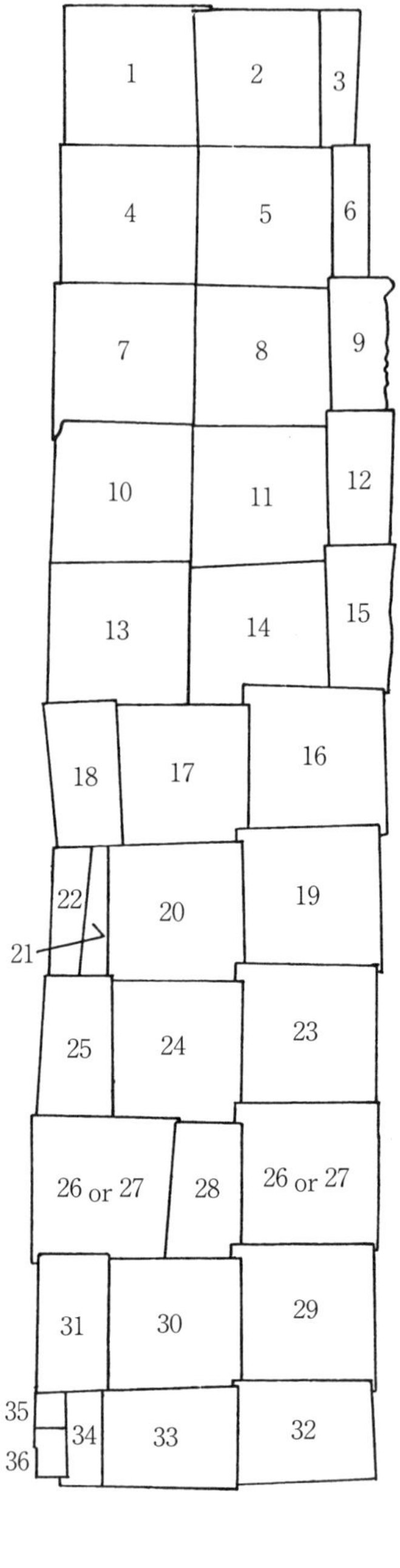

図10　梶本益一本Ⅳ面（註（7））

この拓本の左右の端に沿って、大阪朝日新聞本紙昭和二年六月二十日の朝刊の一部を切って使われた、貼り付け紙が付着している。この年代が拓本の上限年代となる。梶本益一は一九二七年から一九三一年まで平壌郵便局長をつとめ、最後は京城貯金管理所所長で一九三二年に退官して福岡に引き揚げたというので、拓本の入手時期は一九二七年から一九三二年の間に求められる。

内藤確介本(8)（図11～14）

小拓紙一枚の大きさが、縦五二センチ、横五二センチのほぼ正方形で、裏面に石灰が付着しているのが観察されている。Ⅰ面は縦一一段、横三列で右から左そして上から下に貼り合わせるが、一〇、一一段目は細い紙を加えて変則的な貼り方をし、九段目は左から右へ貼っている。Ⅱ面は縦一一段、横三列で右から左そして上から下へ貼り合わせるが、五、八段目は左から右へ貼る。最上段は横二列、上から二、三、四段は細い紙を最左列に貼る。Ⅲ面は縦一一段、横四列で左から右そして上から下に貼り合わせるが、上から五段目のみ右から左へ貼る。この順序は梶本益一本と共通する。何箇所かで細長い拓紙を使用し、とくに最右列の最下段には、さらに小さい四角の拓紙を右に張り出すように貼っている。これは、この部分に文字を見出したからである。Ⅳ面は縦一一段、横三列で左から右そして上から下に貼り合わせるが、上から四段目のみ右↓左↓中へと変則的である。横方向の貼り方に順序が変わるところがあり、それは各面に見られる。目黒区に寄贈されたときは未表装で折りたたまれてあったが、現在は軸装されている。

内藤確介は、ご子息の政雄氏からの聞き取りにより、一九二三年に鴨緑江採木公司理事長となり吉林省安東市に渡り、一九二九年に退職して一九三二、三三年ころに帰国したことがわかっている。そして、拓本は帰国後に送ら

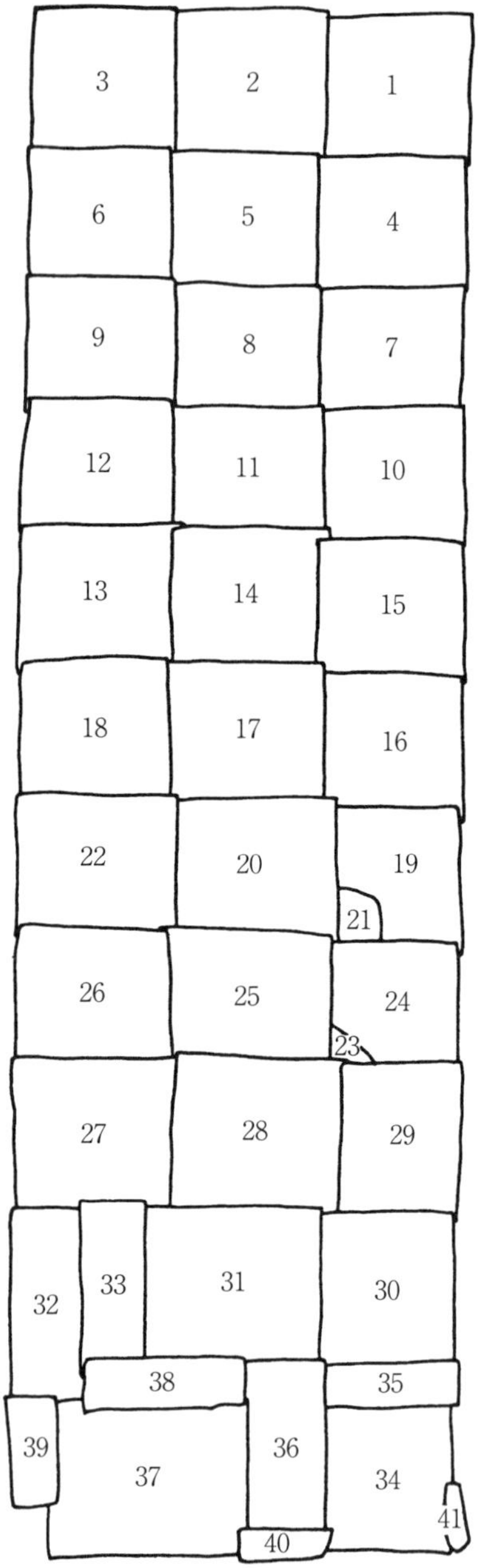

図11　内藤確介本Ⅰ面（註(8)）

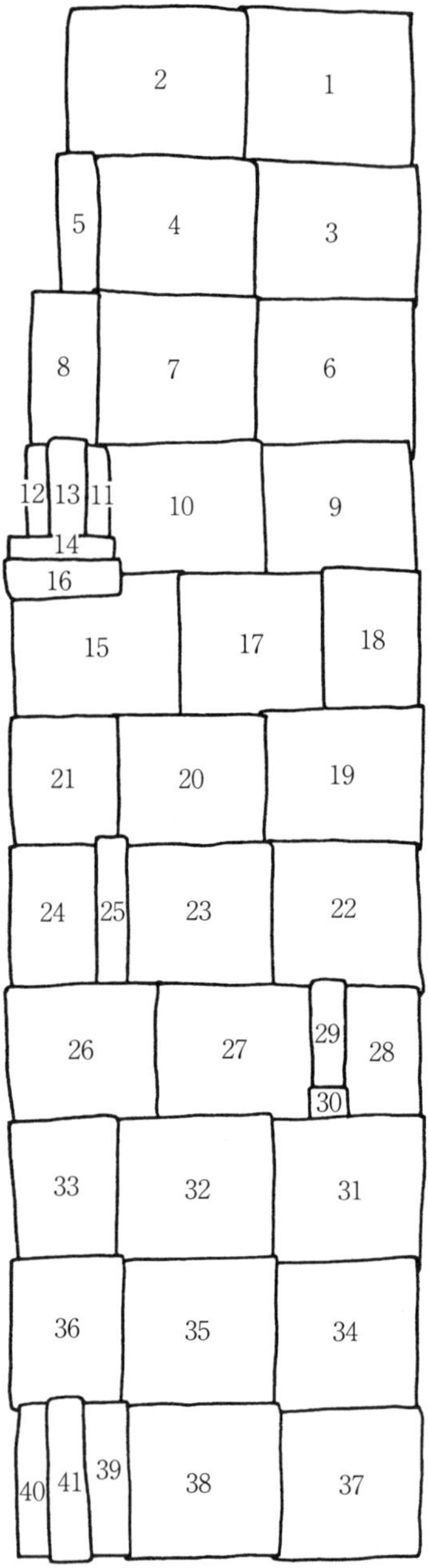

図12　内藤確介本Ⅱ面（註(8)）

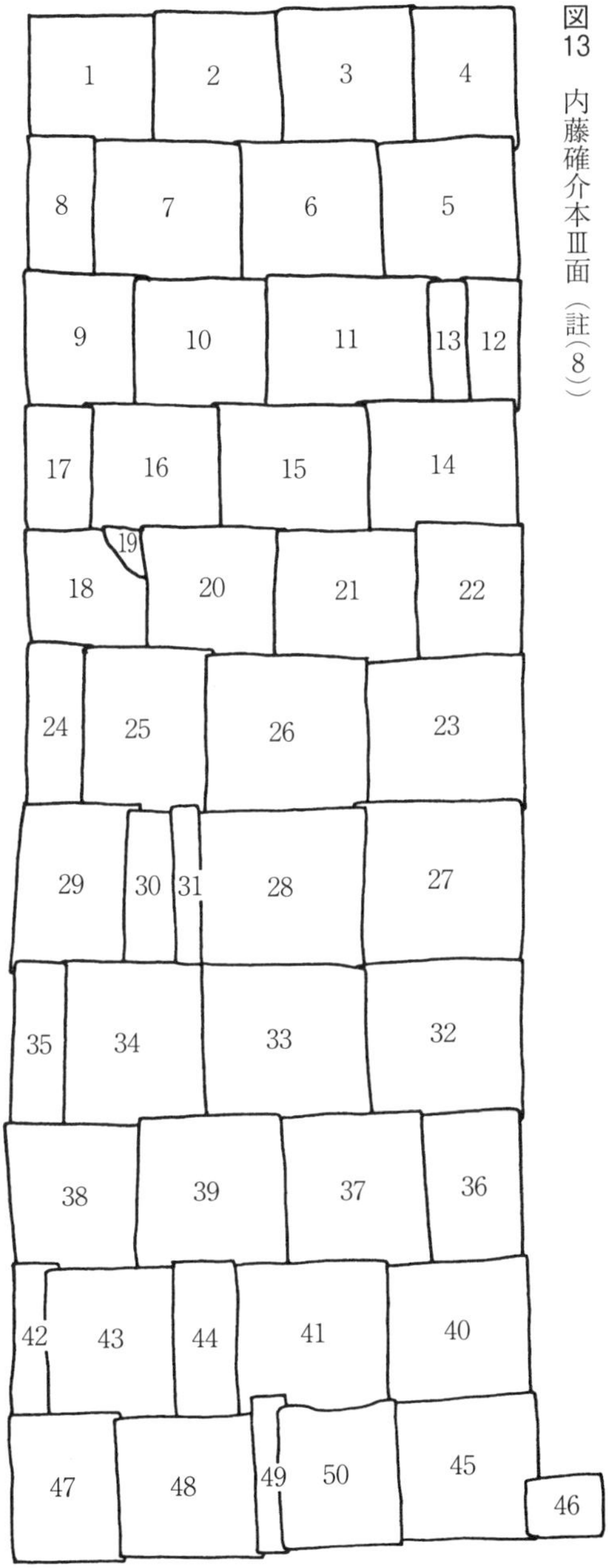

図13　内藤確介本Ⅲ面（註(8)）

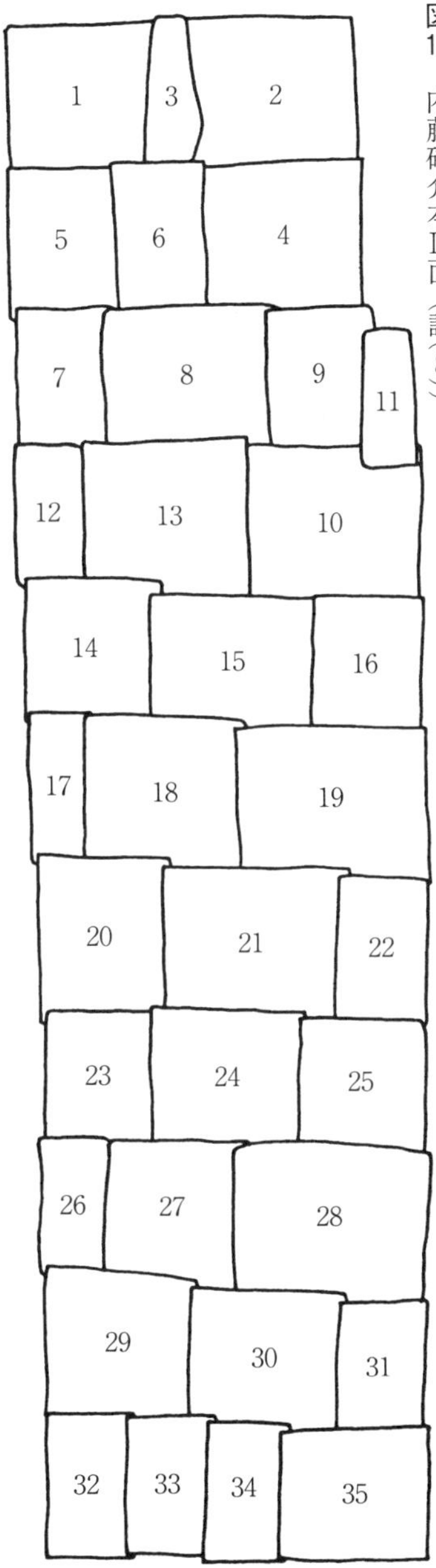

図14　内藤確介本Ⅳ面（註(8)）

れてきた。寄贈を受けた目黒区の横山昭一氏は、その間の一九二四年に碑亭を造るための寄付が集められ、一九二八年に碑亭が完成し、この拓本と共に寄贈された塼を包んでいた新聞紙の発行年が一九二七年のものであることから、拓本は一九二七年から一九二九年の間、あるいは業務の引き継ぎで滞在していた一九三一年までの間に、碑亭建設の御礼として贈られたと見た。

お茶の水女子大学本（図15～18）

黄色味を帯びた紙で二層になっている。小拓紙は縦五三センチ、横五三センチのほぼ正方形で、縦に四文字横に四行入る。Ⅰ面の裏（八行一二字）と観（八行二七字）の文字の裏面に石灰が付着しているのが観察される。Ⅰ面の小拓紙は縦一一段、横二・七五列で、左から右そして上から下に貼り合わせる。最右列の文字は三行しかなく小拓紙の幅も短く切っているので、〇・七五と数えたが、七段目の右列の小拓紙は横を短く切らずに、糊代の幅を一行分とって横に三行をおさめる。最下段の十一段目は右から左へと貼り、最右列と中列の小拓紙は縦の糊代を一字分とり縦に三文字をおさめる。Ⅱ面の小拓紙は縦一一段、横二・五列で、右から左そして上から下へ貼り合わせる。一段目から六段目までの左列は細長い小拓紙を段ごとに貼り、六段目では三枚の小拓紙をつないでいる。七段目から一一段目までは横を短く切った一枚の小拓紙を段ごとに貼る。Ⅲ面の小拓紙は縦一一段、横三・四列で、左から右そして上から下に貼り合わせる。右下端の小拓紙は縦五四・五センチ、横二三・五センチで横を短く切っているので、〇・四列と数えた。また、一一段目は糊代を一三センチとり一字分を調整している。Ⅳ面の小拓紙は縦一一段、横二・二五列で、左から右そして上から下に貼り合わせるが、一、二段目は二列、六、七段目は逆に右から左へ貼り、一一段目は右と左の列を貼ったのちに中列を貼り合わせている。

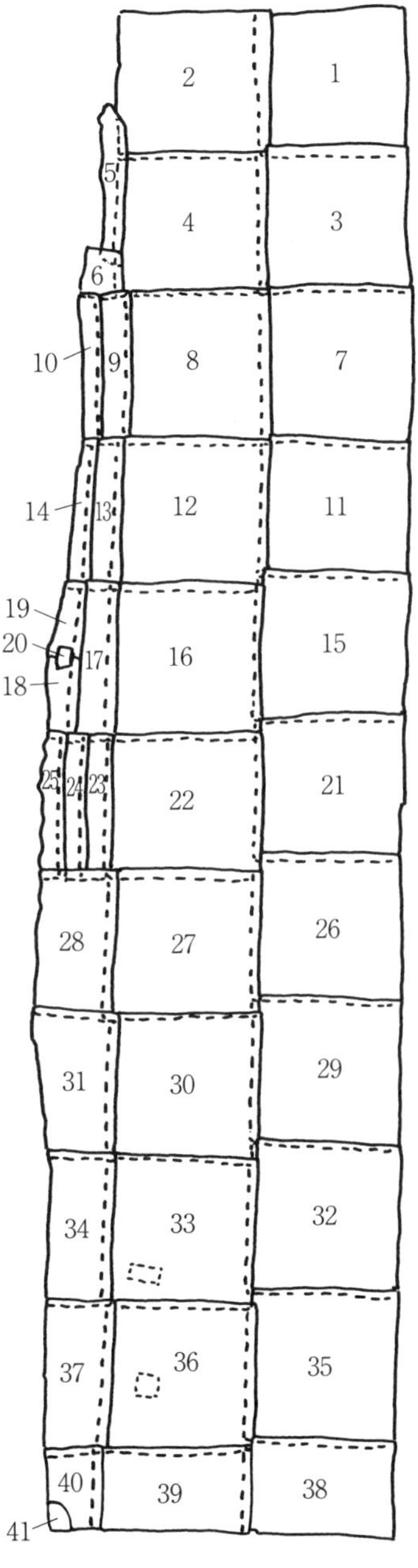

図16　お茶の水女子大学本Ⅱ面（稲田奈津子氏原図から筆者作成）

図15　お茶の水女子大学本Ⅰ面（稲田奈津子氏原図から筆者作成）

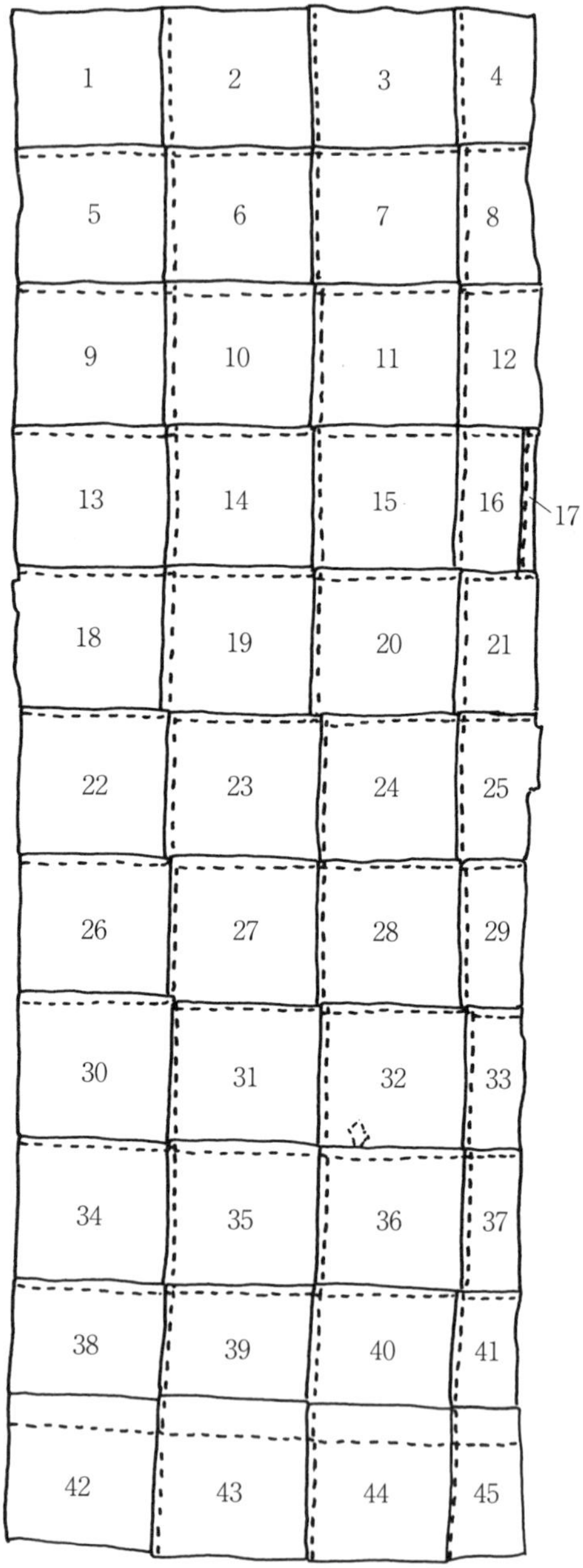

図17　お茶の水女子大学本Ⅲ面（稲田奈津子氏原図から筆者作成）

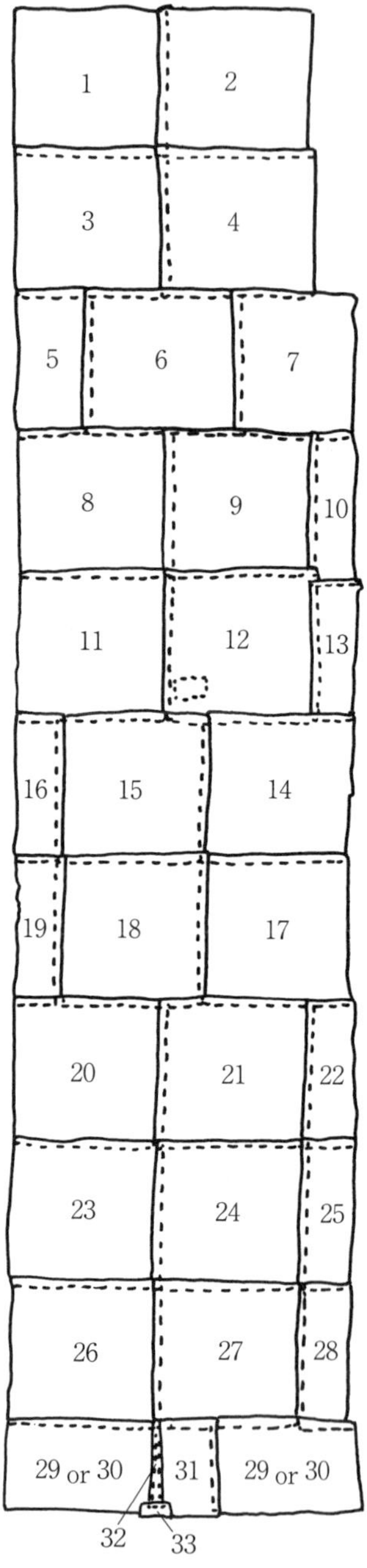

図18　お茶の水女子大学本Ⅳ面（稲田奈津子氏原図から筆者作成）

未表装で四面とも折りたたんで箱に立てて収納されていたが、箱の蓋をあけた時にみえた折り目の上縁は黄色に変色していた。来歴については不明である。

東京大学東洋文化研究所本（図19〜22）

Ⅰ面は右上端の小拓紙一枚の大きさが、縦一〇七センチ、横五〇センチの長方形で、縦五段、横三列に貼り付け、左から右そして上から下に貼られる。最下段の下の二列分に縦半字分の拓紙を筋目を横にして横長に貼る。拓紙は薄く透かしのように筋目が入る。最上段には四箇所に一字分の小さい拓紙が表から貼られる。Ⅰ面の裏面には石灰の付着が確認されている。Ⅱ面は右下端の小拓紙一枚の大きさが、縦一〇九センチ、横五三センチの長方形で、縦五段、横二・五列に貼り付け、右から左そして上から下方向に貼られる。最左列の拓紙は碑面の大きさに合わせて幅が狭くなり、左下端の小拓紙は縦一〇九センチ、横二九センチである。Ⅲ面は左下端の小拓紙一枚の大きさが、縦一一〇センチ、横五五センチの長方形で、縦五段、横四列に貼り付け、左から右そして上から下に貼られる。二段目と三段目の間には、別に横長の一字分（縦一八センチ）の拓紙が貼られるので、正確には六段とすべきかもしれないが、小拓紙の基本的な大きさとは大きく異なるので、五段と見ておく。また部分的に小さい拓紙を貼っている。Ⅳ面は左上端の小拓紙一枚の大きさが、縦一〇七センチ、横五二センチの長方形で、縦五段、横二・五列に貼り付け、左から右そして上から下に貼られる。最右列は碑面の大きさに合わせ幅が二一・五センチと狭くなっている。拓紙の質は四面とも同じで薄く、縦に筋目が入っている。この筋目により、基本的な大きさの拓紙とは別に細長の拓紙を貼り合わせた場合、拓紙は筋目の方向に細く切っており、貼り合わせが縦方向か横方向かがわかる。来歴については不明である。

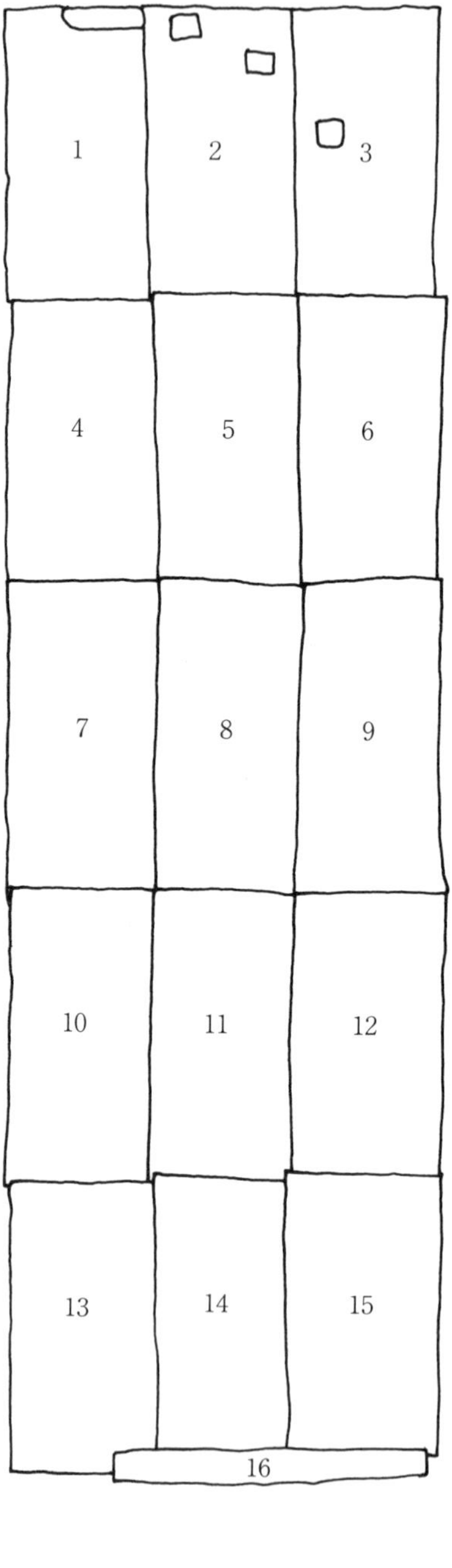

図19　東京大学東洋文化研究所本Ⅰ面（筆者作成）

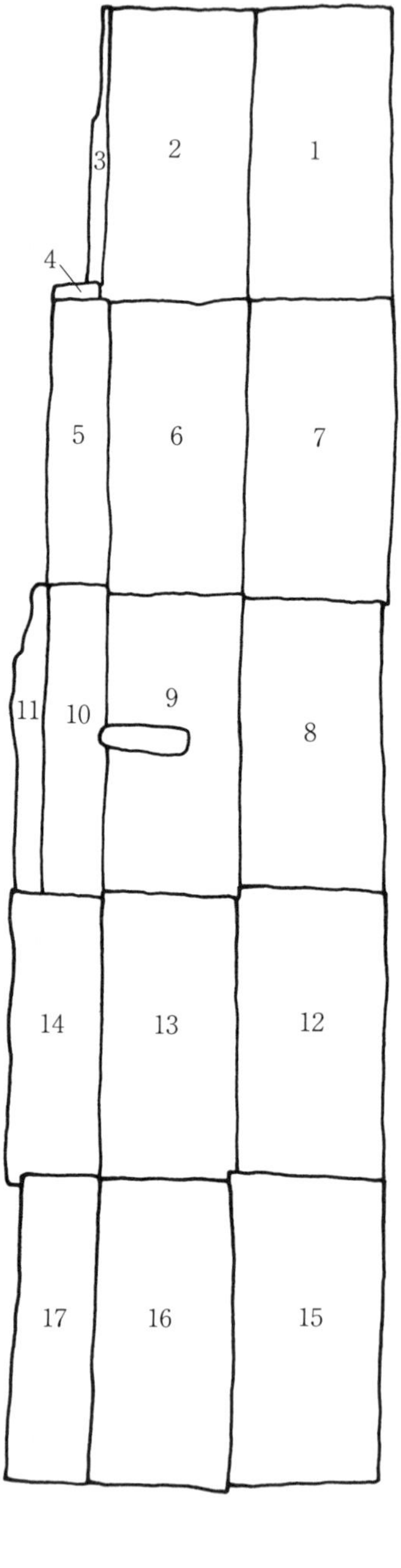

図20　東京大学東洋文化研究所本Ⅰ面（筆者作成）

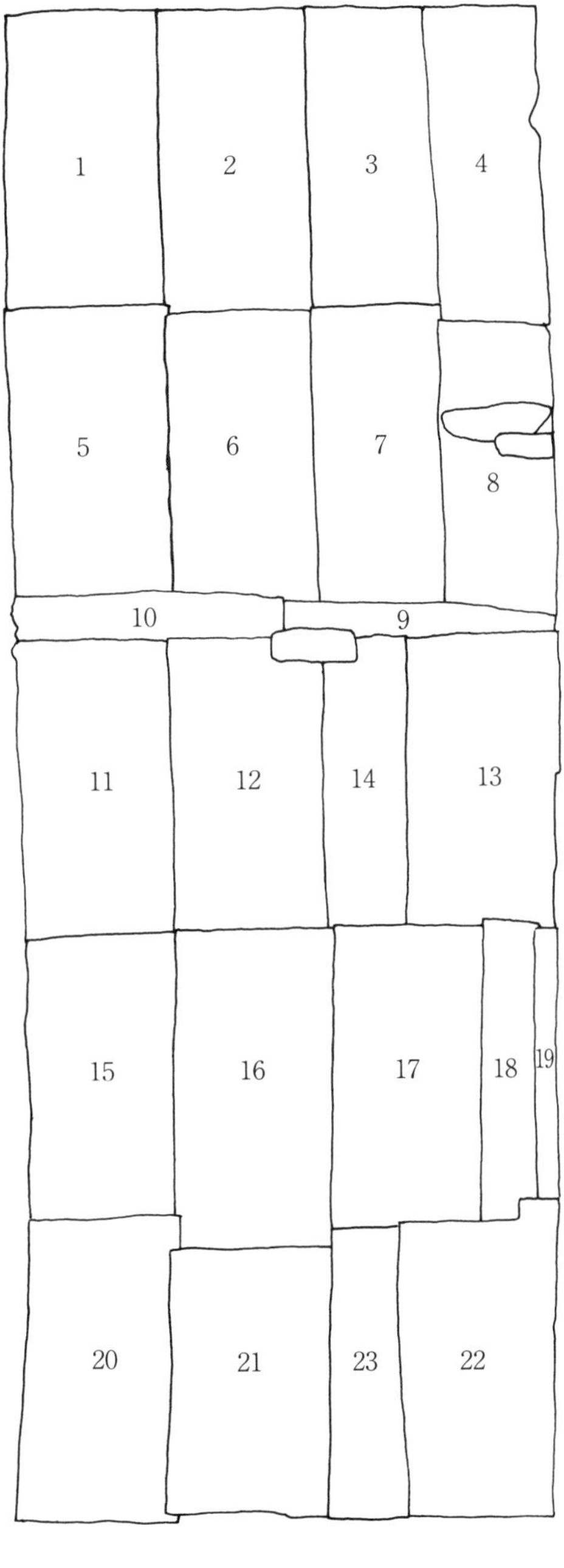

図21　東京大学東洋文化研究所本Ⅲ面（筆者作成）

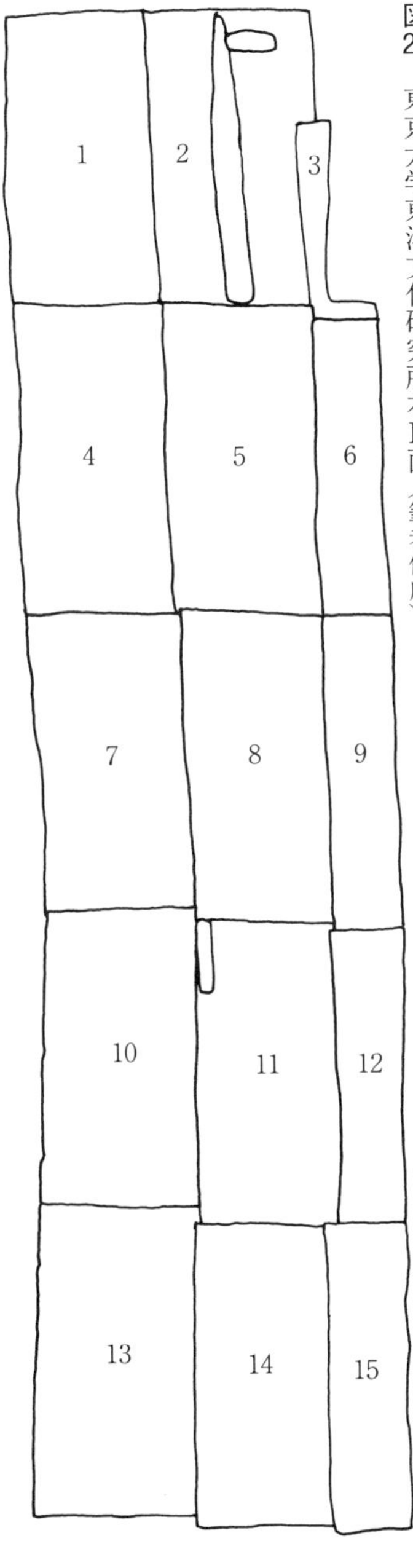

図22　東京大学東洋文化研究所本Ⅳ面（筆者作成）

鈴木宗作本

鈴木宗作の息女である黒田和子氏より東京国立博物館に寄贈された拓本で、二〇〇四年八月三日から十月三日の間に東洋館でⅠ面からⅣ面が展示された(12)。小拓紙は縦方向に七〜八ミリ間隔で筋目が入り、Ⅰ面は左から右にそして上から下に貼られる。左端上の拓紙は縦一一二センチ、横五二センチ、右端上の拓紙は縦一一〇センチ、横五六センチで、縦五段、横三列に貼り付け、最下段の下に一字分の拓紙を筋目を横にして横長に貼る。Ⅲ面も左から右に上から下に貼られ、左端上の拓紙は縦一一一センチ、横五三センチである。Ⅳ面も左から右に上から下に貼られ、最上段の左から二列目の小拓紙は横五四センチである。縦の筋目や小拓紙の大きさが東京大学東洋文化研究所本によく似る(13)。

足立幸一本(9)（図23〜26）

旧制福知山中学校（現京都府立福知山高等学校）を卒業した足立幸一氏が母校に寄贈した拓本で、濱田耕策氏が一九八五年に調査した。

Ⅰ面は、三段目の縦の長さが三分の一ほどしかないので、これを〇・五段と見ると、縦五・五段、横二列となる。Ⅱ面も同じく縦五・五段、横二列となるが、右列は横の長さがやや短くなっている。Ⅲ面は縦四・五＋〇・五段、横三列と変則的であるが、それは上から三段目と六段目（最下段）の小拓紙の縦の長さが他の半分以下であるため、〇・五段と数えざるを得ないためである。最下段が三段目よりやや長いのでこれを一段分と見れば五・五段となり、Ⅰ面とⅡ面と同じ構成となる。Ⅳ面は縦五・五段、横二列となるが、〇・五段は最下段に位置する。濱田氏は、足立幸一本を書学院本と比較して、拓本の外周が、表装される過程で切り取られたと推定している。図にみえる点線が、

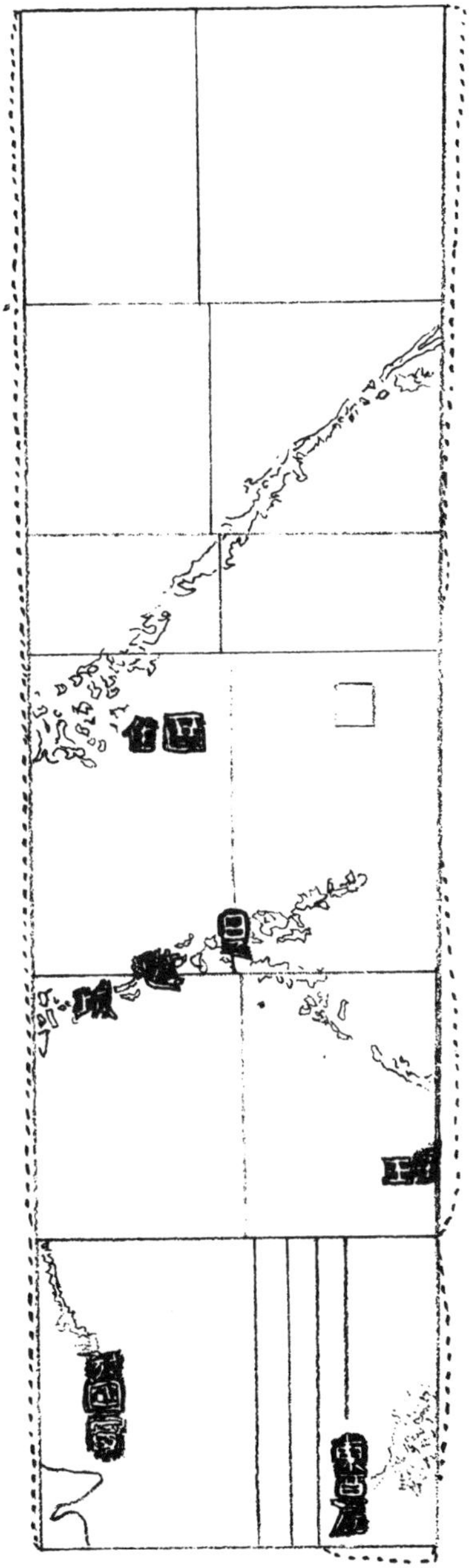

図23　足立幸一本Ⅰ面（註(9)を一部変更）

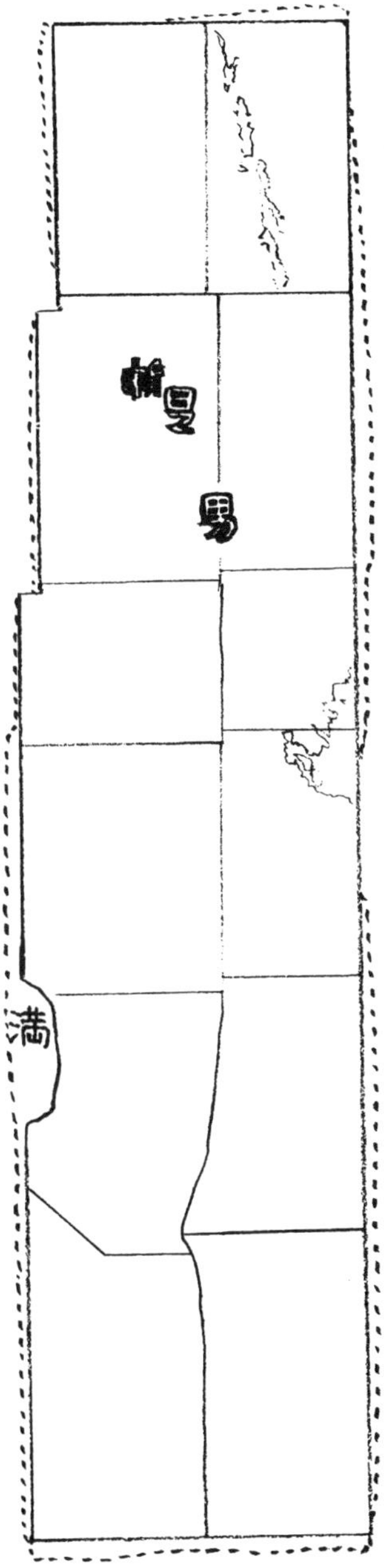

図24　足立幸一本Ⅱ面（註(9)を一部変更）

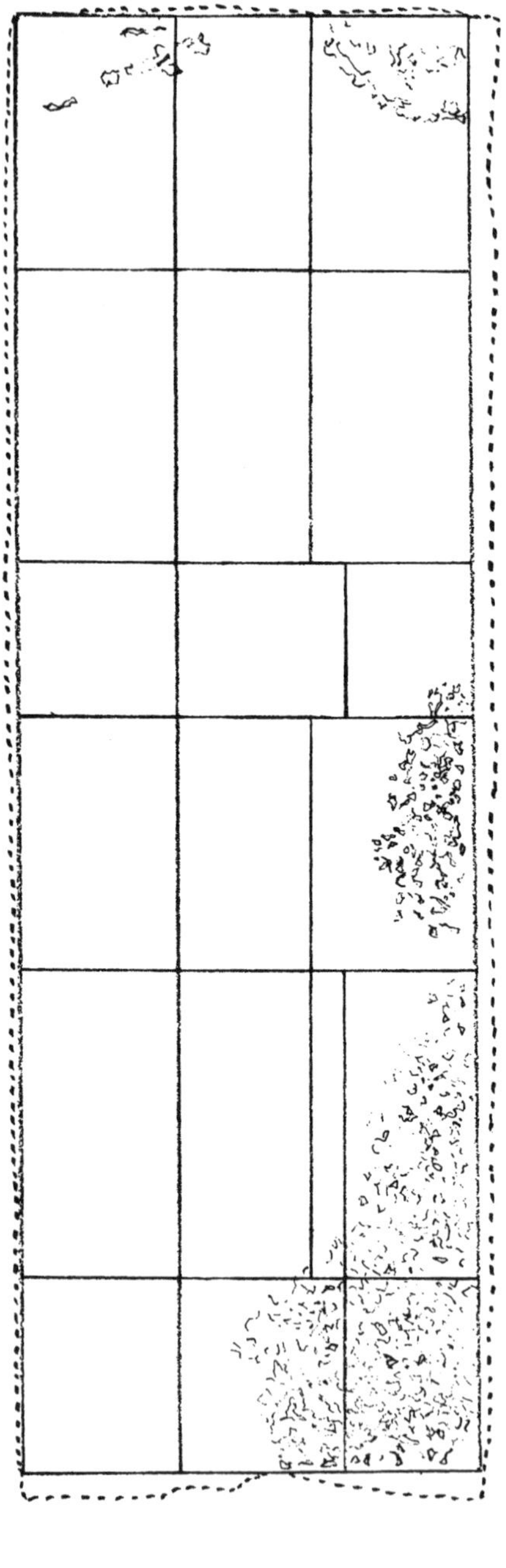

図25　足立幸一本Ⅲ面（註(9)を一部変更）

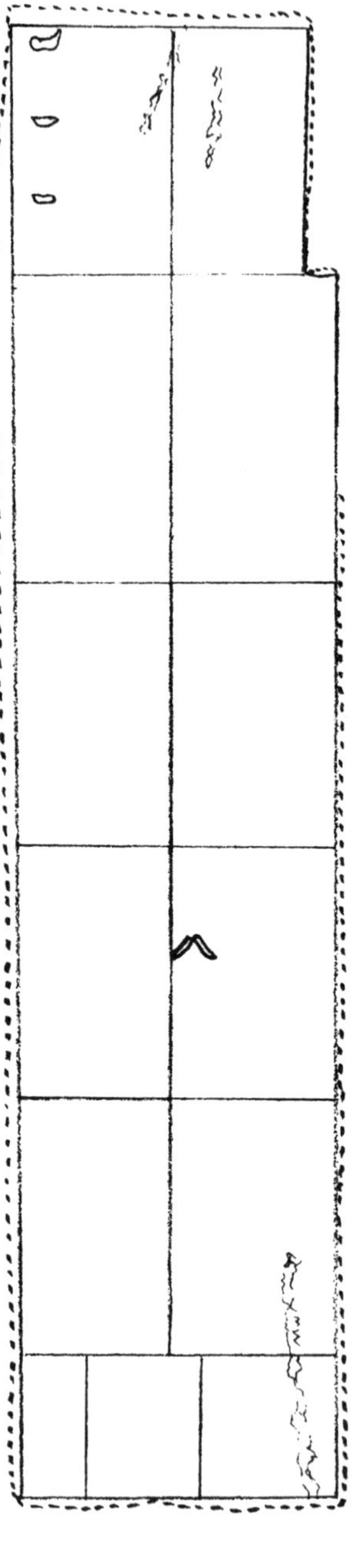

図26　足立幸一本Ⅳ面（註(9)を一部変更）

推定される本来の拓本の大きさである。小拓紙の大きさについての調査データはない。

足立幸一氏は、大学卒業後に大連で福幸公司を経営していたが、一九三一年に福知山中学校創立三〇周年に合わせて満蒙文庫の名で図書を寄贈した。その後も寄贈は続いたらしいが詳しいことはわからない。一九三八年に校舎を改築した際に郷土館も造られ、その二階に満蒙研究室が設けられ、『満蒙研究室資料目録』が作成された。その目録に、「広開土王の碑文　四　軸製石摺」とあり、この時にはすでに中学校に入っていたことがわかる。このような状況を勘案すると、一九三一年から一九三八年の間に福知山中学校に寄贈されたと考えられ、拓本の作成はそれ以前になる。

二　小拓紙による拓本分類

拓本の四面とも調査された梶山益一本（図7～10）、内藤確介本（図11～14）、お茶の水女子大学本（図15～18）、東京大学東洋文化研究所本（図19～22）をみると、それぞれの拓本は各面で同じ大きさの小拓紙を使用しているので、小拓紙の大きさの比較はⅠ面のみで十分である。また、縦の段・横の列の数は、小拓紙を貼り合わせた結果を示しているので、糊代の幅を考慮しても小拓紙の大きさを反映していると見ることができる。一枚の小拓紙の大きさを計測できない場合は、段・列の数から小拓紙の大きさを推定できるし、それが正確でないにしても段・列の数がわかれば、その数により他の拓本との比較も可能である。そこで、以上にあげた石灰拓本のⅠ面の小拓紙の大きさ、小拓紙の枚数、入手年代、現状、武田幸男氏による類型、計測値のもととなった文献を項目として整理したのが拓本一覧表（表1）である。

表1　拓本一覧表

拓本名	類	Ⅰ面小拓紙（縦×横 cm）	Ⅰ配列（段×列）	年　代	武田類型	現　状	計測値文献
北京大学図書館Ａ本	原	130×70、64×32	6×2	1889年	Ａ3	分割なし	註(15)
水谷原石拓本	原	47×47	12×3		Ａ4	3分割、折畳	註(13)
北京大学図書館Ｂ本	原	約50×40	14×4		Ａ4	3分割、折畳	註(15)
北京大学図書館Ｃ本	原	45×37（推）	13×4～5		Ａ4	3分割、折畳	註(15)
北京大学図書館Ｄ本	原	46×38（推）	不明		Ａ4	未表装	註(3)
東京大学文学部甲本	一	74×46	7.2×3		Ｃ1-2	表装	註(13)
関野貞甲本	二	63×40	8.2×3.67	1913年（1914.3登録）	Ｃ1-2	仮表装	註(6)
関野貞乙本	二	67×39	8.2×3.67			未表装	本書
今西龍本	二	未計測	8.2×4	1913年	Ｃ1-2	未表装	註(13)
梶本益一本	三	52×53	11×3	1927～1932年	Ｃ2-3	未表装	註(7)
内藤確介本	三	52×52	11×3	1927～1931年	Ｃ2-3	表装	註(8)
お茶の水女子大学本	三	53×53	11×2.75			未表装	本書
東京大学東洋文化研究所本	四	107×50	5×3			未表装	註(13)
鈴木宗作本	四	110×56（目測）	5×3		Ｃ2-3	表装	註(13)
足立幸一本	五	未計測	5.5×2	1931～1938年	Ｃ3	表装	註(9)

同じ時期に同じ場所で入手された拓本に、関野貞甲本と今西龍本がある。関野貞と今西龍は一九一三年十月に広開土王碑が立つ集安（洞溝）で碑も調査しているので、このときに入手したと考えられる。両者を比較すると、小拓紙の大きさ、段と列の数、Ⅰ面八段目の下に縦一文字分の横長の拓紙を貼っていることなど、各要素で共通性が高い。梶本益一本と内藤確介本も年代が一九二七年と一九二七～一九三一年と考えられ、小拓紙の大きさ、段と列の数も同じである。ただし、Ⅰ面の貼り合わせ方は梶本益一本が左から右であるのに対して内藤確介本は右から左と異なるが、Ⅰ面のみの違いでⅡ面からⅣ面まで両者は貼り合わせ方が一致する。

これは、同じ大きさの小拓紙を使用した拓本は同じ時期に製作されたことを示す。小拓紙の大きさで分類すると、関野貞甲本、関野貞乙本、今西龍本が一つのグループに属し、梶本益一本、内藤確介本が同じグループ、東京大学東洋文化研究所本と鈴木宗作本が同じグループの属する。足立幸一本は段と列の数が東京大学東洋文化研究所本に近いが、列の数が二列と異なる点もあるので別のグループとする。東京大学文学部甲本は関野貞甲本と近いが、小拓紙の縦の長さがそれより長く、段の数も一段少ないので、これも別グループとする。お茶の水女子大本の小拓紙の大きさは梶本益一本と内藤確介本と同じであり、貼り合わせ方は左から右で梶本益一本と同じであるので、このグループに入れる。以上を整理して石灰拓本を小拓紙の大きさごとにグループにわけると次の五つの類型になる。そして、小拓紙の大きさが同じであれば同じ時期とすると、各類のなかでは同じ時期とみなせる。

一類：東京大学文学部甲本
二類：関野貞甲本、関野貞乙本、今西龍本
三類：梶本益一本、内藤確介本、お茶の水女子大学本
四類：東京大学東洋文化研究所本、鈴木宗作本

五類：足立幸一本

三　他の編年との比較

武田幸男氏の「着墨パターン法」による類型と比較すると、一類と二類はC1-2型、三類と四類はC2-3型、五類はC3型になり、よく対応していることがわかる。さらに細かく見ると、三類と四類はどちらもC2-3型に属し着墨パターンでは一つの類型に属するが、小拓紙の大きさから見ると二つに分けられる。C2-3型の時期をさらに前後二時期に細分できるのか、同じ時期のなかで拓工の違いや紙の入手ルートの違いによるものなのか、さまざまな問題を提起するが、これらは今後の課題である。

以上あげたのは、いわゆる石灰拓本とよばれるものであるが、これまでの研究により石灰を塗り始める以前にとられた拓本があり、これを原石拓本とよんでいる。北京大学図書館に所蔵されている四組の原石拓本を紹介した徐建新氏は、これをA本、B本、C本、D本と名付けた。A本のみが小拓紙を各面一枚になるように貼り合わせ四幅となっているが、他の三組は各面を三段に分けて小拓紙を貼り合わせているので、三組はそれぞれの数が一二幅となっている(15)。

北京大学図書館A本は未表装で折りたたまれた状態であり、折り目には小さい紙片を貼って補修されている。大小の拓紙が使われ、大きい拓紙で縦一三〇センチ、横七〇センチ、小さい拓紙で縦六四センチ、横三二センチである。小さい拓紙は大きい拓紙のちょうど四分の一の大きさになる。Ⅰ面は「六段、用紙一二枚」とあるので、単純に割り算をしてこれまでの表現に直すと縦六段、横三列となる。

北京大学図書館B本は未表装で各面は、上・中・下の三幅に均等に分けられる。小拓紙は薄目の連綿紙一枚で、大きさは縦約五〇センチ、横約四〇センチで、上段全体の大きさは縦一八二センチ、横一五〇センチであり、小拓紙は縦四段、横四列の構成である。三幅のそれぞれの段と列の数から復元すると、I面は縦一四段、横四列になる。一方、A本の縦の全長は五四三センチであることから、B本の拓本の全体をあわせた長さを五四三センチとみて、これを五〇センチで割り糊代を考慮すると縦一二段位になる。各幅どうし上端と下端での重なりがある可能性を考慮して、縦を一二〜一四段と考えておこう。

北京大学図書館C本はB本と同じであるが、二枚紙であることが異なるという。I面上段の縦の長さ一七八センチ、横の長さ一四八センチで、小拓紙は縦四段、横四列の構成である。中段が縦四段、下段が縦五段であるので全体では縦一三段になる。小拓紙の大きさの報告はないが、上段の枚数から縦四五センチ、横三七センチと推定される。

北京大学図書館D本も同様に小拓紙の大きさを推定すると、縦四六センチ横三八センチとなる。横の長さは上段の幅の長さを小拓紙の数で単純に割ったので、貼り合わせのなかで碑面に合わせて端になった小拓紙の横を切って使用した可能性もあるので、数値より大きくなるかもしれない。実物を見ていないので判断しかねる。

水谷原石拓本は、北京大学図書館B本と同じく各面が上、中、下の三幅からなる。写真から測った小拓紙の大きさは、縦約四七センチ、横約四七センチのほぼ正方形である。I面は一二段からなる。

以上の原石拓本を見ると、各面三分割よりなる北京大学図書館B、C、D本と水谷原石本は、小拓紙は縦四五から五〇センチ、横三七から四七センチの正方形に近いかあるいはやや縦長の長方形になる。北京大学図書館A本は縦一三〇センチ横七〇センチと縦六四センチ横三二センチで、一定の大きさの小拓紙を使用していない。この大きさを石灰拓本と比較してみると、横の長さが近いのが二類であるが縦の長さが四〇センチと五〇センチ・六三センチで異なる。三類は縦横五二センチと正方形であるが、水谷原石拓本より五センチほど大きい。このように見てくると、一面が三分割された原石拓本の少拓紙の大きさは石灰拓本のどの小拓紙とも異なる。これは、原石拓本を石灰拓本から区別する一つの指標となる。足立幸一本のⅠ面は小拓紙の大きさの報告はないが、縦五・五段であることが図面より知られる。東京大学東洋文化研究所本のⅠ面は縦五段で、縦が一〇七センチの小拓紙を同じように貼り合わせていることから、縦五・五段の足立幸一本は小拓紙の縦の長さが一〇七センチ以下と推定される。北京大学図書館A本の大きい小拓紙の縦が一三〇センチであるので、ここでも識別できる。

「雰囲気が大きく異なる」石灰拓本の分類をもとに年代を考えることを目的として、小拓紙の大きさの違いに注目して五つのグループに分けて、年代のわかる拓本からそれぞれのグループの年代を求めた。そして、すでに行われた武田幸男氏の分類と比較して、大きな流れとしては合致するが小異があることも指摘した。さらに、原石拓本のうち小拓紙の大きさがわかる、あるいは推定できるものと石灰拓本とを比較すると、両者には大きさの違いがあり、これまで知られている石灰拓本の小拓紙のグループのいずれにも原石拓本は属さず、小拓紙の大きさが石灰拓本と原石拓本の識別にも利用できることが明らかとなった。

註

（1）関野貞「満州輯安県及び平壌附近に於ける高句麗時代の遺蹟（二）」『考古学雑誌』第五巻第四号、一九一四年、一一二二頁。

（2）著者不詳「彙報　本会大百九回例会記事（黒板勝美）」『歴史地理』第三二巻第五号、一九一八年、七九頁。

（3）徐建新『好太王碑拓本の研究』東京堂出版、二〇〇六年。
（4）武田幸男『広開土王碑原石拓本集成』東京大学出版会、一九八八年。その後、武田幸男「「広開土王碑」墨本の基礎的研究」『東方学』東方学会、二〇〇四年、一―一九頁（同『広開土王碑墨本の研究』吉川弘文館、二〇〇九年に収録）で、一九四五年以降の石灰拓本を含めて大きく四グループに分けた。
（5）早乙女雅博「関野貞の朝鮮古蹟調査（二）―大正二年朝鮮古蹟調査略報告―」『韓国朝鮮文化研究』第一〇号（東京大学大学院人文社会系研究科韓国朝鮮文化研究室研究紀要）二〇〇七年、一七―四三頁。
（6）早乙女雅博「広開土王碑の拓本」『Ouroboros』（東京大学総合研究博物館ニュース）第七号、一九九八年、一二―一四頁。同「高句麗・広開土王碑　東大建築本の調査」『関野貞アジア踏査』二〇〇五年、二八九―二九六頁。
（7）長正統「九州大学所蔵好太王碑拓本の外的研究」『朝鮮学報』第九九・一〇〇輯合併号、一九八一年、三七―九〇頁。
（8）横山昭一「目黒区所蔵拓本の採拓年代と外的特徴」『目黒区所蔵　高句麗広開土王碑拓本写真集』目黒区守屋教育会館郷土資料室、一九八九年、三八―四八頁。
（9）浜田耕策「故足立幸一氏寄贈の京都府立福知山高校所蔵の広開土王碑拓本について」『調査研究報告』二四、学習院大学東洋文化研究所、一九九〇年、一七―三六頁。本文では小拓紙のつなぎ合わせに触れていないが、写真の書き起こし図で貼り合わせ箇所を表している。
（10）一九九九年十月二日に朝鮮学会第五〇回大会が天理大学で開催され、その時に同大学所蔵の今西龍本の四面が特別に展示された。その時の観察に基づく記録である。小拓紙の大きさは測っていないが、一枚に入る文字の数によっておよその大きさがわかる。
（11）武田幸男「天理図書館蔵「高句麗広開土王陵碑」拓本について」『朝鮮学報』第一七四号、二〇〇〇年、四一頁。
（12）http://www.tnm.jp/modules/r_exhibition/index.php?controller=item&id=103　二〇一三年二月十六日閲覧。
（13）早乙女雅博「東京大学所蔵広開土王碑拓本―小拓紙から見た製作年代の考察―」『高句麗研究』第二一輯、二〇〇五年、二五七―二八五頁。

(14)　武田幸男『広開土王碑墨本の研究』（吉川弘文館、二〇〇九年）の「附録一　類型別の「広開土王碑」墨本目録（案）」による。

(15)　徐建新「北京に現存する好太王碑原石拓本の調査と研究―北京大学所蔵拓本を中心に―」『朝鮮文化研究』第三号、東京大学文学部朝鮮文化研究室、一九九六年、二五―五七頁。

東京女子高等師範学校の学術標本

――教材としての広開土王碑拓本の背景――

奥田　環

はじめに

お茶の水女子大学に保管されている広開土王碑拓本について、その由来や正確な入手時期は明らかにされていない。しかし、同大学の前身である東京女子高等師範学校時代には、種々の学術標本が集められ、教育研究に資されており、同拓本もその資料群の一部として現在に伝わった。本稿では、東京女子高等師範学校（以下、女高師）に集積された学術標本について解説し、教材としての拓本の背景について論じたい。

ここで学術標本とは、西野嘉章氏の言う「教育研究のために蒐集された各種の一次資料、またそれを実践するなかで生成されてきた副次的な資料、教育研究の環境をかたちづくるのに必要とされる様々な物品」「学術的環境と直接・間接の関わりを持つ「モノ」の総称」と捉える(1)。教育の場では、教材としての資料、教育研究の過程で生成される資料、教育の結果としての作品など、さまざまなモノが収集され、また生み出され、蓄積されていく。そのモノの中に広開土王碑拓本も含まれていたとの前提で、以下、女高師では学術標本の集積がどのように展開されたのか、また、収集した標本を保管する場所としての標本室の存在と、その後の資料保管場所の移動について言及する。

一　女高師の歴史とキャンパス

女高師は、一八七五年（明治八年）十一月に東京女子師範学校として開校し、一八八五年（明治十八年）八月に東京師範学校に合併され、翌年同校が高等師範学校になったことから、高等師範学校女子部となるが、一八九〇年（明治二十三年）三月に分離独立し、女子高等師範学校として、以後存続した。一九〇八年（明治四十一年）三月に奈良女子高等師範学校設置にともない東京女子高等師範学校と改称し、一九四九年（昭和二十四年）五月の新制お茶の水女子大学発足後、一九五二年（昭和二十七年）三月に最後の卒業生を出して廃止となる。

この女高師の歴史の中で、女高師の校地、すなわちキャンパスについては、三つの時期に分けて把握しなければならない。

創立以来、女高師はお茶の水の地にあった（現文京区湯島一丁目、東京医科歯科大学所在地）。大正期に至るまで、そこで教育が行われ、校地が広がり、施設も拡充してきた。これが第一期である。ところが、一九二三年（大正十二年）九月の関東大震災で、お茶の水の女高師は全焼する。この時持ち出せたのは、御真影と御親署教育勅語、皇室からの下賜品などの貴重品といくつかの重要書類のみで(2)、蓄積されていた標本類はすべて灰燼に帰した。

翌年三月、同じ場所に木造の仮校舎が建てられ、女高師の教育はお茶の水で再開される。これ以降が第二期である。しかし、同時に一九二八年（昭和三年）に文部省から新校地として大塚の地を交付され（現文京区大塚二丁目、お茶の水女子大学所在地）、ここに新校舎を建設して、移転することになった。本館が竣工して本校が移転したのは、一九三二年（昭和七年）のことであるが、それと前後して、寄宿舎、附属幼稚園、小学校、高等女学校が段階的に移転を進め、女高師全体が大塚の新校舎に移転を完了して落成式を挙行したのが、一九三六年（昭和十一年）十一月である。これ以降が第三期となる。

つまり、関東大震災以前に女高師にあった備品や資料はすべて焼失してしまい、現在「女高師時代のもの」として引き継いでいるのは、震災後に収集したもの――それは購入であったり寄贈であったり、入手の経緯はさまざまであるが――ということである。したがって、広開土王碑拓本についても同様で、それを入手した時期は一九二三年九月以降であると言える。ただし、関東大震災以降に収集された資料であっても、必ずしもその製作年代は震災以後のものとは限らない。被災したということで、関係者や卒業生から多くの寄附が集まり、その中には明治初期のものが含まれ、また購入したものでも震災前に製作されていたものがあるので、現存する女高師時代の資料には、明治・大正期のものも含まれている。

つぎに、女高師の分科制についても触れておく。女高師として分離独立した一八九〇年には、女子師範学校・高等女学校・小学校の教員、幼稚園の保姆を養成する機関として、「高等師範科」が設けられていたが、一八九八年（明治三十一年）四月より分科制を実施し、「文科」「理科」に分けられる。翌年には「技芸科」を設置して、文科・理科・技芸科の三分科制となった。(3) 技芸科は一九一四年（大正三年）三月に家事科と改称され、その後、学科の新設や変更などはあるものの、基本的にはこの文科・理科・家事科の三科で大きく構成されている。これはすなわち、専門性を重視し、教師教育の実効を狙ったものであったと同時に、現在の総合大学の学部制につながるものでもあって、女高師の教育については、この三科それぞれの流れを理解したうえで、把握していかなければならない。

さらに、各科の中の選修制にも目を向けると、より細かい生徒各自の専門分野が明らかになる。たとえば文科の場合、一九二九年（昭和四年）二月の規則改正で、生徒は三年生になると「国語」と「歴史及地理」のどちらかのコースに分かれることになった(4)。

広開土王碑拓本を所有していたのは、三科のうちの文科、そしてその中の「歴史」の部局であった。

二　関東大震災前の標本の集積と標本室

それでは女高師では、どのように標本を集め、利用し、そして保管していったのか。女高師の庶務掛による「日誌」は、一八九七年（明治三十年）度から残る(5)。これを読んでいくと、まず一八九八年（明治三十一年）十二月に「装束雛形」という文言が出てくる(6)。ここでは帝国博物館より借入していた装束雛形一〇点を返還したとあるが、有職故実の参考であったのか、何かの見本にしたのか、いずれにせよ、授業に際し標本が利用されたことがわかる最も早い事例である。

次いで一九〇一年（明治三十四年）からは「標本採集」という語も散見される。三月に二人の教官に対し「動物標本採集ノ為神奈川県下へ出張ヲ命ズ」とあるのが初見だが(7)、以後、「博物標本採集」「鉱物標本採集」「動植物標本採集」などがしばしば見られる。理科の標本採集は、教官のみならず、臨海実習などで生徒が携わることも多く、理科の教育研究の過程で早くから通常に行われていたことと思われる。たとえば理科一九〇八年（明治四十一年）卒業生作製の植物標本が、お茶の水女子大学に寄贈され残っている(8)。

また家事科の標本については、技芸科一九〇九年（明治四十二年）卒業生で女高師の教官となった成田順が、その著書で「裁縫に関する標本」と「編み物に関する標本」について触れている。[9]そこでは、「その通りに模倣して製作する」ということで、見本として使用していたことがうかがわれる。

しかし一言で「標本」と言っても、各科、各授業によって、使われ方はそれぞれであろう。そもそも、標本を使って授業を行うということは、当時どのように捉えられていたのであろうか。

「モノで教える」という教育は、一八七〇年代後半に日本に紹介されたペスタロッチ主義の教授法に始まる。ペスタロッチ（一七四六〜一八二七）はスイスの教育実践家であるが、このペスタロッチの教育原理に基づいた教授法は、生徒の自発性を重視する「開発教育」、モノを使って直観に訴える「実物教育」と言われるものである。これをアメリカに留学して学んだ高嶺秀夫（一八五四〜一九一〇）が、帰国後、東京師範学校に教官として奉職し、さらに同校校長、東京高等師範学校校長を務めて、師範教育に「実物教育」を紹介したのである。[10]高嶺は「師範学校の父」とも称されるが、彼は一八九七年十一月から亡くなる一九一〇年（明治四十三年）二月まで、女高師の校長を務めた。ペスタロッチの教授法自体は、初等教育においては、しばらくするとヘルバルト派の五段階教授法に取って代わられたが、高嶺の主導のもと、師範教育においては「モノで教育する」ことが根付いていったのではないだろうか。[11]

ここで、一九一〇年の「師範学校教授要目」を見てみよう。[12]例として「歴史」の教授上の注意をあげると、「適当ナル対照年表ヲ選ヒテ成ヘク生徒各自ニ之ヲ備ヘシメ紀年ノ連絡関係ヲ明カニセシムヘシ」「教授ノ際ニハ成ルヘク地図、絵画、実物、標本等ヲ示シテ生徒ノ知識ヲ確実ナラシムヘシ」とあって、年表・地図・絵画・実物・標本といった参考資料の活用について言及している。

一九〇三年（明治三十六年）の「高等女学校教授要目」においても[13]、「歴史」の教授上の注意では、「対照年表ヲ用ヒテ紀年ノ連絡ヲ知ラシメ又成ルヘク地図、実物、図画、標本等ヲ示シテ生徒ノ知識ヲ確実ナラシムヘシ」とあり、「教授用備品ハ凡次ノ例ニ依ルヘシ」として、さまざまな年表・掛図・地図・写真・図画・肖像・筆蹟・実物・模写・模型などの実例があげられている。

内容の理解を深めるためにも、また「モノ」を使って教授する方法を学ぶ上でも、女高師の教育において「モノ」が活用される素地はあったものと考える。

それでは、標本というモノが保管される標本室は、いつ頃から認められるのか。女高師の学校要覧である『（東京）女子高等師範学校一覧』（以下、『一覧』）に、構内の略図が載っている。『一覧』は一八九二年（明治二十五年）度から発行されたが、最初のうちはおおまかな建物の配置図だけで、建物内の教室の配置がすべてわかる記載は一九〇三年のものからである。この校舎の一階に「鉱物標本室」「博物標本室」、二階に「歴史標本室」「地理標本室」が見える[14]。この年の建物の構造は前年の略図と全く同じである。前年には附属高等女学校の建物が新築されており、おそらく本校の諸室が配置し直されたと推測される。「日誌」では、一九〇二年（明治三十五年）五月に「本日応接室ヲ第二講堂前室即旧博物科地質鉱物標本室ニ移動ス」とあり[15]、この時校内の配置換えが行われたことがうかがわれると同時に、すでに「博物科地質鉱物標本室」が存在していたことも知られる。したがって、一九〇〇年前後には標本室という標本を保管する部屋が設けられていたと言えよう。

この略図を年度を追って見ていくと、女高師の土地・建物の変遷がわかるのであるが、土地・建物の拡充、増改築などでスペースが増えれば、部屋も確保されていくわけで、それによって標本室が整備されていく過程も知ることができる。

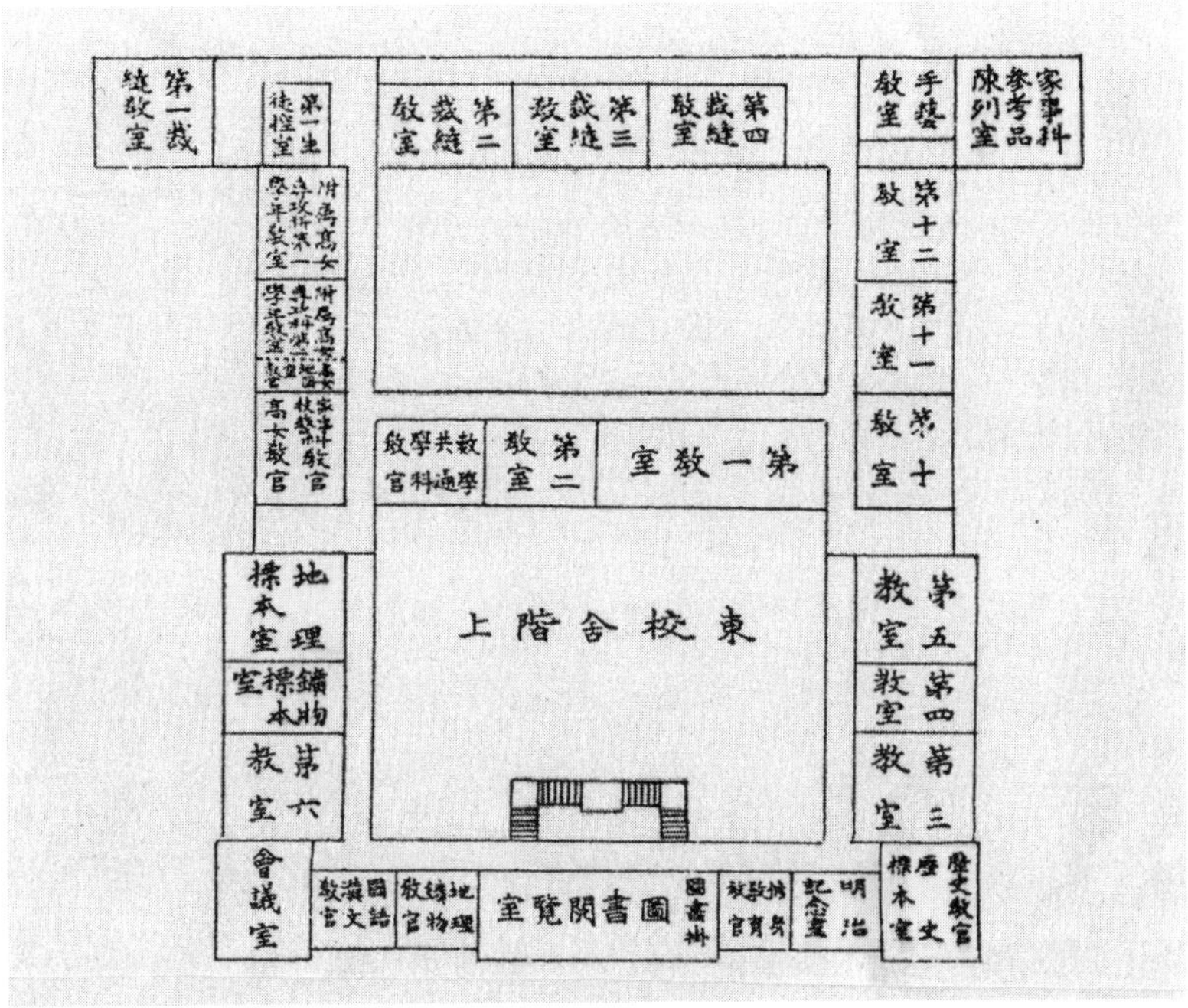

図1　1914年度東校舎2階

一九一一年（明治四十四年）六月には、東隣にあった東京高等師範学校移転後の土地・建物が女高師に移管されたことにより、敷地が広がり建物が一棟増えた。これまでの校舎を西校舎、新しい建物を東校舎と呼び、再び各部屋の配置換えが行われる。ここで標本室が新たに増える。本校は東校舎に移り、一階に「動物標本室」「植物標本室」、二階に「地理標本室」「鉱物標本室」「歴史標本室」が設置され、西校舎の二階には「裁縫手芸標本室」「教育参考品室」が設置された(16)。「裁縫手芸標本室」は家事分野の標本室が初めて作られたことになり、「教育参考品室」という表記はこの時だけのもので実態がよくわからないが、この二室はこの年度限りで姿を消してしまう。

この後、東校舎の増築が進むと同時に、一九一三年（大正二年）には創立以来使用してきた西校舎が取り壊された。そして一九一四年（大正三年）に東校舎の増築が完遂し、関東大震災前の女高師として、一つの完成した形ができあがる。この時、二階に新たに「家事科参考品陳列室」と、「歴史標本室」の隣に「明治記念室」が設けられた[17]（図1）。

「家事科参考品陳列室」設置は、部屋が増え、施設を拡充していることと、ちょうどこの年に技芸科から家事科に改称していることに関連したものと考えられる。これについては、当該期の女高師の卒業記念写真帖に室内の写真が残る[18]（図2）。ここでは「家事標本室」と記されているが、陳列ケースが備えられ、実物・標本・図などの見本や作品が収納、展示されている。家事科ということもあり、この標本室は女高師特有のものであったと言えよう。

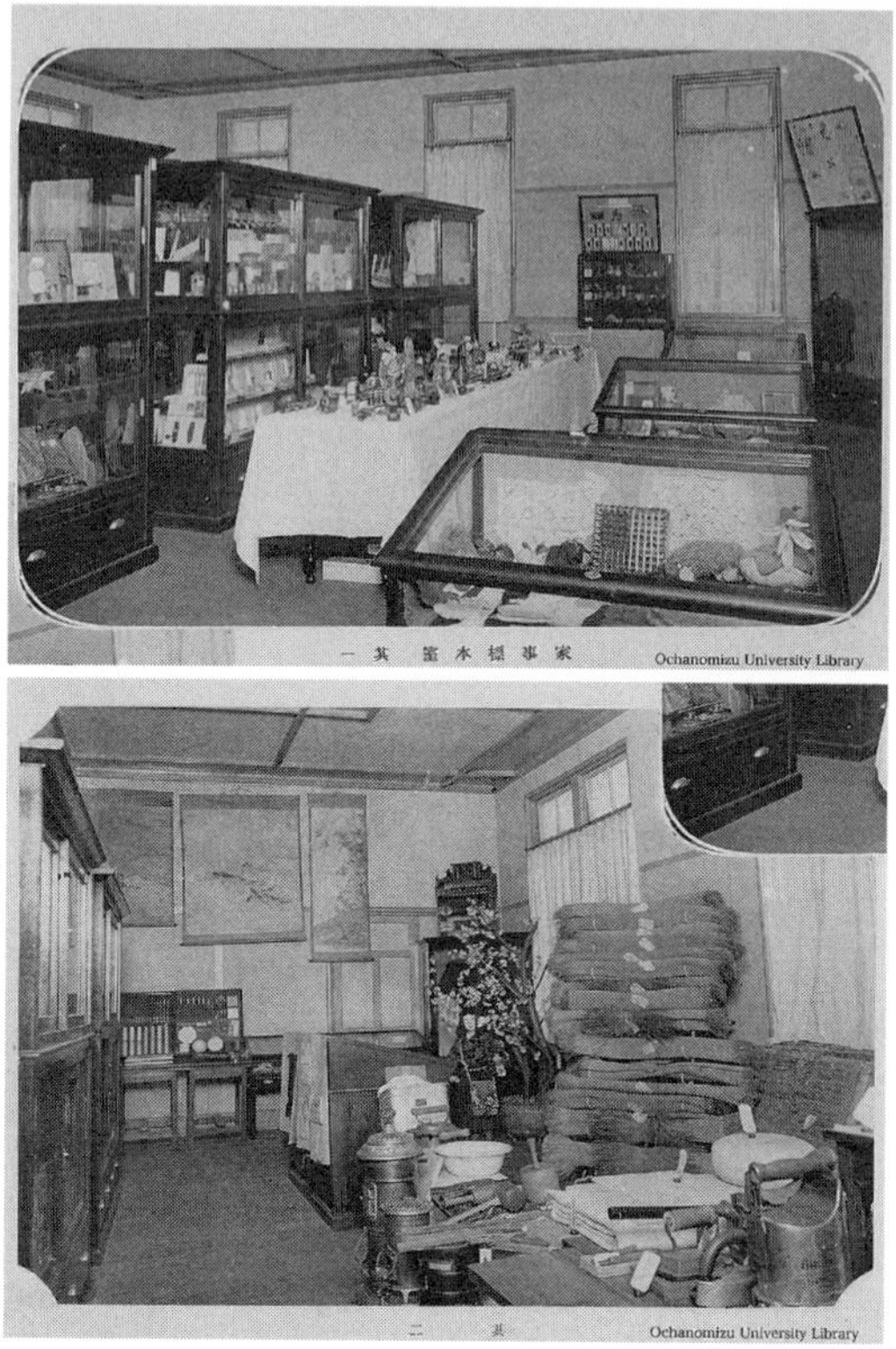

図2　家事標本室

図3　明治記念室

「明治記念室」も同時に設置されたが、これは標本室とはやや異なり、一九一五年（大正四年）の開校四〇年分立二五年を記念して、明治時代の顕彰、師範教育の趣旨徹底、国民道徳および歴史教授の資料に供するために設けられたものである。(19)明治天皇・昭憲皇太后の御真影もここに奉掲し、開校以来の皇室からの下賜品、明治時代の文化をしるす歴史資料を展示している。これも、卒業記念写真帖に室内の写真がある(20)（図３）。

ここでは額・下賜品・文書・写真・絵画・地図・図表・書籍などが展示されている。この部屋は歴史科が主体となって管理運営されており、その関係から「歴史標本室」（この時は歴史教官室を兼ねていた）の隣に設けられたのである。明治記念室の主任は、歴史主任教授である下村三四吉が務め、展示計画も下村を中心として行われている。ここには歴史資料を展示して教育に役立てようとする姿勢が見られる。

「家事科参考品陳列室」と「明治記念室」についてはすでに別稿で論じているので、詳しくはそちらに譲るが、(21)モノを収蔵することに加えて、整理・陳列して教育に資するという一種の展示空間となっていること、すなわち展示機能と教育機能が見られることは特筆すべきことである。

このあと多少の異同はあるが、ここまでが関東大震災以前の標本室の概況となる。一九二三年（大正十二年）度当時に存在した標本室は、東校舎一階に「動物標本室」「植物標本室」「図画標本室」、二階に「歴史標本室」「地理標本室」「鉱物標本室」「家事科標本室」の七室と「明治記念室」となる。(22)

三　関東大震災後の復興

前節で述べた標本と標本室は、既述のとおり、関東大震災ですべて焼失してしまう。しかし、一カ月後には仮の事務所と教場を確保し、十一月から再開した授業にあたっては、早速に標本類を収集しはじめている。十一月十六日に東京高等師範学校内に教室を借用中の女高師理科が化学実験中に失火し周辺を類焼した際の記録には、「震災後漸クニシテ少シツ、蒐集シタル器械標本類モ大部分亦烏有ニ帰シタルハ実ニ痛嘆ノ極ナリ」とあって、この時すでに再び器械や標本類が集められていたことがうかがわれるのである。(23)

そして震災後の復興はまず、一九二四年（大正十三年）三月にお茶の水の地に木造の仮校舎を建てたことからはじまった。この仮校舎の見取図を見てみると、そこに「地理標本室」「動物標本室」「植物標本室」が認められ、附属高等女学校にも「標本室」が設けられている。(24)再びモノを集めていったと考えられ、また「地理」「動物」「植物」とは、とくに標本が集積する学科目だったのであろう。その他に寄附によってもモノが集まりつつあったが、学校としては、什器・備品も含め、積極的にモノを購入していったと思われる。

その財源については、「震災復旧設備費経費調」という書類が参考になる。(25)これは、女高師の各部局の、一九二四年度から四年間分の分配額と、一九二八年（昭和三年）度以降の要求総額が一覧になっているものである（表1）。四年間分で金額が多い順にあげると、物理、動物、化学、植物、地理、裁縫、歴史となる。たとえば歴史では、四年間で計一万一八〇〇円である。これは現在のおよそ一五〇〇万円といったところであろうか。(26)これに対し、別の書類であるが、(27)歴史では最初の三年間の分配額一万一三〇〇円から、購入済み額一万一〇一六円六〇銭、購入未済額三七三円九〇銭、差引額マイナス九〇円五〇銭という数字も判明し、ほぼ予算どおりに品物を購入していることがうかがわれる。

この「震災復旧設備費経費」によって、震災後の各部局の什器・備品が整えられ、再び標本類が集められていったのである。『お茶の水女子大学百年史』には「震災による被害からの復旧用に、本校関係では大正十三年より向

表1 「震災復旧設備費経費調」（単位：円、小数点以下は銭）

部局	1924年度分配額	1925年度分配額	1926年度分配額	1927年度分配額	計	1928年度以降要求総額
修身	1953.00	1411.30	2000.00	300.00	5664.30	1680.00
作法	1500.00	558.85	800.00		2858.85	2729.15
教育	2930.00	2093.55	5000.00	500,00	10523.55	6427.48
国語	2791.00	1300.50	4000.00	500.00	8591.50	7000.00
漢文	2392.00	1407.90	3000.00	300.00	7099.90	6399.85
歴史	4800.00	1500.00	5000.00	500.00	11800.00	7896.00
地理	5887.00	1800.00	5000.00	1000.00	13687.00	10000.00
地質鉱物	3888.00	1342.09	3000.00	350.00	8580.09	5840.00
英語	2846.00	2072.55	5000.00	300.00	10218.55	3200.00
数学	1923.00	1000.00	2000.00	500.00	5423.00	5852.20
物理	11262.00	5040.10	15000.00	1500.00	32802.10	42642.00
化学	6475.00	4049.88	8000.00	1300.00	19824.88	14760.00
植物	5313.00	3220.95	9000.00	1000.00	18533.95	9486.15
園芸	1100.00	718.50	2000.00	300.00	4118.50	5048.75
動物	10000.00	3670.73	10000.00	1000.00	24670.73	10520.00
生理衛生						1550.00
家事理科	5800.00	2000.00	1400.00	1800.00	11000.00	12879.00
割烹	1900.00	1036.32	1900.00	1000.00	5836.32	10589.00
洗濯	800.00	500.00	500.00	1000.00	2800.00	4750.00
家事経済				300.00	300.00	1310.00
育児看護						1470.00
裁縫	4200.00	3000.00	5000.00	500.00	12700.00	6348.00
手芸	200.00	500.00	700.00	100.00	1500.00	80.00
図画	1300.00	1157.10	2000.00	100.00	4557.10	998.75
手工	400.00	200.00	700.00	100.00	1400.00	1030.00
音楽	2100.00	3000.00	3000.00	150.00	8250.00	5875.00
体操	2138.00	1332.75	2000.00	800.00	6270.75	23670.50
女学校	11000.00	4976.44	12000.00	2000.00	29976.44	44992.10
小学校	9900.00	4047.71	10000.00	2000.00	25947.71	26749.55
幼稚園	1700.00	1193.71	3000.00	500.00	6393.71	12614.00
寄宿舎				300.00	300.00	28866.00
図書課	2400.00	3000.00	9000.00	2000.00	16400.00	32296.60
庶務掛						8885.00
会計掛						10746.00
教務掛						16685.00
生徒課						2039.00
合計	108898.00	57130.93	130000.00	22000.00	318028.93	393905.08

う十年間の継続事業として震災復旧諸費の予算が成立した」とある。[28]それが確かに一〇年以上にわたって継続して支出されていたことは、一九三五年（昭和十年）四月の校長交代に際し、引継書類中の「昭和九年度東京女子高等師範学校歳出計算書」に「震災復旧諸費」の項目があることからも知られる。[29]

一方で、新校地の大塚には着々と新校舎が建設されつつあった。本館が竣工したのは一九三二年（昭和七年）八月のことで、その年の十二月には本校が移転する。一九三六年（昭和十一年）に女高師全体が移転完了した際の構内見取図を見ると、本館の一階に「地鉱標本室」「地理標本室」「歴史国語標本室」「家事標本室」、二階に「植物標本室」「植物標本整理室」「動物第一標本室」「動物第二標本室」「動物第三標本室」、三階に「数学標本室」「家事理科器械標本室」「化学標本室」がある。廊下続きの分館にも一階に「裁縫標本室」、二階に「図画手工標本室」があり、体育館にも「標本室」があって、全部で一五の標本関係の部屋が備えられている。[30]これは各専攻の標本、教材や機器その他を置く部屋が整備されたということであろう。また一九三五年三月竣工の附属高等女学校の校舎にも、「理科標本室」「標本及作業室」「図画標本室」「歴史地理標本室」の四部屋が設置されている。このように関東大震災以降、一九三〇年代はモノが再び集められ、整理され、活用された時期であったと言えよう。

この一五を数えた標本関係の部屋は、一九四九年（昭和二十四年）五月に新制お茶の水女子大学が発足し、校舎内の配置換えが行われた際に、大幅に変更される。一九四八年（昭和二十三年）七月に文部省に提出された「東京国立女子大学設置認可申請書類」の本館見取図によると、「地学標本室」「地理標本室及実習室」「植物研究室及標本室」「動物標本室」の四部屋だけとなる。[31]このうち一九六〇年代以降も確認できるのは「地理学科標本室」のみで、現在は再三の移動を経て「地理学科地学標本室」として文教育学部二号館に存在する。また一九七〇年（昭和四十五年）度から一九九二年（平成四年）度の一時期に本館に「被服構成学標本室」が設けられていた。[32]

表2　標本点数

標数《ママ》	点数
裁縫標本	541
図画　〃	248
家事　〃	133
鉱物　〃	373
地理　〃	73
動物　〃	2258
育児看護　〃	29
化学　〃	35
住居　〃	30
袋物　〃	69
手芸　〃	28
割烹　〃	107
洗濯　〃	32
生理衛生　〃	9
家事理科　〃	69
理科　〃	93
歴史　〃	245
手工　〃	72
応用動物　〃	25
国語　〃	25
物理　〃	17
植物　〃	71
刺繍　〃	57
数学　〃	231
小学校　〃	4
教育　〃	2
地鉱用　〃	19
園芸用　〃	62
計	4957

新制大学に移行してから、「標本室」という場所はなくなっていき、それまでに集積していたモノの置き場所はなんとかやりくりして設けていったものと考える。しかし、女高師時代に集めたモノ自体は、ただちに廃棄されたわけではない。前述の「東京国立女子大学設置認可申請書類」には、新制大学移行の際に引き継ぐ「図書、標本、機械、器具等施設」の項目があり、それまでに集積した標本点数がわかる（表2）。

この表を見ると、動物標本が圧倒的に多く二二五八点、ついで裁縫が五四一点、鉱物三七三点、図画二四八点、歴史が二四五点となる。女高師時代に集められた標本類は、こうして新制大学に引き継がれることになる。

四　歴史の標本

広開土王碑拓本は、この歴史標本の資料群中に含まれていた。歴史標本について、購入の記録や物品リストなどは残っておらず、その内容は、新制大学の史学科に引き継がれたものから類推するしかない。

ここでまず、女高師文科の歴史担当教官のうち、主要な教授を『一覧』から抽出してあげてみよう。

下村三四吉（日本史）　一八九七（明治三十）教諭、一九〇〇（明治三十三）教授
一九三二（昭和七）名誉教授・講師～一九三八（昭和十三）十二月没
※一九一三（大正二）～一九三二（昭和七）歴史主任
※一九一六（大正五）～一九一九（大正八）明治記念室主任
※一九一二（明治四十五）～一九三八（昭和十三）附属高等女学校兼勤
齋藤清太郎（西洋史）　一九〇一（明治三十四）教授
一九二四（大正十三）～一九三五（昭和十）講師
荻野仲三郎（東洋史）　一九〇三（明治三十六）教授
一九二〇（大正九）～一九二二（大正十一）講師
齋藤文蔵（西洋史）　一九二七（昭和二）教授～一九三〇（昭和五）十一月没
内藤智秀（西洋史）　一九三一（昭和六）～一九四七（昭和二十二）教授
※一九三一（昭和六）～一九四七（昭和二十二）附属高等女学校兼勤
※一九三二（昭和七）～一九四七（昭和二十二）歴史主任
豊田武（日本史）　一九三九（昭和十四）講師・助教授
一九四一（昭和十六）～一九四五（昭和二十）教授

これを見ると、歴史主任を長らく務め、四〇年以上にわたり日本史教育に携わって歴史科を牽引したのは下村三

四吉で、下村の退官後それを引き継いだのが内藤智秀であったと言える。現在判明する歴史標本の内容を見ると、日本史関連のものが多く、下村が一九三二年の退官後も嘱託の講師として一九三八年まで女高師の歴史教育に関わっていたと考えると、震災後の標本収集の中心となったのは下村であったろう。

現在残っている歴史標本の一部が「下村私有物」と記された封筒に入っていたり、標本類を包んでいる新聞紙が一九三二年十一～十二月の日付を持つものであったりすることは、その時期に標本が集められ整理されていたことをうかがわせる。

つぎに、現存する歴史標本について具体的に紹介していこう。女高師の歴史の資料群は、新制大学になって史学科に引き継がれた。本館にあった「歴史国語標本室」は、新制大学移行の際に「歴史教官室」となり、標本類はその教官室や近接の「歴史研究室」「歴史講義室」に分散して置かれたものと考えられる。その後「史学研究室」「史学演習室」「史学講義室」「史学学生控室」などと名称は変わるが、史学科関係の部屋として、標本類はそのままその複数の部屋に置かれていたであろう。史学科は、一九七二年（昭和四十七年）四月に新築された文教育学部本館（現文教育学部一号館）に移動し、その際に標本類もともに移動し史学研究室に保管される。そして一九九三年（平成五年）三月に史学研究室の整理にともない、文教育学部二号館の博物館学資料室に移動された。

一九九八年（平成十年）七～九月には資料の悉皆調査が行われた。その時に記録されたのは一三一件である。内容は、古鏡、土器、埴輪、瓦、明器、土偶、石器、銅器、骨器、鉄器、陶器、貨幣、刀剣、甲冑、古装束、中古装束人形、巻子、掛図といったもので、実物と模型が混在している。この中に「広開土王碑拓本」も含まれていた。

標本類には「歴」という文字に続けた番号が、箱や標本自体に直接書かれているものがある。この「歴」は、歴史の部局を表す。その他の部局では「地」「地鉱」「植」「動」「裁」などと表記されている。しかし拓本自体にはこ

表3　「歴」の文字が付された標本

資料番号	資料名	製作者	価格（円）
歴1	双龍紋鏡		
歴2	短甲模型	島津製作所標本部	3.50
歴2一～五	小柄		
歴3	鉢冑模型	島津製作所標本部	2.00
歴3一～五	鍔		
歴4	蕨手刀模型	島津製作所標本部	1.50
歴4一・二	鉢・椀		
歴5	柄頭模型	島津製作所標本部	1.50
歴6	鍔模型	島津製作所標本部	0.50
歴7	土偶男模型	島津製作所標本部	1.40
歴7	土偶女模型	島津製作所標本部	1.40
歴8	壺		
歴8	壺形土器模型	島津製作所標本部	1.50
歴8	椀形土器模型	島津製作所標本部	1.00
歴8	鉢形土器模型	島津製作所標本部	0.80
歴11	踏絵模型	島津製作所標本部	5.00
歴17	瓦泉		
歴17	平瓶		
歴17	平瓶		
歴17	提瓶		
歴17	有蓋高坏		
歴17	坏		
歴18	勾玉		
歴19	管玉		
歴20	管玉		
歴21	丸玉		
歴21	管玉		
歴22	臼玉		
歴23	管玉		
歴24	蜜柑玉		
歴25	金鐶		
歴26	石鏃		
歴27	石斧		
歴28	石匙		
歴30	スクレイパー		
歴31	石槍		
歴32	石器		
歴33	石斧		

資料番号	資料名	製作者	価格（円）
歴 34	縄文土器（壺形土器）		
歴 37	鏃		
歴 42	横瓶		
歴 43	有蓋高坏		
歴 43	把手付椀		
歴 43	土器		
歴 43	椀		
歴 44	弥生式土器		
歴 45	甲冑		
歴 46	装束人形（中古・文官束帯）	島津製作所標本部	上製 110.00 並製　45.00
歴 48	装束人形（中古・直衣）	島津製作所標本部	70.00
歴 49	装束人形（中古・直垂）	島津製作所標本部	40.00
歴 51	装束人形（中古・素襖）	島津製作所標本部	35.00
歴 56	瓦壺		
歴 58	竈		
歴 59	漢瓦龍首洗		
歴 60	人坐像		
歴 62 一・二	魏楽女像		
歴 66 一～三	人物像		
歴 67 一～四	唐動物像		
歴 68 一・二	唐楽女像		
歴 69	唐美人像		
歴 73	海獣葡萄鏡		
歴 91	奏任官用装束		
歴 91	浅沓		
歴 91	冠		
歴 92	冠		
歴 93	上衣		
歴 94 一・二	括袴		
歴 95	狩衣		
歴 97 一・二	帯		
歴 98 一・二	裲襠		
歴 99	冠		
歴 100	烏帽子		
歴 101	指貫		
歴 102	小忌衣		
歴 103 一・二	茵麻脛巾		

の文字は見当たらない。

「歴」の文字が付された標本を番号順に並べると、前のような表になる（表3）。これにより、歴史の部局がどのような標本類を集めたか、その概要が知られる。

この表から気付くのは、島津製作所による標本が多いということである。島津製作所は一八七五年（明治八年）創業の理化学器械を製造する企業であるが、一八九五年（明治二十八年）には標本部を新設して、標本や模型の製作も始めた[33]。それは一九四八年（昭和二十三年）まで続く。島津製作所標本部による一九三五年（昭和十年）の目録『目録　地理と歴史』には、女高師所蔵の標本と全く同じであると思われるものが、写真付きで多く掲載されており、その価格も判明する[34]。表の中で注記したが、その他に確定できないものも多数あり、また「歴」の文字が付されていない標本にも同定できるものがあることから、おそらく相当数が島津製作所による模型であったと考えられる。この時期に一括して購入されたのではないだろうか。

一方、附属高等女学校の歴史標本は、お茶の水女子大学附属高等学校社会科準備室に引きつがれていたが、それについても、二〇〇二年（平成十四年）九～十月に悉皆調査が行われた。こちらは五一件、内容は漆器類（塗物標本）、掛図、能面、日本刀、装束といったもので、標本はやはり島津製作所のものであった。女学校の所蔵であるので「女」という文字が付されている。

これらの標本類には、前述の経費により購入されたものを中心に、製作されたものや寄附されたものもあり、また教官個人が買い集めてきたもの、教官私物であったものも含まれていたであろう。教材としての標本収集の実際については、おそらくさまざまな方法があったはずである。

筆者は、史学研究室の標本類とその移動について、関係各氏に取材を行った。そのなかで、広開土王碑拓本については、一九六〇年代後半に、当時の史学科教官が「本館の史学演習室のすみで、段ボール箱に入った拓本を見た」と証言された。また史学科一九七三年（昭和四十八年）卒業生が「一九七三～七五年頃、文教育学部本館の史学研究室で拓本を見た覚えがある。女高師時代に修学旅行に行った先生が購入されたと聞いた」と話された。先輩からの伝聞ということであるが、それに従って考えてみると、この「修学旅行」とは、一九三九年（昭和十四年）夏に行われた大陸視察旅行のことではないだろうか。

女高師の修学旅行は一八九〇年代から行われているが、一九一六年（大正五年）～二〇年（大正九年）の間に四回大陸に出かけている。(35) しかし関東大震災以後に女高師の教官が関わった旅行となると、一九二五年（大正十四年）三～四月の中華民国視察女学生団、一九二六年（大正十五年）七～八月の中華民国女子教育視察団と、一九三九年の大陸視察旅行の三回しかない。しかし、前の二つは他機関との合同事業で、「修学旅行」とは趣が異なり、参加教官も歴史とは関係しない。

一九三九年の大陸視察旅行は、七月三十一日～八月二十日、引率教官三名（飯本信之、津田芳雄、木村都）、有志生徒四〇名が、下関から釜山に渡り、朝鮮半島から満州を巡って、大連から門司に帰着した修学旅行である。(36) その内容は、帰国後に編集された所感集に詳しい。(37) 行程は、下関→釜山→慶州→京城→清津→雄基→牡丹江→ハルビン→吉林→新京→奉天→大連→門司であった。広開土王碑自体は見学していない。中心となったのは、団長の飯本信之である。飯本は当時地理主任を務めていた。この飯本が拓本を購入した可能性も否定できないが、記録を見た限りでは確認できなかった。

一方、この旅行と時を同じくして、女高師から他に八名の教官に満州や中華民国に向けて出張命令が出ており、旅行団に合流した者も認められる。(38) この満州出張者の中に歴史主任の内藤智秀がいた。内藤は事前の「満鮮旅行準備委員」にも任命されており、旅行の計画段階から関わりを持っている。(39) この内藤が、大陸に出張した際に拓本を購入した可能性が高いのではないだろうか。なお武田幸男氏のご教示によれば、拓本は当時の値段で一〇～一五円であったという。

内藤は歴史教官としての関心から、この拓本を単なる土産物や記念品にとどめることなく、学校に持ち帰り教材として役立てようとする意図をもって、現地で購入に及んだのではないか。そのように考えた時、女高師時代に入手し、現在お茶の水女子大学に保管されている広開土王碑拓本が、同大学に所蔵されている由来や意義が見えてくるように思う。この拓本も師範教育における歴史の教材の一つであったのだ。

五　標本の分散

以上に述べた女高師の歴史標本は、新制大学の史学科へ引き継がれた後、史学研究室の整理にともない博物館学資料室に移動され、その後さらに一部が学内各所に分け置かれた。

日本刀は二〇〇〇年（平成十二年）十一月に生活文化学講座に移動の後、二〇一一年（平成二十三年）七月に歴史資料館へ、甲冑・古装束・冠・中古装束人形などは二〇〇一年（平成十三年）三月に生活文化学講座へ、巻子は二〇〇六年（平成十八年）六月に大学資料委員会倉庫に移動、さらに二〇〇七年（平成十九年）七月に歴史資料館に移動された後、二〇〇九年（平成二十一年）十一月に附属図書館へ、そして、広開土王碑拓本は二〇〇九年六月に歴史資料館に移動された。それ以外のものは現在も博物館学資料室に保管されている。

一方、附属高等学校社会科準備室に引きつがれていた附属高等女学校の歴史標本は、二〇〇二年（平成十四年）

九月に大学資料委員会倉庫に移動された後、塗物標本・古装束・冠・日本刀が二〇〇三年（平成十五年）三月に生活文化学講座に、それ以外は二〇〇七年七月に歴史資料館へ移動され、また日本刀は女高師のものと一緒にして、さらに歴史資料館へ移動された。

すなわち、史学研究室に一括されていた標本類が、現在（二〇一二年十一月末時点）では、博物館学資料室、生活文化学講座、歴史資料館、附属図書館に分散されたことになる。同じく附属高等女学校の標本類は、生活文化学講座と歴史資料館の二カ所にあることになる。しかも年月を経るにつれ、その由来と所属が不鮮明になりつつある。今後も、各部署の整理作業や教職員の異動、担当者の交代を繰り返すたびに、記録もないまま細分化され移動を繰り返し、もとの一括の資料群が全くわからなくなる可能性がある。ここで再び西野嘉章氏の言を引用するが、「スペースの狭隘化や管理者の不在などを理由に、せっかくの蒐集品を廃棄したり、散逸せしめたりしたこともあった」という東京大学の例は[40]、女高師の歴史標本についてもまさに同様のことが言えるのである。資料を整理、保管し、次代に引き継いでいきたいと思う者にとっては、まことに忸怩たる思いを抱く事柄である。

なお、史学研究室では女高師時代からの標本類とともに図書も保管していたが、一九九三年（平成五年）三月の整理の際に同じく関係各所に分配され、巡り巡って現在は、史学研究室、美術史演習室、博物館学研究室、附属図書館に分かれて保管されている。

願わくは、各部署において、「なぜここにあるのかわからない」「出所不明の資料」として別置されることのないよう、資料の来歴がきちんと記録・認識され、女高師時代に活用された学術標本として把握されることを望む。

おわりに

本稿では、女高師における標本の集積と、広開土王碑拓本が含まれていた歴史標本の資料群についてまとめ、それらが現在はお茶の水女子大学の学内各所に分散して保管されているところまで述べた。また標本の収集方法にはさまざまな過程があり、購入、製作、寄附の他、教官個人による収集品や私物も含まれることを指摘した。そして広開土王碑拓本については、一九三九年に歴史教官の内藤智秀によって、歴史の教材として満州で購入されたものであると推測した。

つぎなる課題としては、標本類が実際にどのように教育研究に活用されたか、その具体的な様相を明らかにしていくことである。またお茶の水女子大学所蔵の拓本については、引き続き同大学の卒業生の聞き取り調査を進め、歴史・史学研究室の中でどのように取り扱われてきたかを検証したいと考える。

さらにまた、女高師が新制大学に移行してから学内の標本室が激減したことに鑑み、師範教育において重視されていた標本による教育が、新制大学の中でなぜ行われなくなったのか、そこにどのような教育方法の転換があったのかに着目して、検討を進めていきたい(41)。

註

（1）　西野嘉章「学問のアルケオロジー」（『東京大学創立百二十周年記念東京大学展　学問の過去・現在・未来［第一部］「学問のアルケオロジー」』東京大学出版会、一九九七年、一四頁。

(2)　東京女子高等師範学校『東京女子高等師範学校六十年史』一九三四年、一五九頁。
(3)　「お茶の水女子大学百年史」刊行委員会『お茶の水女子大学百年史』一九八四年、八一頁。
(4)　前掲註(3)書、二〇六頁。
(5)　お茶の水女子大学歴史資料館蔵。
(6)　「日誌」一八九八年十二月六日条。
(7)　「日誌」一九〇一年三月十九日条。
(8)　お茶の水女子大学ジェンダー研究センター蔵。
(9)　成田順『被服教育六十年の回顧』真珠社、一九七四年。
(10)　寺岡聖豪「高嶺秀夫とペスタロッチ」(『福岡教育大学紀要』第五七号、第四分冊、二〇〇八年)。
(11)　東京高等師範学校・奈良女子高等師範学校においても直観教授が重視され、標本による実物教育が行われていたことが、村上由佳「標本から資料へ―奈良女子高等師範学校蒐集歴史標本に込められた意味とその変容―」(小路田泰直編『奈良女子高等師範学校教育における標本―教育に占める「直観」の位置―』二〇一一年)において、指摘されている。
(12)　一九一〇年五月三十一日文部省訓令第一三号(文部省内教育史編纂会『明治以降教育制度発達史』第五巻、龍吟社、一九三九年、五八八頁)。
(13)　一九〇三年三月九日文部省訓令第二号(文部省内教育史編纂会『明治以降教育制度発達史』第四巻、龍吟社、一九三八年、二九五頁)。
(14)　『女子高等師範学校一覧　自明治三十六年四月至明治三十七年三月』一九〇三年。
(15)　「日誌」一九〇二年五月一日条。
(16)　『東京女子高等師範学校一覧　自明治四十四年四月至明治四十五年三月』一九一一年。
(17)　『東京女子高等師範学校・第六臨時教員養成所一覧　自大正三年四月至大正四年三月』一九一四年。
(18)　『記念帖』一九一六年、お茶の水女子大学歴史資料館蔵。

(19) 前掲註(2)書、一三三頁。桜蔭会『母校開校四十年分立廿五年記念号』一九一五年、三六頁。
(20) 『記念帖』一九一九年、お茶の水女子大学歴史資料館蔵。
(21) 拙稿「東京女子高等師範学校の「学校博物館」」(『全国大学博物館学講座協議会研究紀要』第七号、二〇〇二年)。
(22) 『東京女子高等師範学校・第六臨時教員養成所一覧　自大正十二年四月至大正十三年三月』一九二三年。
(23) 「日誌」一九二三年十一月十六日条。
(24) 『東京女子高等師範学校・第六臨時教員養成所一覧　自大正十三年四月至大正十四年三月』一九二五年。
(25) 年時不明。お茶の水女子大学生活文化学講座蔵。
(26) 週刊朝日編『値段史年表　明治・大正・昭和』(朝日新聞社、一九八八年)、森永卓郎監修『明治・大正・昭和・平成物価の文化史事典』(展望社、二〇〇八年)により、昭和初期の精米一〇キロ東京小売価格が約三円であることから、換算した。
(27) 無題、年時不明。部局ごとに、「分配額」(一九二四〜二六年度分配の合計額)、「購入済額」、「購入未済額」、「分配額ヨリ購入額及購入未済額差引額」が記された表。お茶の水女子大学生活文化学講座蔵。
(28) 前掲註(3)書、一五九頁。
(29) 「引継書類」お茶の水女子大学歴史資料館蔵。
(30) 『東京女子高等師範学校・第六臨時教員養成所一覧　自昭和十一年至昭和十二年』一九三六年。
(31) 「昭和廿四　新制大学設置認可申請書(控)」の冊子内に同綴。お茶の水女子大学歴史資料館蔵。
(32) 標本室の設置・移動については、各年度の『学生便覧』を参照した。
(33) 島津製作所創業記念資料館ウェブサイト「二人の島津源蔵(2)」二〇〇九年十月一日公開。http://www.shimadzu.co.jp/visionary/moment/
(34) 島津製作所標本部『目録　地理と歴史』一九三五年六月訂正三版、島津製作所創業記念資料館蔵。
(35) 拙稿「東京女子高等師範学校の「修学旅行」」(『お茶の水女子大学人文科学研究』第七巻、二〇一一年)。

(36) 内田忠賢「東京女高師の地理巡検：一九三九年の満州旅行（1）」（『お茶の水地理』第四二号、二〇〇一年）、同「東京女高師の地理巡検：一九三九年の満州旅行（2）」（『お茶の水地理』第四三号、二〇〇二年）。

(37) 東京女子高等師範学校内大陸視察旅行団『大陸視察旅行所感集　昭和十四年』一九四〇年。

(38) 『校報』第五〇四号、一九三九年九月一六日、お茶の水女子大学附属図書館蔵。

満州　　　　　　：内藤智秀・稲村テイ・小松耕輔
中華民国　　　　：下村寿一・倉澤剛・西野みよし
満州・中華民国：松平友子・由井テイ

(39) 『校報』第四九五号、一九三九年五月二十日。

(40) 註(1)に同じ。

(41) この点については、西村拓生「『標本から資料へ』の意味をめぐるいくつかの問い—村上報告へのコメントメモ」（前掲註(11)書）において、奈良女子高等師範学校の場合を検討し、新制大学になった際に教材としての歴史標本を必要としなくなった、あるいはむしろ放棄した可能性が指摘されている。非常に大きな示唆に富むものであり、今後筆者もそれに学びつつ、考察していきたい。

追記

本稿を執筆するにあたり、元お茶の水女子大学史学科教官・同大学名誉教授大口勇次郎氏には、一九六〇年代以降の史学研究室の状況について、多くの貴重なご教示をいただきました。また同大学史学科一九七三年卒業生山本節子氏には、拓本をご覧になられた記憶をお話しいただき、大きな示唆を賜りました。ここに記して深謝いたします。

またお茶の水女子大学教授鷹野光行氏、教授古瀬奈津子氏、准教授宮内貴久氏、助教難波知子氏、図書・情報チーム情報基盤係歴史資料館担当志賀祐紀氏には、それぞれ博物館学資料室・史学研究室・生活文化学講座・歴史資料館における資料の追跡調査について、ご指導とご協力をいただきました。心より御礼申し上げます。

広開土王碑石灰拓本の「来歴」

――近現代における石灰拓本の広まりとその背景――

三上喜孝

はじめに

広開土王碑は、四世紀末から五世紀初頭にかけて活躍した高句麗の王・広開土王の没後、子の長寿王が広開土王の陵墓の傍らに建立した石碑である。碑石の高さは六メートル以上にも及び、東アジアで最大級の石碑であるこの広開土王碑には、四世紀末から五世紀初頭にかけての朝鮮半島や、倭の情勢が刻まれており、当該時期の東アジア情勢を考えるうえで、第一級の歴史資料と考えられてきた。

しかし実際には、李成市氏が「いまや広開土王碑は高句麗のテクストであることをはるかに超えて、近代の東アジア諸民族、諸国家にとって自らの国家、民族のコンテクストにしたがって解釈され利用されているという状況にある(1)」と述べるように、広開土王碑は、東アジアの近現代史の文脈のなかで翻弄され続けてきた。この状況は、この論文が書かれた当時（一九九四年）から現在（二〇一三年）に至るまで、基本的には変わっていない。

李成市氏は、近現代におけるこうした広開土王碑の研究史をあとづけたうえで、「今いちど古代のコンテクストから読み換える作業も早急になされなければならないであろう」と述べている。だが現在、このことをどれだけの研究者が自覚的に進めているであろうか。

ところで、広開土王碑は当然のことながら、近現代の日本においても、当時の文脈の中で解釈され、利用され続けてきた。そのことを象徴するのが、現在日本に数多く残っている、石灰拓本である。

周知のように広開土王碑の拓本は、墨水廓塡本、石灰拓本、原石拓本の三種類からなる。墨水廓塡本は、碑文の字画を縁取りし、字のまわりを墨で塗りつぶしたもので、一見すると文字が明瞭に判読できるが、いうまでもなく石碑の文字を正確に表現したものとはいえない。

石灰拓本は、拓本をとりやすくするために、碑面に石灰を塗布して碑面を平滑にした上で、拓本をとったもので、主に一八九〇年代から一九三〇年代にかけてさかんに作られ、最も数多く流通した拓本である。

原石拓本は、石碑になんの加工もほどこさず、拓本をとったもので、石碑の原状を最もよくとどめている拓本として、資料的価値が最も高いものだが、碑面の凹凸がそのまま反映されているため、文字の解読にはかなりの困難がともなう。

このうち、広開土王碑文の解読にあたって唯一有効な拓本が、原石拓本である。最も多く残っている石灰拓本は、拓本をとりやすくし、かつ文字を明瞭に拓出するために石灰を塗布した結果、本来の文字とは異なった文字を作り出してしまっている部分もあるため、石灰拓本から碑文本来の文字を確定するのは危険である。つまり、広開土王碑文を「古代史のテクスト」として読み込む場合、石灰拓本は資料的価値は低いといわざるを得ないのである。

では、石灰拓本は、捨て置かれてよい資料なのであろうか。答えは否である。「古代史のテクスト」としての価値は低くとも、この拓本が作られ、数多く流通した事実それ自体は、近現代における広開土王碑拓本の受容の問題を考えるうえで、きわめて興味深い問題を含んでいる。いささか逆説的ではあるが、「広開土王碑石灰拓本」を、いまいちど、「近現代史のコンテクスト」に戻して考えてみよう、というのが、本稿のねらいである。

一　広開土王碑拓本（山形大学本）の概要

筆者がこのようなことを考えるきっかけとなったのが、筆者の勤務校（山形大学）における広開土王碑石灰拓本の「発見」である。以下、同大学で「発見」された石灰拓本について、その概略を述べてみたい。

山形大学本の石灰拓本は、二〇一一年七月三十日、山形大学小白川図書館で「発見」された。それまでは、図書館の書庫の奥深くで、他の教育用掛図などとともに、誰にも知られることのないまま眠っていたのである。

発見されたのは、四面のうちの、第Ⅲ面だけであった。拓本は軸装されている。法量は、つぎの通りである。

掛け軸全体の法量　縦五六一センチ、横一七八センチ

拓本部分の法量　縦五三六・七センチ、横一七四・六センチ

約五〇センチ四方の中国製の紙を用いて各部分の拓本がとられ、それらを貼り継いで全体を表装している。

通常、広開土王碑の拓本は、第Ⅰ面から第Ⅳ面のセットがそろって残っている場合がほとんどだが、第Ⅲ面だけしかなかった理由についてはわからない。そもそもこの拓本には、架蔵番号をはじめとする情報がまったく見られず、いったいどのような経緯で山形大学の図書館に入ったのかすら、わからないのである。

もと山形大学の図書館旧書庫（赤レンガ書庫）に、戦前に教材用として使われた地図などの掛け図とともに保管

図１　広開土王碑拓本（山形大学本）

されていたもので、旧書庫の解体にともない、現在の小白川図書館の書庫に移管されたことがわかっている。戦前のある段階から存在していたことは疑いないが、同じ場所に保管されていた他の教育用掛図との関係などは、不明である。

戦前のある段階に存在したとした場合、可能性としては、旧制山形高校（現在の人文学部と理学部）が所蔵していたという可能性と、山形県師範学校（現在の地域教育文化学部）が所蔵していた可能性の二つが考えられるが、図書館の書庫に残っていた掛図類には、山形高等学校のものと、山形県師範学校のものとが混在しており、石灰拓本がどちらのものであるかは、特定できなかった。

また、大学史などをひもといてみても、この拓本がいつどのように入手されたかについて手がかりとなる資料は、いまのところ見つかっていない。残念ながら、山形大学本の「来歴」は、不明といわざるを得ないのである。

拓本が発見されてから約二カ月後の二〇一一年九月二十七日、武田幸男氏をお招きして、山形大学本の調査を行った。調査成果について、武田氏による「概報」[2]をもとにまとめてみると、つぎのようになる。

武田氏による「着墨パターン法」（石灰拓本で、着墨されていない空白部分の広がる状況に注目する調査手法）に基づき拓本の属する類型を判定すると、武田氏が分類するC2型に属すると判定される。さらに、拓本に使用された基本用紙の大きさとその形状に注目しても、この拓本がC2型であることが追認されるのである。

武田氏の分類によれば、石灰拓本（これを武田氏はC型と定めている）は、着墨のパターンから、C0型からC3型に分類できるとし、さらにC2型は、C2-1型からC2-3型までの3類型に分類できるという[3]。

武田氏は、山形大学本はC2型、とくにC2-3型の拓本に分類できる可能性を指摘している。C2-3型の石灰拓本として著名なものとしては、梶本益一本（九州大学中央図書館蔵）、内藤確介本（目黒区めぐろ歴史資料館蔵）などが知られているが、この中でも梶本益一本は、拓出された年代が、一九二七年ごろであると特定できる、稀有な石灰拓本である。たしかに山形大学本を実見すると、この梶本益一本と拓本の雰囲気が近似しており、拓本の拓出年代はこれと近い時期、すなわち、一九二七年前後の時期である可能性がある。

拓本は軸装されて保管されていたが、武田氏は、上部の軸装部分にわずかながら破損箇所が見受けられることから、教育用掛図として実際に使用された時期があったのではないかとも推定している。

さらに「概報」公刊後の二〇一二年十一月二十日、再び武田氏をお招きして、山形大学本の第Ⅲ面拓本の紙の貼り継ぎ状況について調査を行った。その結果をまとめたものが、図2である。

これによると、山形大学本の第Ⅲ面は、一一段、四列から構成されている。まず左右方向から見ていくと、一段

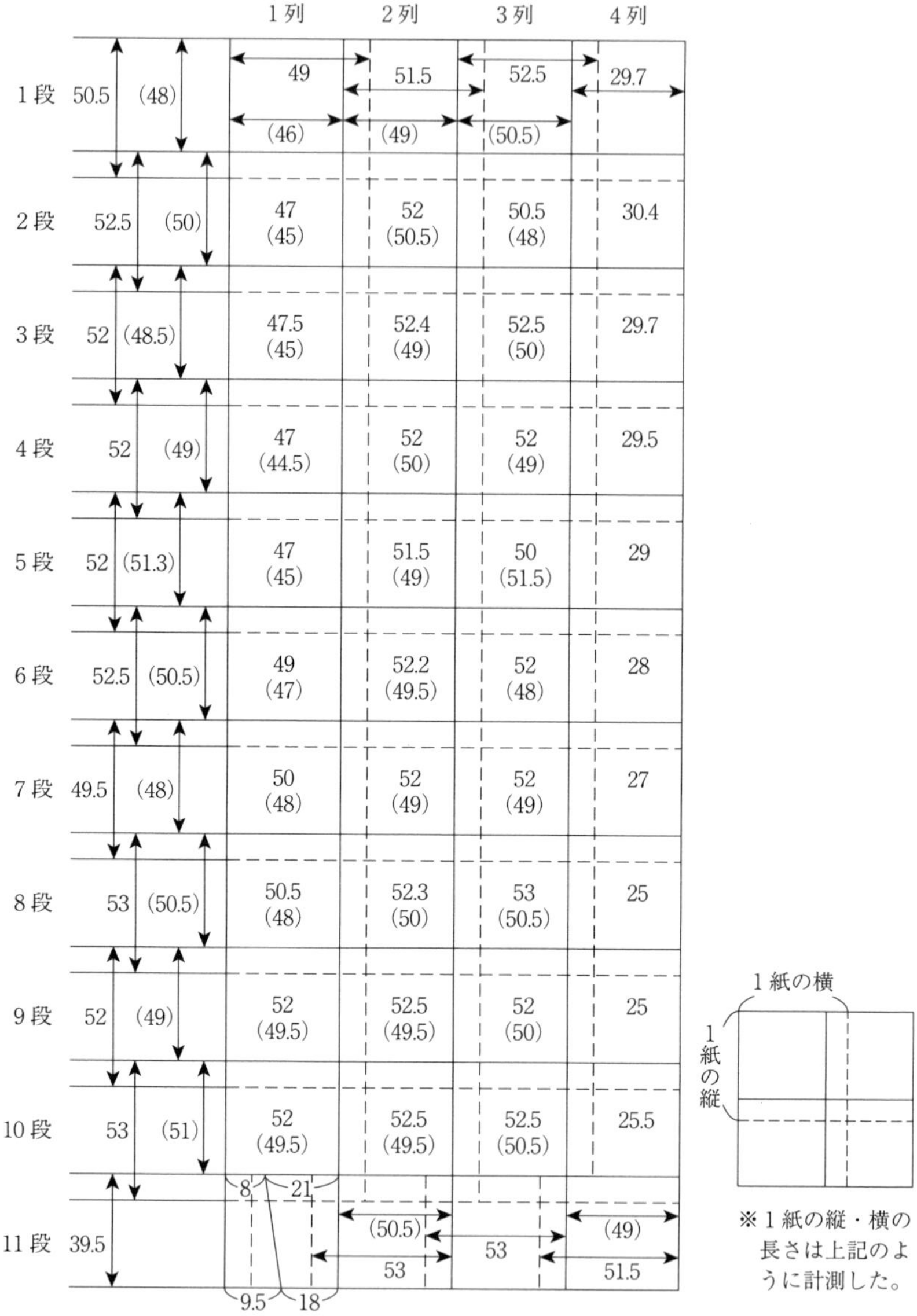

※1紙の縦・横の長さは上記のように計測した。

図2　広開土王碑拓本（山形大学本）第Ⅲ面の貼り継ぎ状況

※数字は1紙の縦・横の長さを表す（単位：cm）。数字に（　）の付いたものは、糊代を引いた分の長さを表す。

表1　「広開土王碑」墨本類型・編年表

類型	墨本の種類	推定年代
A型	原石拓本	1880～81年ごろ
B型	墨水廓塡本	1881～90年ごろ
C1-1型	石灰拓本	1895年前後
C1-2型		1903年ごろ～
C1-3型		1912年ごろ～
C2-1型		—
C2-2型		—
C2-3型		1925年ごろ～
C3型		1935～38年ごろ

目から一〇段目までは、右の紙を上にして貼り継いでいることが確認され、左から右の順に紙を貼り継いでいったことがわかる。最下段の一一段目は、左の紙を上にして貼り継いでいるので、右から左の順で貼り継いでいることがわかる。

つぎに上下方向については、下の紙を上にして貼り継いでいるので、上から下の順に紙を貼り継いでいることがわかる。

武田氏によれば、こうした紙の貼り継ぎのパターンは、C2型にあってはごく一般的であるとされ、この点からも、この拓本がC2型にあてはまるのである。

武田氏の調査により、山形大学本の資料的な性格はかなり明らかになったが、それにしても依然としてわからないのは、この石灰拓本が、いつ、誰により、いかなる理由でもたらされたのか、という点である。この点を考える上で、ひとまず山形大学本からは離れて、他の石灰拓本が、いかなる経緯でもたらされたのか、その事例を見ていくことにしよう。

二　石灰拓本の「来歴」

大学などの教育機関に、広開土王碑石灰拓本はどのような経緯でもたらされたのか、武田氏の「類型別の『広開土王碑』墨本目録（案）[4]」から、教育機関が所蔵する石灰拓本の中でも、その経緯がわかるものについてみてみると、さしあたりつぎの三例がある。

梅津忠清本（金沢大学附属図書館蔵）　梅津氏が一九一六年（大正五年）に第四高等学校に寄贈。梅津氏は寄贈当時陸軍大佐、金沢歩兵第七聯隊聯隊長〔C1-3型〕。

梶本益一本（九州大学中央図書館蔵）　梶本氏が一九二七〜三一年ごろ買得し（推定）、一九四三年九州大学に寄贈。梶本氏は、一九二七〜三一年に朝鮮平壌郵便局長、翌年退職。一九二七年ごろの採択とみられ、制作年次の明らかな標識的拓本として重視される〔C2-3型〕。

足立幸一本（京都府立福知山高等学校蔵）　足立氏が一九三一〜三八年に購得し、旧制福知山中学校に寄贈〔C3型〕。

この三例の中でも、とりわけ注目したいのは、足立幸一本（京都府立福知山高等学校蔵）である。足立幸一本については、かつて濱田耕策氏が詳細な調査を行っており、その「来歴」についても考察している(5)。それによると、足立氏は大学卒業後、三十歳にして大連にわたり、のちに「福幸公司」と名づけた金属部品の卸商を始めて、「満州」を中心に発展していく。

こうした「発展」を背景に、足立氏は、一九三一年（昭和六年）、福知山中学が創立三〇周年をむかえるにあたって、「満州方面の人情、経済その他の事情を青年諸君にご研究願い、将来この方面へご発展の参考といたしたい」

と述べ、「満蒙文庫」と名づける図書の寄贈を、福知山中学に対して始めるのである。

一九三八年（昭和十三年）十月、福知山中学は校舎改築の改築に合わせて郷土館を建築し、この二階に「満蒙研究室」を設置した。一九三一年九月に始まった足立氏の「満蒙文庫」の寄贈は、一九三八年十月には「満蒙研究室」として拡大整備されたのである。

さてこの「満蒙研究室資料目録」の「人文之部」の「歴史」の項の筆頭には、「広開土王の碑文　四　軸製石摺」という記録がみえ、この時点ですでに、足立氏により広開土王碑石灰拓本が寄贈されていたことがわかる。かくして濱田氏は、福知山高校所蔵の広開土王碑石灰拓本が、一九三一年九月から一九三八年十月の間に、確かに足立氏によって福知山中学校に寄贈されたことをつきとめたのである。

足立幸一氏が旧制福知山中学校の卒業生であること、その足立氏が満州にわたり、事業に成功したこと、さらには、自分の後輩たちに満州を知ってもらい、その地で活躍してもらうことを願い、満蒙関係の図書を数多く寄贈し、その中の一つに、広開土王碑石灰拓本が含まれていたこと。これらの事実は、広開土王碑石灰拓本が、どのような意図で教育機関にもたらされたかを知る手がかりとなるだろう。

もう一例、教育機関ではないが、広開土王碑石灰拓本の「来歴」が比較的よくわかる事例として、宮崎県総合博物館が保管する広開土王碑石灰拓本（勝浦鞆雄本）を取り上げたい。この拓本については、すでに永井哲雄氏による詳細な紹介があり、「来歴」についてはそこに尽くされていると思われるので、まずは永井氏の文章を引用する。(6)

宮総博の拓本は、大正十年（一九二一）二月、宮崎県高鍋町の勝浦鞆雄氏（一八五〇〜一九二五）が宮崎神宮徴古館に出品されたものである。勝浦氏がこの拓本を将来された時期については、氏が東京府立尋常中学校長として、韓国より四十八人の留学生を監督され、文部・外務両大臣の勧めと統監府の勧誘によって渡韓された明治四十一年か、さらに関東都督府中学校長に任じられた明治四十二年四月から大正九年辞任帰京までの間と考えられる。とくに四十一年の渡韓の折には、帰京後高鍋郷友会員などを集め講演会を開かれ、朝鮮古代の土器書類の実物にもふれておられるが、この拓本があったかは不明である（『高鍋郷友会報』明治四十一年十月第二十四号）。

この勝浦鞆雄本について、筆者は近年調査する機会を得た。拓本の制作時期を、武田氏の「着墨パターン法」をもとに検討すると、勝浦鞆雄本は、武田氏の分類法によるC1-3型であると考えられ（二〇一二年二月十三日の調査所見）、そうなると一九一二年前後に制作された拓本の可能性がある。ところで、勝浦鞆雄氏が一九〇九年（明治四十二年）から一九二〇年（大正九年）までの間の関東都督府（日露戦争後の一九〇五年、遼陽に設置された関東総督府が、翌一九〇六年、旅順に移転、改組されたもの）中学校在職時代に入手したとすれば、本拓本の類型として推定されているC1-3型の制作時期とも対応することになる。かくして、拓本の観察から導かれる制作時期は一九一二年前後と推定され、その入手時期は、勝浦氏の関東都督府中学校在職時代の一九〇九年～一九二〇年に絞られるのである。

勝浦鞆雄本も、寄贈者は地元高鍋町の出身で、大陸に渡っている間に広開土王碑石灰拓本を入手し、これを地元の宮崎神宮徴古館に出品しているのである。

足立幸一本と勝浦鞆雄本に共通しているのは、おそらくは「郷土の人びと」に「満蒙」や「朝鮮」について知ってもらいたいという思いから、大陸に渡った郷土の人間が広開土王碑石灰拓本を入手し、もたらしているということである。つまり、こうした各地域における「郷土愛」「母校愛」といったものが、広開土王碑石灰拓本の日本への将来を後押ししていったのではないだろうか。

おわりに

最後にいまいちど、山形大学本の「来歴」について考えてみたい。

山形大学本も、たとえば福知山高等学校所蔵の足立幸一本のように、大陸に渡った卒業生が、母校の後輩たちのためにこの広開土王碑石灰拓本を寄贈した、という可能性はないだろうか。もしそうだとした場合、拓本には、寄贈者に関する何らかの記載があってもおかしくない。いやむしろ、寄贈されたものだからこそ、拓本にはその情報があってしかるべきである。だが先に述べたように、拓本それ自体には、拓本の「来歴」を示す情報は、まったく残されていないのである。

この点からすると、この拓本が卒業生によって寄贈されたとする可能性は、現段階ではあまり考えられない。もう一つの可能性としては、旧制山形高校あるいは山形県師範学校の教員が、在職時に、何らかの事情で大陸に渡った際に入手して持ち帰り、それがそのまま残りつづけた、という可能性である。しかしこれも現段階では、想像の域を出ない。

つぎに、この拓本がなぜ山形大学にもたらされたのか、という点についてである。

一つ思い起こされるのは、山形県からは多くの人びとが満蒙開拓移民として大陸に渡っているという事実である。この数は、長野県に次いで二番目であるという。

足立幸一氏が、「満州方面の人情、経済その他の事情を青年諸君にご研究願い、将来この方面へご発展の参考といたしたい」と述べたように、満州へ渡ることを後押しする意味でも、広開土王碑の巨大な拓本は、大きな意味を持っていたのではないか、と想像したくなる。

二〇一一年十二月、山形大学では、「発見」された広開土王碑石灰拓本を公開する特別展を開催した。そのときの展示解説に、筆者はつぎのような文章を書いた。

広開土王碑の拓本がどのような経緯で本学の図書館に伝わったのか、残念ながら、拓本には架蔵番号も、寄贈者の名前も確認できず、その由来を知る手がかりは、今のところありません。

しかしながら、これが戦前の教育用掛図と一緒に保管されていたと考えられることは示唆的です。広開土王碑は、日本の大陸進出が意識された時代に、人々の注目を最も集めました。人々が広開土王碑を最も必要とした、戦前のある時期に、この拓本はもたらされたのではないでしょうか。

一九三〇年代以降、山形県からは、多くの人々が満蒙《まんもう》開拓移民として、大陸に渡りました。その数は、長野県に次いで二番目であったといわれています。また、本学の前身である山形県師範学校からも、多くの人材が大陸に渡っています（『目で見る百年誌』山形大学教育学部同窓会、一九七八年）。戦前において、山形県と、その教育機関である山形県師範学校が、大陸との関わりを強く意識していたことは想像に難くありません。広開土王碑の拓本は、あるいはそうした、山形県民と大陸進出との関係の歴史を物語る資料として、私たちに何かを伝えようとしているのではないでしょうか。

広開土王碑は東アジア近代史の荒波の中に翻弄され続けてきました。その波は、この山形県にも押しよせていたことを、広開土王碑拓本は語ってくれているように思います。私たちは、再び目の前に現れたこの拓本と向き合い、この拓本が伝えられてきた歴史を、ひもといていかなければなりません。そしてそれを後世に伝えていかなくてはならないのです（「高句麗・広開土王碑は何を語るか―山形大学小白川図書館本・広開土王碑拓本の世界―」展示解説パネル〔三上喜孝執筆〕より）。

いまのところ、山形大学の広開土王碑石灰拓本と、山形県における満蒙開拓移民とを結びつけるものは何一つない。だが、郷土の人びとを大陸進出に目を向けさせるきっかけとして広開土王碑石灰拓本がもたらされた事例があることを考えるとき、やはり、両者の関係に思いをいたさないわけにはいかない。

じつに多くの広開土王碑石灰拓本が、全国各地に将来されたことの意味について、私たちはもう一度問い直さなければならない。そこにはさまざまな背景が存在することは間違いないが、「大陸進出」を広く意識させるための象徴的な存在としての役割が、広開土王碑石灰拓本にはあったのではないだろうか。はなはだ逆説的な言い方だが、私たちはこのような視点からいまいちど、各地に残る広開土王碑石灰拓本を調査し、「近現代史のコンテクスト」の中で、読み解いていかなければならないのである。

註

（1）李成市「表象としての広開土王碑文」（『思想』八四二、一九九四年）。
（2）武田幸男「広開土王碑『山形大学本（第Ⅲ面）』調査概報」（『山形大学歴史・地理・人類学論集』一三、二〇一二年）。
（3）武田幸男『広開土王碑墨本の研究』吉川弘文館、二〇〇九年。
（4）武田幸男前掲註（3）書所収。
（5）浜田耕策「故足立幸一氏寄贈の京都府立福知山高校所蔵の広開土王碑拓本について」（『学習院大学東洋文化研究所調査研究報告』二四、一九九〇年所収）。
（6）永井哲雄「高句麗広開土王碑文の将来者をめぐる一・二の史料追加について」（『日本歴史』二九六、一九七三年）。

金光図書館所蔵『初拓好太王碑』と「水谷旧蔵精拓本」

稲田　奈津子

はじめに

二〇一二年三月十三・十四日の両日、金光《こんこう》図書館（岡山県浅口市）が所蔵する『初拓好太王碑』全一二冊（以下、金光本）の調査を行った(1)。本資料は、全四面分がそろった広開土王碑拓本の完本である。二〇一〇年度の東京大学史料編纂所による調査（筆者は不参加）の際に一部撮影を行い、筆者はその写真から石灰拓本の一類型であろうと見当をつけ、前述の原本調査に臨んだ。ところが調査当日、皇學館大学の荊木美行氏が同資料を同日程で調査予定であることを知り、一緒に調査させていただくことになった。荊木氏も本資料の原本調査は今回が初めてとのことであったが、これが「水谷旧蔵精拓本」ではないかと推測し、調査・撮影に来たとのことであった。共同調査の結果、本資料はこれまで行方不明とされてきた「水谷旧蔵精拓本」に間違いなく、石灰拓本の一類型であることが確認された。その後も武田幸男氏の指導のもと、二度にわたり金光図書館での調査・撮影を実施している(2)。

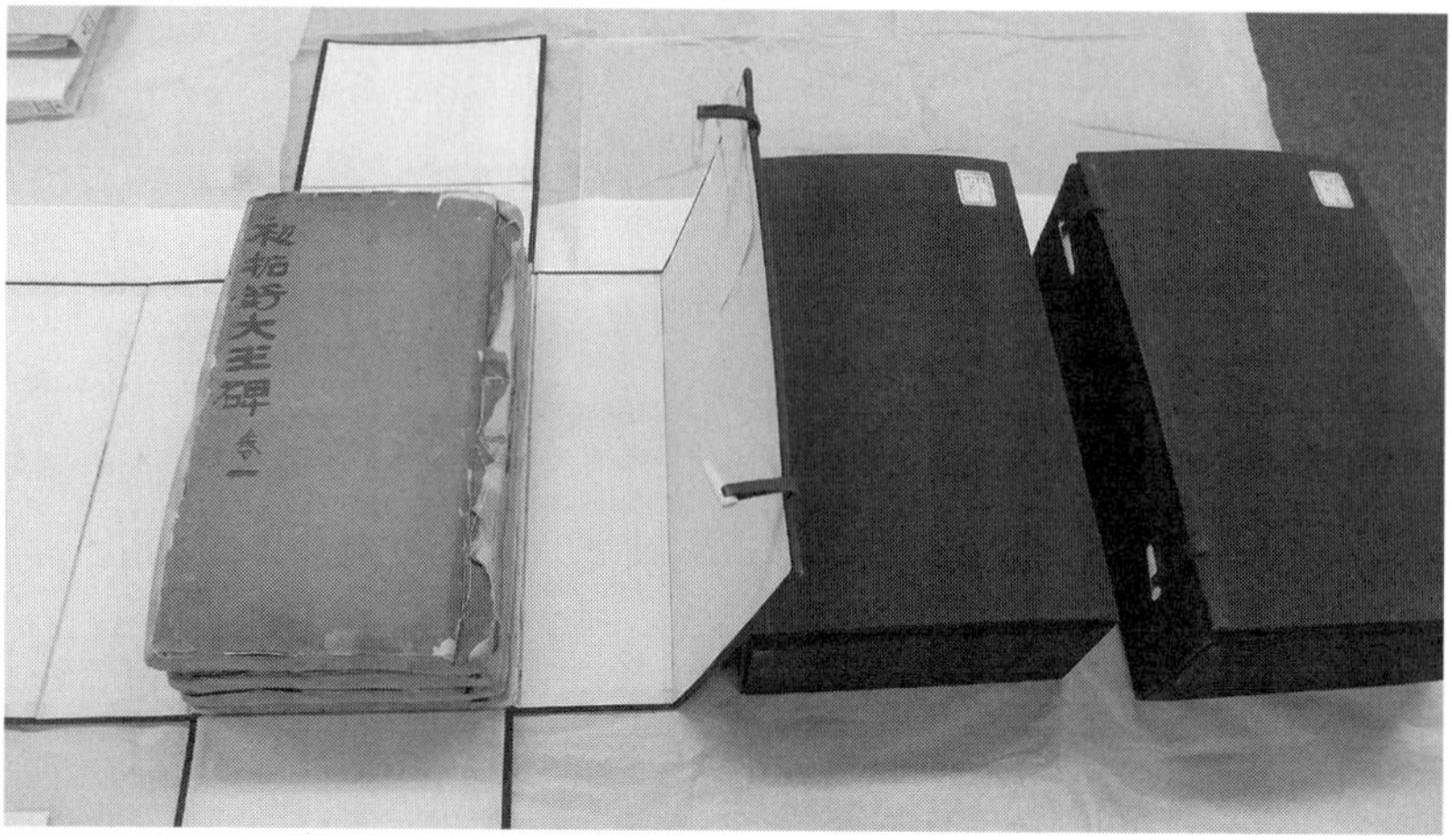

図1　金光本保管状況

「水谷旧蔵精拓本」は、広開土王碑の拓本研究において重要な役割を果たした資料であり、再発見の意義は大きい。そこで本稿では、概略的な調査報告とともに「水谷旧蔵精拓本」と判明した経緯、および水谷氏が本資料を撮影した拓本写真について記しておきたい。

一　『初拓好太王碑』

本資料は現在、剪装本一二冊を三帙に分けた状態で保管されており（図1）、帙外題には「舊拓　高麗好大王碑　上」（中・下も同様）と記されている。[3] 各帙の内側には「金光／図書／館蔵」の朱印と請求番号印があり、「金光眞整氏寄贈」「昭和26年2月9日／第38700號」との記入がある（傍線部は手書き、他は朱印）。金光眞整《しんせい》氏（一九一四～一九七八、図2）は、金光教三代教主である金光攝胤《せったね》氏の三男で、國學院大學国史学科研究科を卒業後、金光教の教育機関で教育研究活動に携わった人物であり、金光図書館の前館長・金光和道氏、現館長・金光英子氏の父でもある。[4] 書帙の記載より、本資料を入手した眞整氏が図書館に寄贈

図2　金光眞整氏

し、昭和二十六年（一九五一年）二月九日付で登録されたことがわかる。

各冊の外題は「初拓好大王碑　巻一」（巻二以下も同様）とあり、半葉各二字分の拓本が貼り込まれ、巻一～三が広開土王碑の第Ⅰ面、巻四～六が第Ⅱ面、巻七～九が第Ⅲ面、巻十～巻十二が第Ⅳ面に相当する。ただし、採拓の段階で省略された部分もあり、また採拓されたものの文字が不鮮明な部分は切り捨てられたらしく、第Ⅰ面では二一字分、第Ⅱ面では二七字分、第Ⅲ面では八五字分、第Ⅳ面では三字分が欠けている(5)。一方で、現存する拓本の多くに欠落している第Ⅲ面第一行最終字「潰」が本資料に貼り込まれている点は注意される（図3）。

二　「水谷旧蔵精拓本」

広開土王碑拓本の研究において、水谷悌二郎氏（一八九三～一九八四）の果たした役割は大きい。現在、国立歴史民俗博物館（千葉県佐倉市）に所蔵される原石拓本（以下、水谷原石拓本）は彼の旧蔵品であり、原碑本来の姿を伝える数少ない拓本のひとつとして、世界的にも貴重な存在である(6)。

そもそも広開土王碑の拓本は、採拓された時期によって大きくその姿を変える(7)。初期に採拓されたものは原石そ

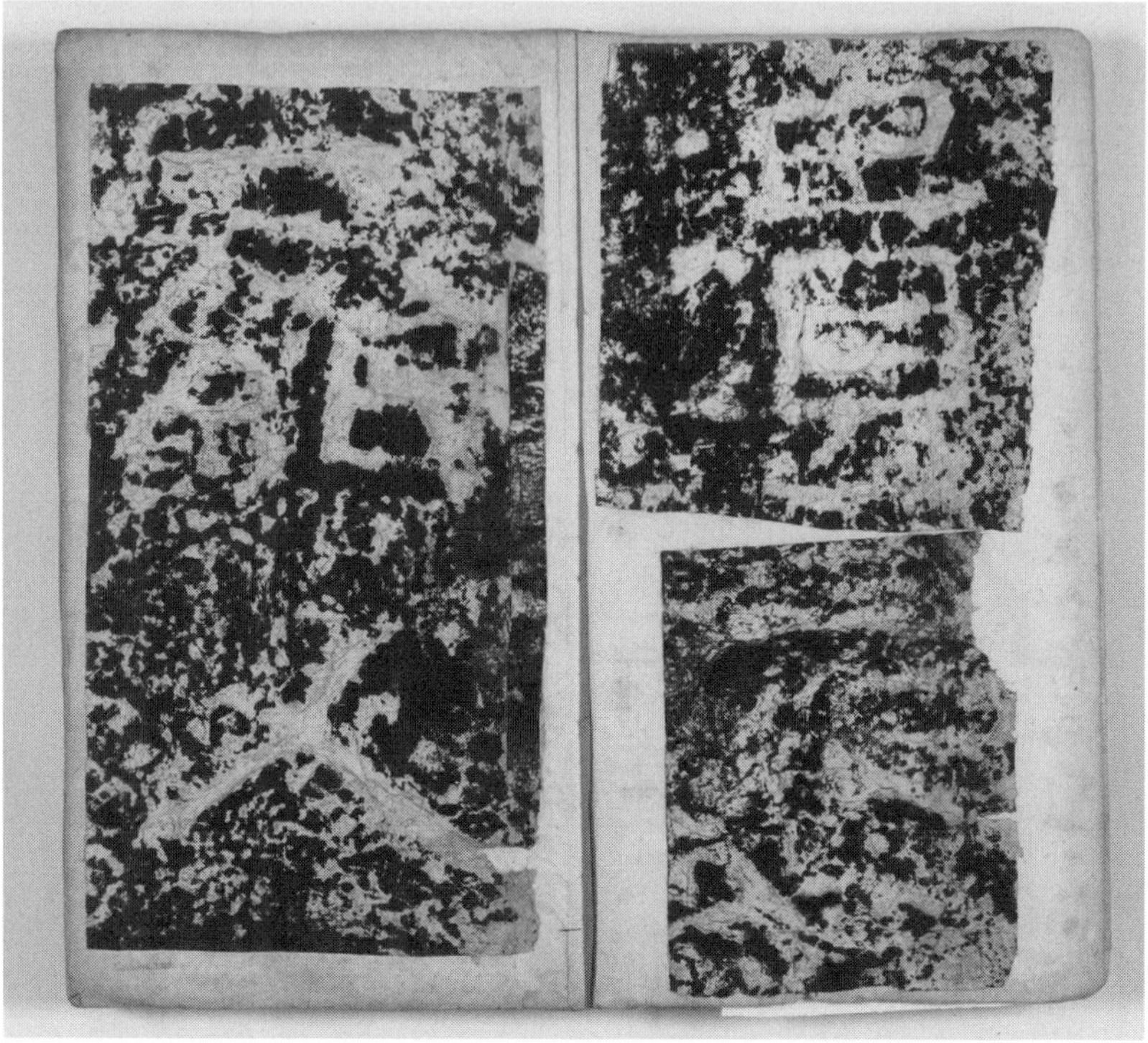

図3　金光本「潰」字部分（右上）

のままの姿を写し取ったもので、原石拓本と呼ばれるが、碑面の荒れで銘文が判読しがたい状態であった。そこで、文字を読みやすくするために碑面に石灰を塗り、拓工が石灰上に字形を再現した上で拓本をとる、いわゆる石灰拓本が制作されるようになる。石灰は拓本をとるたびに少しずつ剝落するので、剝がれた部分には新たに石灰が加えられ字形がつくられるため、ひとつとして同じ拓本は存在しない。

こうした石灰による作為を見破り、作為のない原石拓本を確認したのが水谷氏なのである(8)。現在、広開土王碑の原石は風化などの影響もあり、原碑調査による銘文解読は非常に困難な状態にある。したがって高句麗史料として研究活用するためには拓本、それも原石拓本に頼らざるを得ないのである。

さて、水谷氏が生前に愛蔵していた拓本には、前述の水谷原石拓本とは別に、「水谷旧蔵精拓本」（以下、精拓本）と呼ばれるものがあった。この拓本については武田幸男氏の詳細な検討があり、その概略は下記のとおりである。(9)水谷氏は一九三六年十月七日、銀座松坂屋の第一古書展覧会で、琳浪閣出陳の「初拓好太王碑」と題する剪貼一二冊を購入する。これが精拓本で、水谷氏はその熟覧・調査に没頭し、水谷原石拓本と比較検討することによって、広開土王碑研究の学術的基礎を固めるに至ったのである。水谷氏は水谷原石拓本とともにこの精拓本を愛蔵したが、戦後の厳しい情勢下で手離さざるを得なくなる。一九七五年十月二十六日付けの末松保和氏宛の書簡には、「今も惜しくてたまらぬような気のする時もあります。売却先は神田神保町の山本書店でした。同店では新しく書帙を作ってくれて店頭に出されてあるのを見てホッとした記憶がありますが、其後の行先は知りません」と記されている。手離した時期ははっきりしないが、水谷氏の日記から一九四六年までは水谷氏の手元にあったことが確認され、また一九四九年前後にさかんに古書・拓本類を売買していたことがわかるので、この頃に売却されたものと推測されている。精拓本の行方は、武田氏の捜索にもかかわらず判明しなかった。

武田氏はさらに、水谷氏の遺品中にガラス乾板四八枚があることに注目し、そのなかの三一枚について、水谷氏が一九三七年十一月にみずから撮影した精拓本の拓本写真であると考証した。そこに写る全一八九字は、全碑文の一割強にとどまるものの、武田氏の精査によって撮影箇所の特定がなされ、さらに拓本としての類型・年代観が明らかにされている。結論だけ記せば、精拓本は武田氏の分類によればC３型に属し、「一九二〇年代末も含めて、およそ三五年前後までに制作された」石灰拓本であると論証している。

図4　シワ・虫損痕部分（左は金光本、右は拓本写真番号22）

三　両資料の関係

荊木氏は金光本の書名と冊数、および金光図書館司書を務めた山県二雄氏による解説[10]とに注目し、それが精拓本に関する水谷氏の記述と一致することから、これが所在不明とされていた精拓本の原物ではないかと推測した。その指摘を前提に実際に原本を調査してみたところ、次々とそれを裏付ける証拠を見出すことができた。たとえば前述の第Ⅲ面第一行最終字「潰」について、水谷氏は論文で「白紙を三重に折り畳んで特別に拓出されて居る」と述べている[11]。そこで金光本巻七冒頭に貼り込まれている同字を確認すると（図3）、果たして三重に重なった白紙が観察されるのである。また拓本写真三一枚との比較でも、貼り込まれた文字の配置が一致するのはもちろん、台紙に見られるシワや虫損痕まで見事に一致するのであり（図4）、もはや両者が同一であることを疑う余地はなかろう。

さらに金光本には、「神田・神保町／山本書店」のスタンプの捺された値札が同梱されており、そこには「原石拓　十二冊　金五千円／高麗好太王碑　揃」と墨書されている（傍線部は印刷文字）。つまり、金光眞整氏は山本書店から本資料を購入したことが判明し、図書館に登録された一九五一年という年代とあわせて考えれば、水谷氏が手離したものを数年のうちには眞整氏が入手し、岡山の金光図書館所蔵品として保管してきたことが知られるのである（以下、水谷精拓本）。現状の三帙の書帙も、山本書店での販売時に誂えられたものと考えられる。(12)

四　拓本写真の再検討

ここで、武田氏が精査を加えた水谷氏撮影の拓本写真について、再度確認しておきたい。現在は東京大学文学部の所蔵で、ガラス乾板四八枚が四つの小箱に分けて保管されており、第一箱（「好太王碑精拓本一」と注記）には一六枚、第二箱（「好太王碑精拓本二」）には一七枚、第三箱（「好太王碑原石拓本」）には一二枚、第四箱（「水谷上」）には三枚が納められている。このうち第一箱一五枚と第二箱一七枚の合計三二枚が、水谷精拓本を撮影したものとなっている。(13)

武田氏は旧稿において、この拓本写真に01から31の番号をつけて、そこに写し込まれた碑字を特定する作業をしている。そのうち、番号01～15が第一箱の一五枚に、番号16～31が第二箱の一六枚に相当している。第二箱の残り一枚は、番号17と同じ組み合わせの碑字を撮影しなおしたものであり、考察の対象外としておこう。

さて、武田氏の作成した「「水谷旧蔵精拓本」写真整理図」(14)をもとに、原本による確認作業をふまえて修正を加えたのが、本稿末尾の参考図である。撮影方法をみると、基本的には拓本が台紙に貼り込まれたままの状態で、四字は一冊の見開き、二字は別冊を九〇度回転させて、一枚に六字を写し込んでいるものが多い（番号06、11～13、15、17～19、21～27）。半葉二字を三冊写し込むもの（番号02、07）、見開き四字と一字分二冊を写し込むもの（番

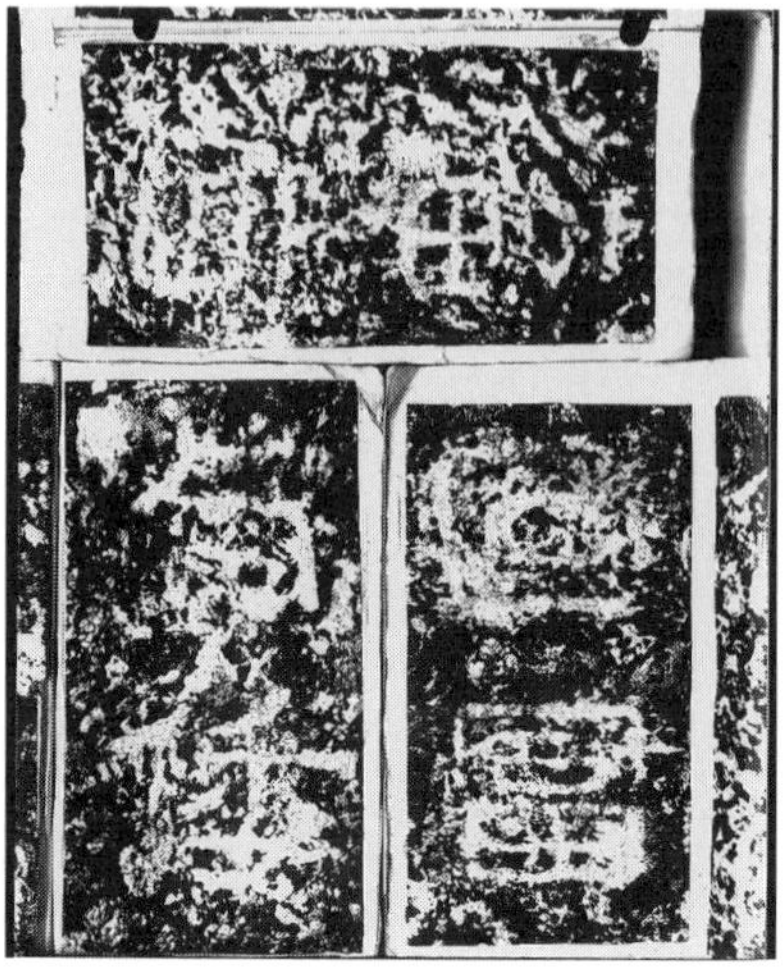

番号 07

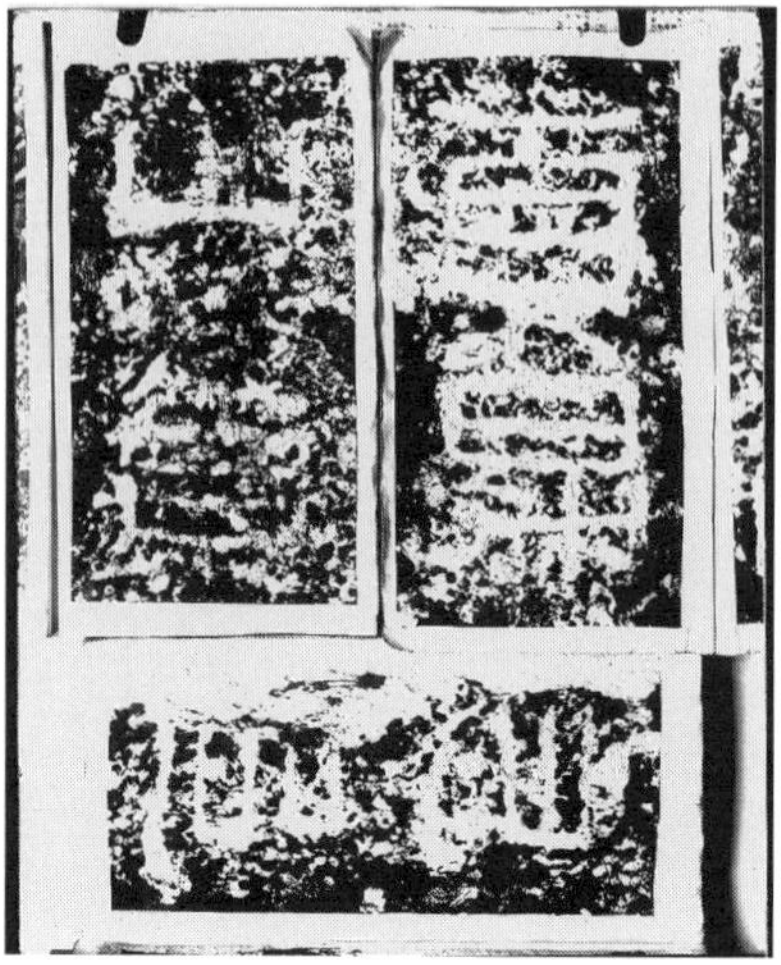

番号 02

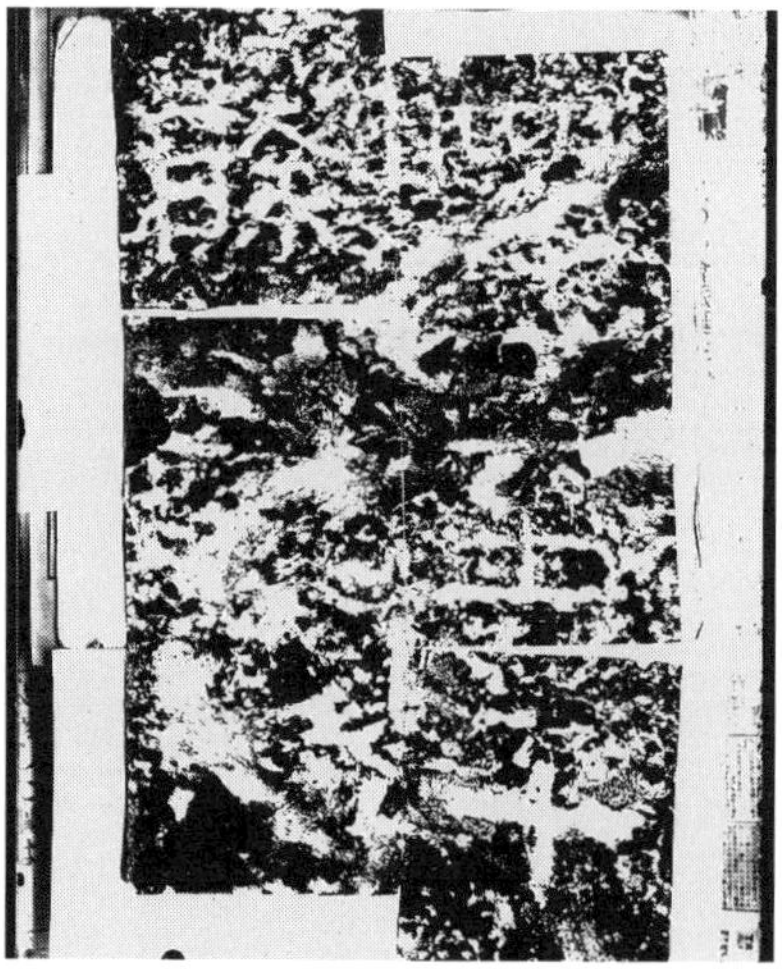

番号 01

番号 28

図 5-1　拓本写真 1

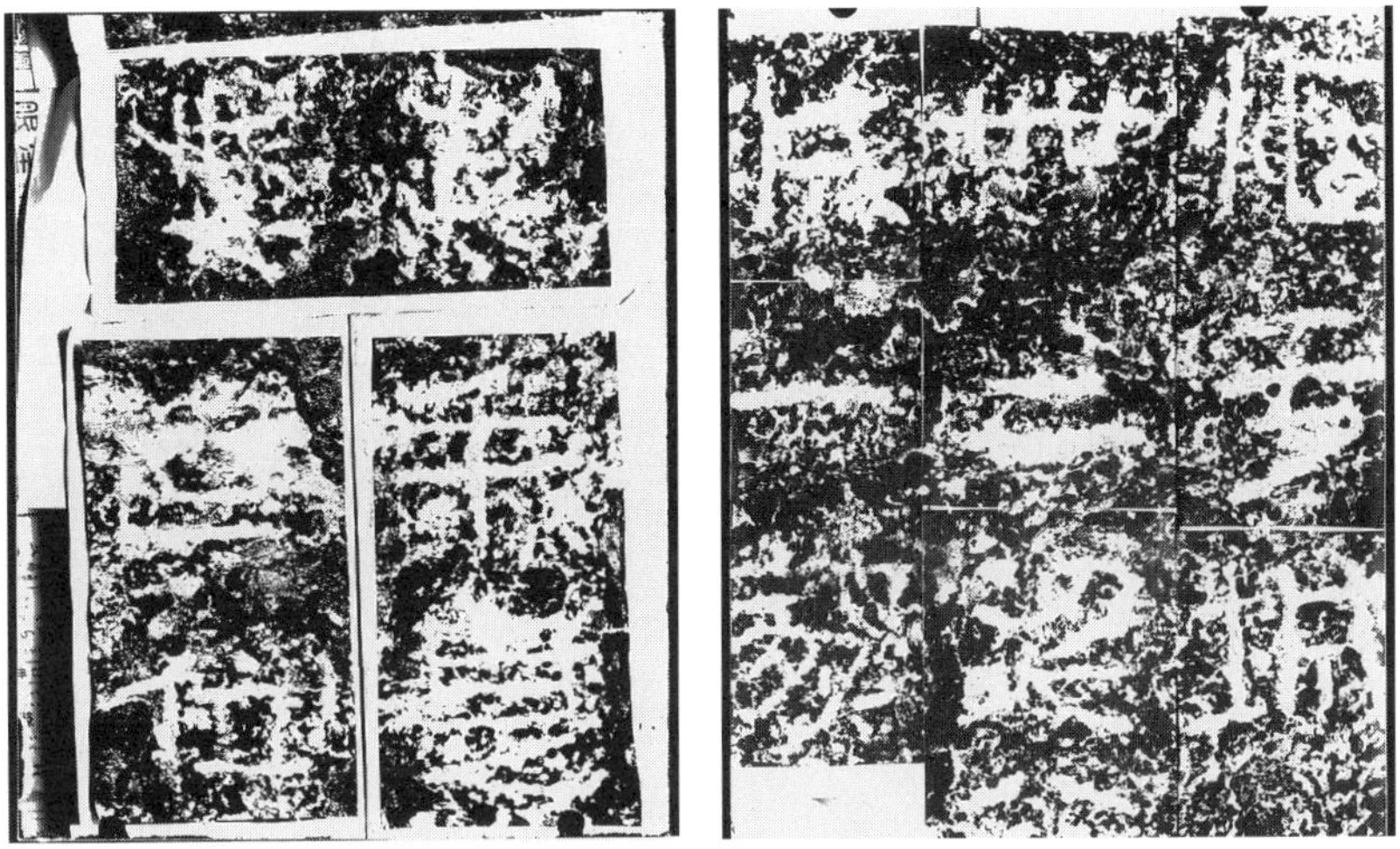

番号 09　　番号 05

図 5-2　拓本写真 2

号08、20、28〉、その他〈番号14、29〉と、これらはいずれも拓本が台紙に貼り込まれたままの状態で撮影されている。これに対し、台紙から拓本をはずして撮影しているものとしては、もとの碑文における文字配列を復原するもの〈番号01、03〜05、10、31〉と、その他〈番号09、16、30〉がある。台紙からはずされた拓本であっても、撮影の段階で切り整えられるといったことはなく、そのまま台紙のもとの位置に貼り戻されたようである。現在、原本で半葉二字の中央部などに見られる切断痕は、水谷氏の撮影によるものではなく、剪装本作成時の切断と考えるべきであろう。

　碑文の文字配列を復原しているのは、第Ⅰ面の二箇所（Ⅰ02・03—32〜34〈番号10〉、Ⅰ04・05—24〜26〈番号01〉）、第Ⅱ面の二箇所（Ⅱ03・04—01〜03〈番号04〉、Ⅱ03・04—04〜06〈番号03〉）、第Ⅲ面の一箇所（Ⅲ09〜11—07〜09〈番号05〉）の、計五箇所である。文字の上下に若干の剪除が認められる場合もあるが、いずれも着墨の細かな模様がよく連続しており、台紙への貼り込みに際して剪

図６　切り分けられた拓本写真

除される部分はごく小範囲に留まっていたことが確認できる。また三一枚の写真に収められた文字を碑面全体のなかに落としてみると、第Ⅱ・Ⅲ面では特に碑面の周縁部、つまり風化の進んだ部分に集中している。武田氏もすでに指摘しているように、水谷氏の撮影目的が未釈字の解読にあったことを顕著に示すものであろう(15)。

水谷氏の遺品中には、拓本写真を現像して細かく切り分けたものも残されている（図６）。おそらくパズルのように組み合わせて碑面を復原したり、字画の似た文字を見比べて釈読を試みたりしたのだろう。驚きと興奮のなかで入手した水谷精拓本に、水谷氏が非常な執着と情熱とをもって取り組んだ姿を、ガラス乾板は鮮やかに映し出しているのである。

おわりに

上述のように武田氏は、拓本写真の精査から水谷精拓本がＣ３型に属すると判断し、その制作年代を推測した。しかし今回の再発見によって原本調査が可能となり、また分類方法についても見直しつつあるとのことで、現在では異なる年代観を考えているとのことである。水谷精拓本自体に拓出時期を示す直接的な痕跡が見られない以上、他の多くの事例との比較検討が不可欠であり、水谷精拓本の制作年代についても今後さらなる個別事例の検討をふまえて考えていきたい。

本稿では、金光図書館所蔵の『初拓好太王碑』が、長らく所在不明であった「水谷旧蔵精拓本」であることを指摘し、水谷氏撮影によるガラス乾板資料の調査成果もふまえつつ、武田説の確認と再検討とを行った。広開土王没後一六〇〇年の二〇一二年に、貴重な資料が思いがけず再発見されたことを喜ぶとともに、今後のさらなる研究活用を期待したい。

参考図　「水谷旧蔵精拓本」写真整理図（改訂版）

備考　＊…推定釈文　▼…着墨した未釈文字（文字の向きをも示す）　欄外上下の数字…面・行数

欄外横の数字…字格数（面・行数を含むことがある）　籠字（雙鉤文字）…石灰整形の誤字

┈┈┈ 見開きの綴じ目　―― 台紙からはがしとられた拓本の紙端　══ 貼込台紙の紙端　┈┈┈ 拓本紙が切られず続く

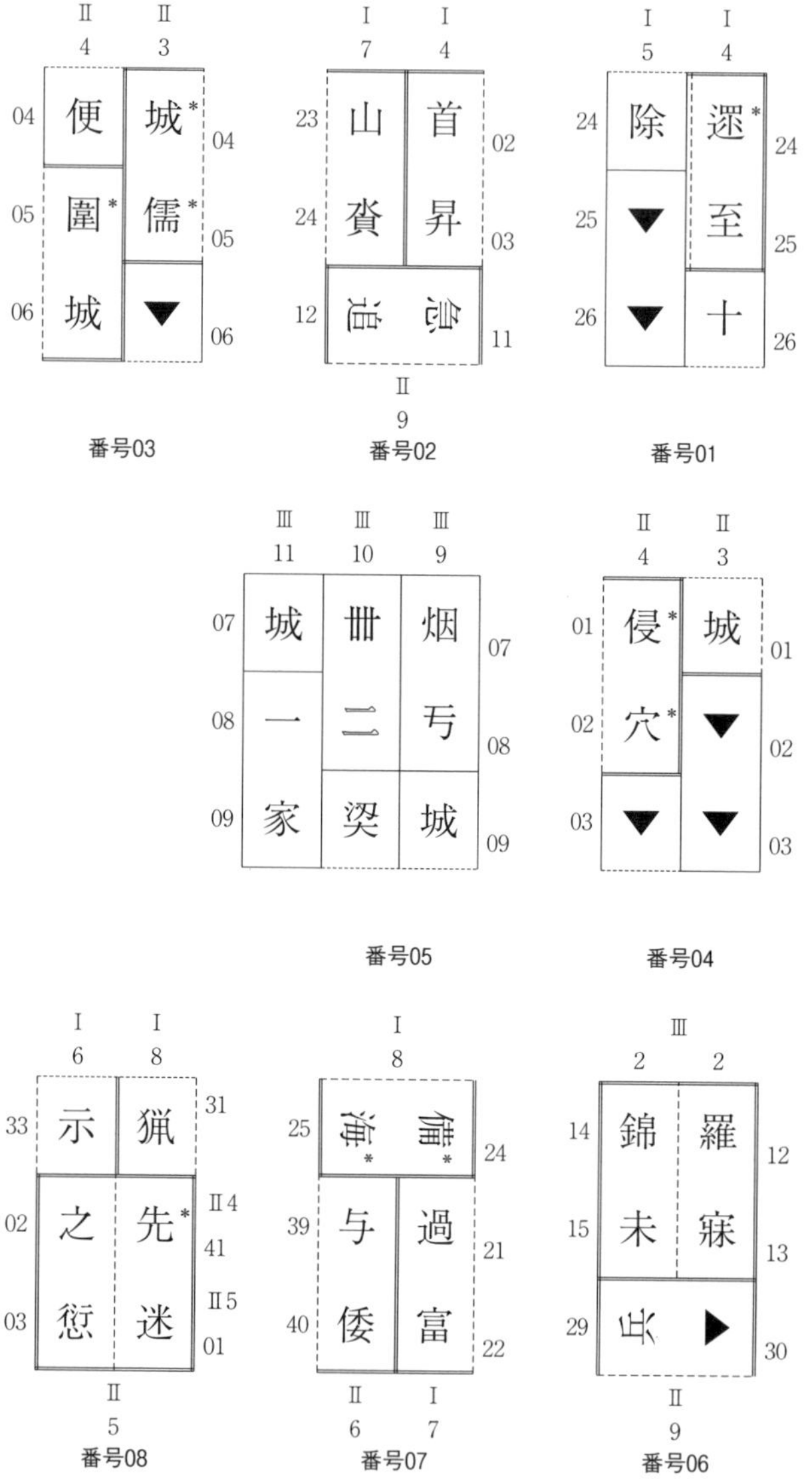

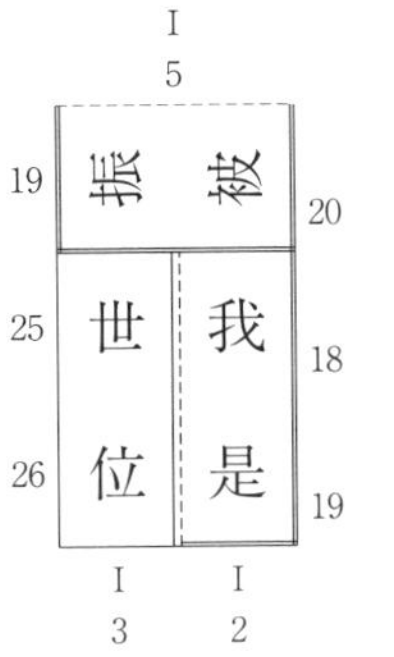
番号09

番号10

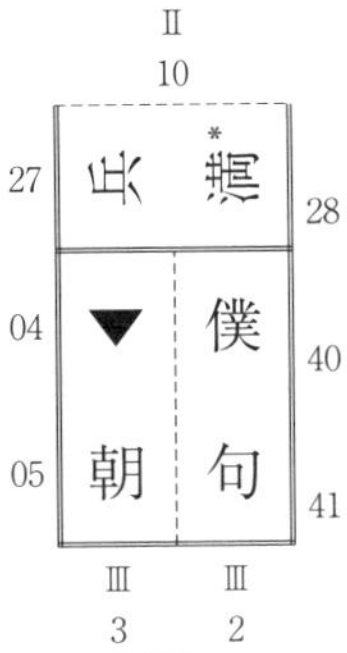
番号11

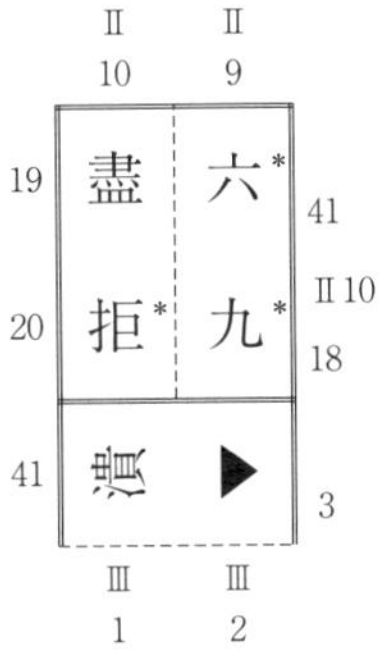
番号12

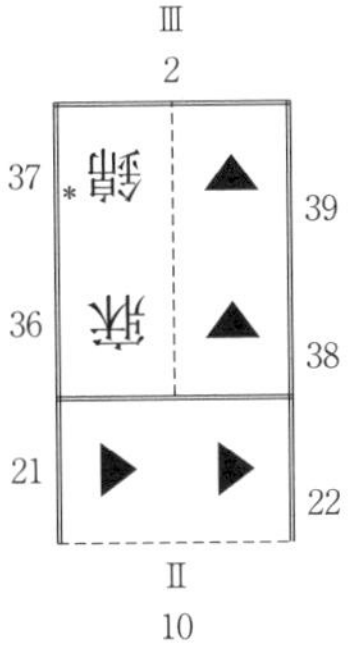
番号13

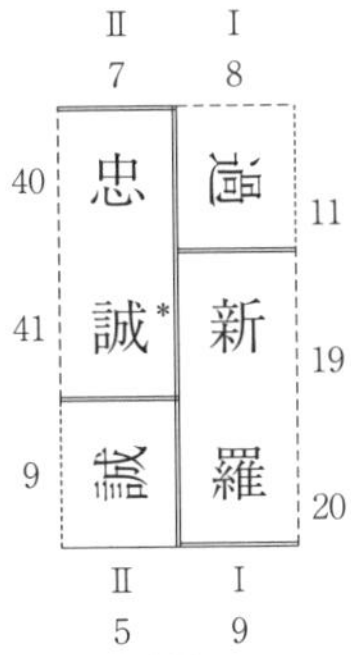
番号14

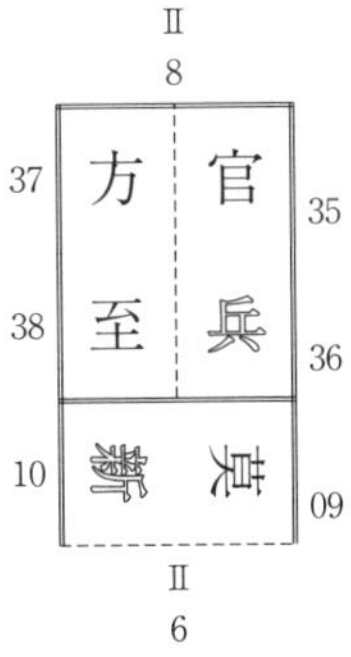
番号15

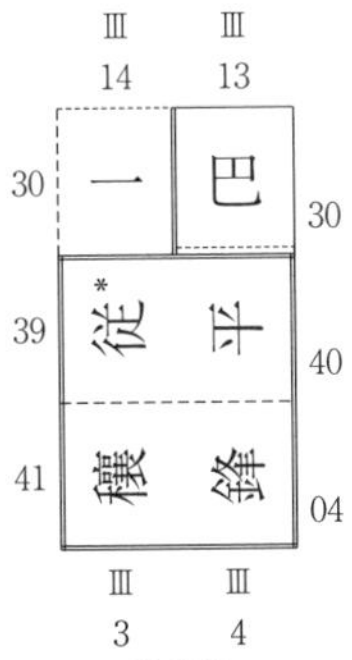
番号16

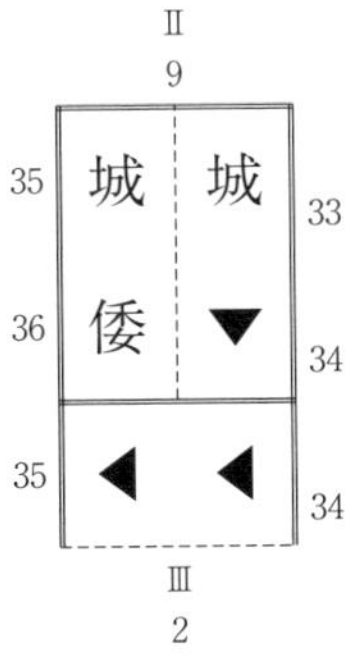
番号17

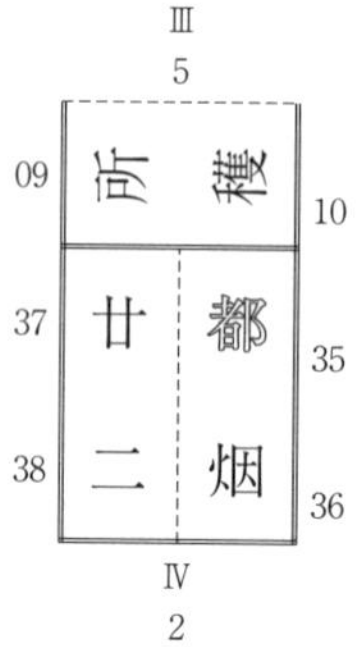

番号18

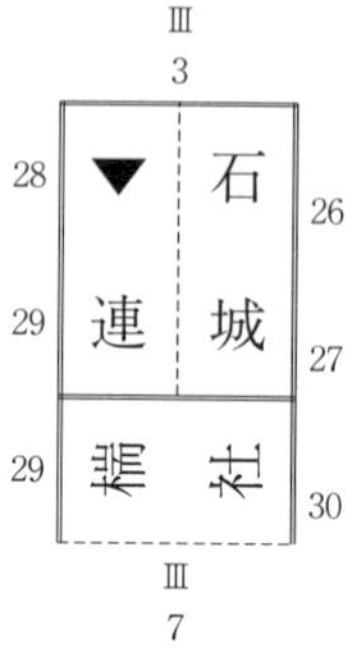

番号19

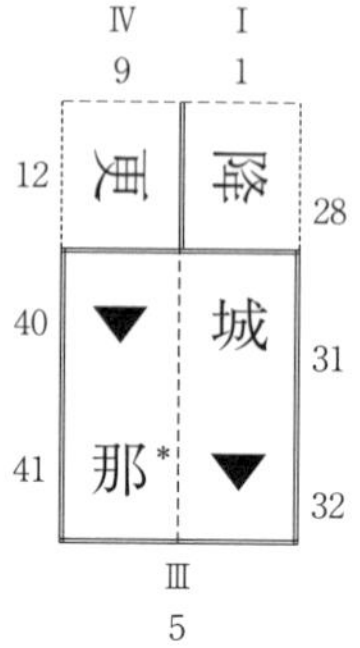

番号20

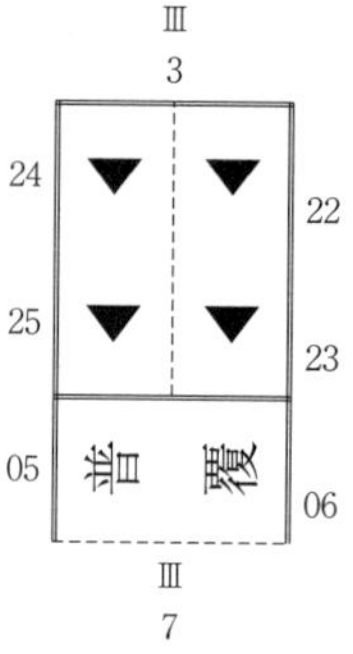

番号21

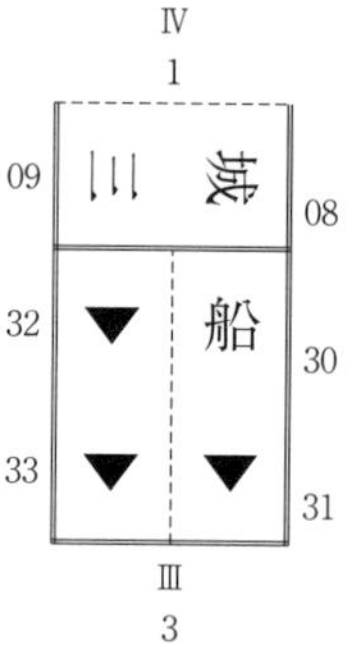

番号22

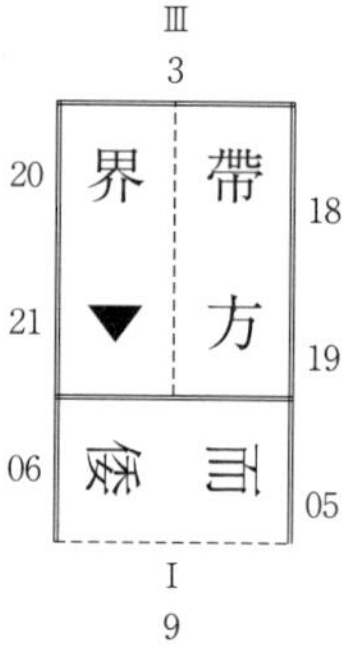

番号23

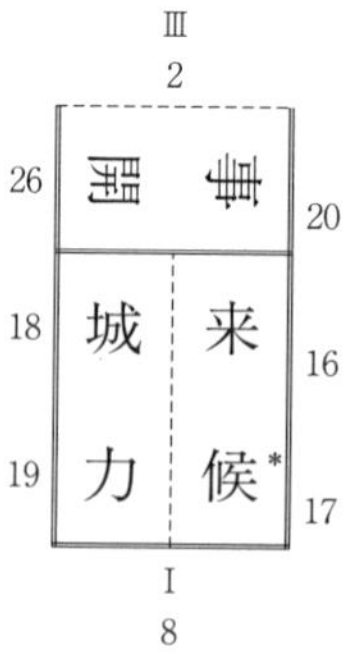

番号24

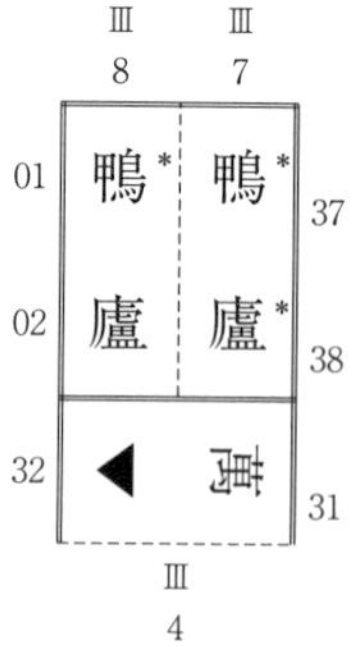

番号25

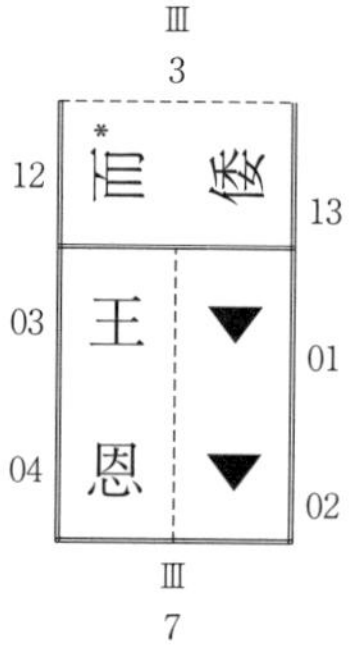

番号26

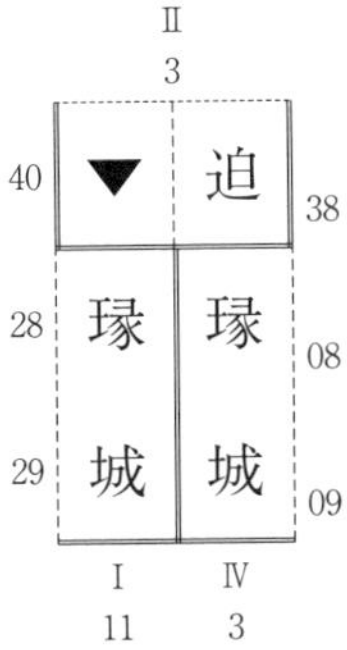

番号29

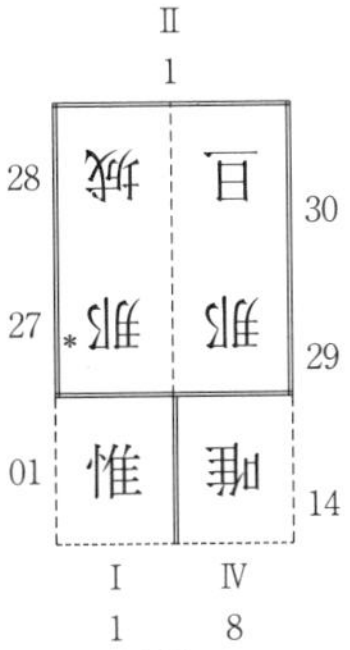

番号28

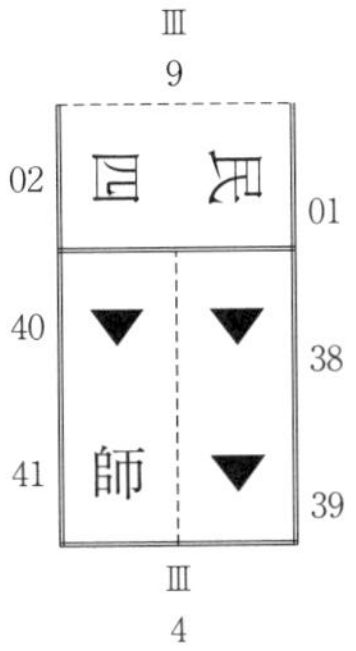

番号27

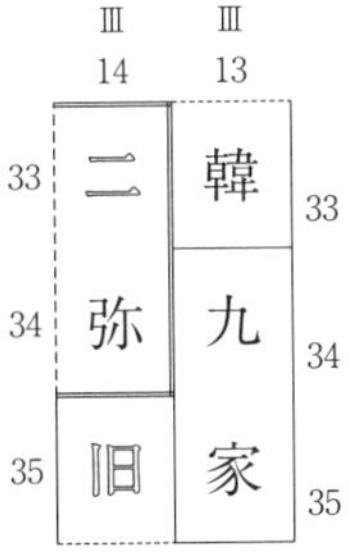

番号31

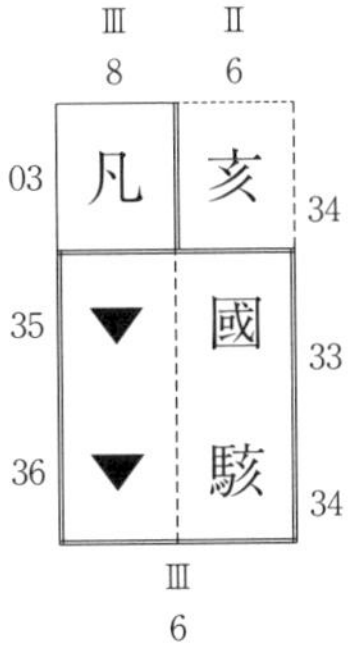

番号30

註

（1）金光図書館での調査においては、金光英子館長（当時は主任司書）をはじめ関係各位に格別のご配慮を賜った。また本稿執筆に際しては、荊木美行氏・武田幸男氏のご教示に多くを負っている。記してお礼申し上げたい。なお今回の再発見については、荊木美行「水谷悌二郎精拓本の再発見―広開土王碑研究の一齣②―」（皇學館大学史料編纂所報二三四号、二〇一二年六月）も参照のこと。

（2）二〇一二年十月二十・二十一日の両日は武田氏・鈴木靖民氏・稲田の三名が調査を行い、二〇一三年二月九・十日の両日には武田氏・鈴木氏・三上喜孝氏・遠藤珠紀氏・稲田の五名が調査・撮影を行った。

（3）請求番号は728.2：K1：1～3。

（4）金光眞整氏については、『岡山県歴史人物事典』（山陽新聞社、一九九四年）および「金光眞整大人年譜」（金光和道編著・発行『眞　金光眞整大人しのびぐさ』一九七九年）参照。

（5）金光本の拓本文字の貼り込み状況について、武田幸男後掲註（7）書附録二「「広開土王碑」釈文」に基づいて記しておく。〔Ⅰ01-01〕は第Ⅰ面の第一行第一字を示す。

巻一：〔Ⅰ01-01〕～〔Ⅰ04-27〕。欠落は〔Ⅰ01-36～39〕の四字分。

巻二：〔Ⅰ04-28〕～〔Ⅰ08-13〕。欠落は〔Ⅰ07-15～16〕の二字分。

巻三：〔Ⅰ08-14〕～〔Ⅰ11-39〕。欠落は〔Ⅰ09-17～18〕の二字分、〔Ⅰ10-18～19〕の二字分、〔Ⅰ10-40～41〕の二字分、〔Ⅰ11-18～21〕の四字分、〔Ⅰ11-27〕の一字分、〔Ⅰ11-34～35〕の二字分、〔Ⅰ11-40～41〕の二字分。

巻四：〔Ⅱ01-01〕～〔Ⅱ03-34〕。欠落は〔Ⅱ01-18～21〕の四字分、〔Ⅱ02-16～20〕の五字分、〔Ⅱ03-13～14〕の二字分、〔Ⅱ03-16〕の一字分。

巻五：〔Ⅱ03-35〕～〔Ⅱ07-15〕。欠落は〔Ⅱ03-41〕の一字分。

巻六：〔Ⅱ07-16〕～〔Ⅱ10-28〕。欠落は〔Ⅱ10-17〕の一字分、〔Ⅱ10-29～41〕の一三字分。

巻七：〔Ⅲ01-41〕～〔Ⅲ06-28〕。欠落は〔Ⅲ01-01～40〕の四〇字分、〔Ⅲ02-01～02〕の二字分、〔Ⅲ02-04～05〕の

二字分、〔Ⅲ02-21～25〕の五字分、〔Ⅲ02-31～33〕の三字分、〔Ⅲ03-01～03〕の三字分、〔Ⅲ03-31～33〕の三字分、〔Ⅲ03-37～38〕の二字分、〔Ⅲ04-01～03〕の三字分、〔Ⅲ04-35～39〕の五字分、〔Ⅲ05-01～02〕の二字分、〔Ⅲ05-35～41〕の七字分。

巻八：〔Ⅲ06-29〕～〔Ⅲ10-18〕。欠落は〔Ⅲ06-37～41〕の五字分、〔Ⅲ07-39～41〕の三字分。

巻九：〔Ⅲ10-19〕～〔Ⅲ14-41〕。欠落なし。

巻十：〔Ⅳ01-08〕～〔Ⅳ04-28〕。欠落は〔Ⅳ01-05～07〕の三字分。

巻十一：〔Ⅳ04-29〕～〔Ⅳ08-12〕。欠落なし。

巻十二：〔Ⅳ08-13〕～〔Ⅳ09-41〕。欠落なし。

(6) 国立歴史民俗博物館での登録名は「水谷悌二郎旧蔵高句麗広開土王碑拓本」（資料番号はH-1288）。武田幸男編著『広開土王碑原石拓本集成』（東京大学出版会、一九八八年）参照。

(7) 武田幸男『広開土王碑墨本の研究』（吉川弘文館、二〇〇九年）、徐建新『好太王碑拓本の研究』（東京堂出版、二〇〇六年）参照。

(8) 武田幸男『広開土王碑との対話』（白帝社、二〇〇七年）第七章「水谷悌二郎の広開土王碑研究」参照。

(9) 武田幸男「「水谷旧蔵精拓本」の実像を求めて」（『朝鮮文化研究』七、二〇〇〇年）および武田幸男前掲註(7)書第五章「水谷悌二郎旧蔵精拓本の実像」、同前掲註(8)書第七章参照。

(10) 山県二雄「眞整先生から頂いた本」（金光和道前掲註(4)書所収）。

(11) 武田幸男前掲註(7)書三一九頁所引、水谷悌二郎「二三年稿本（第一冊）」（昭和二十三年執筆）による。

(12) 二〇一二年十月の調査で、金光図書館の『図書原簿　第九號』（昭和二十五年五月十二日～二十六年十月八日）と図書カードを見せていただいた。カードには「東京神保町山本書店購」とあり、購入価格が五〇〇〇円であったことも確認できた。

(13) 第一箱の残り一枚は、広開土王碑Ⅰ面拓本（水谷精拓本や水谷原石拓本ではない）と未詳の拓本二種をあわせて撮影したものであり、第三箱一二枚はいずれも水谷原石拓本を撮影したものである。第四箱三枚は、水谷原石拓本を撮影したものが一枚、後漢・楽浪郡の秥蟬県神祠碑の拓本が一枚、さらに未詳の拓本が一枚となっている。

(14) 武田幸男前掲註(7)書三二八—三三一頁参照。

(15) 武田幸男前掲註(7)書三二四頁参照。

付記

本稿は、『東京大学史料編纂所附属画像史料解析センター通信』五八号(二〇一二年七月)に発表した原稿をもとに、加筆・修正を加えたものである。

第Ⅱ部　広開土王碑拓本の年代をどう判定するか？

お茶の水女子大学本の調査と小拓紙貼り合わせから見た年代

早乙女　雅博
橋本　繁

お茶の水女子大学に広開土王碑の拓本があると知らされたのは、鷹野光行教授（文教育学部）からである。そこで、早乙女は一九九八年七月十四日午後と同年七月二十四日午後の二回に分けて、お茶の水女子大学文教育学部二号館三階の博物館学資料室に保管されていた拓本を学生とともに調査した。拓本は未表装で折りたたんで段ボール箱に収納されていた。Ⅰ面とⅡ面は折りたたまれて縦位置で一つの箱に、Ⅲ面とⅣ面も同じように縦位置で一つの箱（図1）に、合わせて二つの箱に入っていた。その後同年九月十七日と十二月一日に東京大学文学部写真室の鈴木昭夫氏に依頼して、各面の拓本の表と裏の白黒写真を上・下二段に分割して撮影した（図2・3）。一つの面の長さが約五・四メートルあるので、一度に全体を撮影することができなかった。

一九九六年二月七日から三月二十日まで東京国立博物館東洋館で早乙女が企画した「高句麗　広開土王碑拓本」展を開催し、水谷原石拓本、東京大学文学部甲本、関野貞甲本、内藤確介本を展示した(1)。展示に際し、東京大学文

図１　Ⅲ面、Ⅳ面収納状態（1998年早乙女雅博撮影）

学部甲本、内藤確介本はそれぞれ軸装されていたので、吊り下げるだけでよかったが、水谷原石拓本は未表装なので傾斜台に置いて、隅を桟で留めて固定することにした。その展示作業のなかで早乙女は拓本の裏面を見る機会があり、一枚の紙ではなく小さな紙を何枚も貼り合わせていることがはっきり観察できた。この小さな拓本の紙を小拓紙と呼ぶ。貼り合わせは表にも出ているが、墨が着いて黒くなっているので小拓紙と小拓紙の境が識別しづらい。裏では紙の重なり箇所が白い線となって浮き出ているので、貼り合わせ箇所と順序が明確に読み取れる。すでに長正統氏(2)と横山昭一氏(3)がこれについて報告しているので、お茶の水女子大学本でも拓本の裏が重要と考え、裏をすべて撮影した。この段階で、拓本は武田幸男氏の「着墨パターン法」と小拓紙の貼り合わせから、長正統氏が報告した梶本益一本との類似が考えられたが、拓本を入手した経緯や年代がわからなかったため調査の報告はしていない。

その後、二〇一二年三月二十六日および九月十四日に再び調査する機会を得ることができ、橋本はこの時にはじめて拓本を見た。

お茶の水女子大学本は四面すべてが保存状態よく残っている。拓本はいずれも表装されておらず、縦三八センチ×横三一センチ程度の大きさに折りたたまれて保存されていたが、折り目の一部にかなり傷んでいる箇所もあった。広げると最も大きいⅢ面の折りたたんだ状態での厚さは一三センチである。

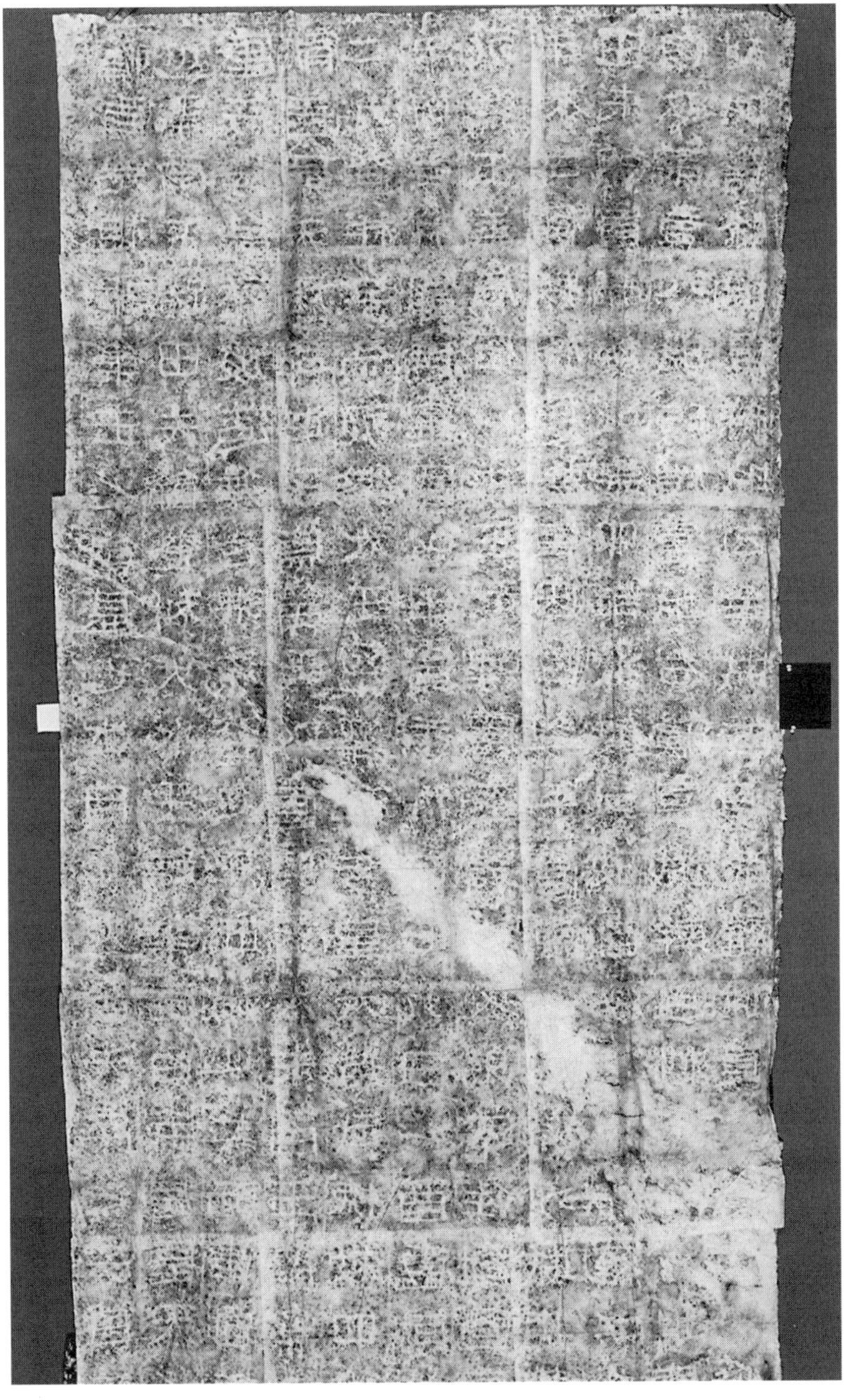

図2　I面裏上半分（一九九八年鈴木昭夫氏撮影）

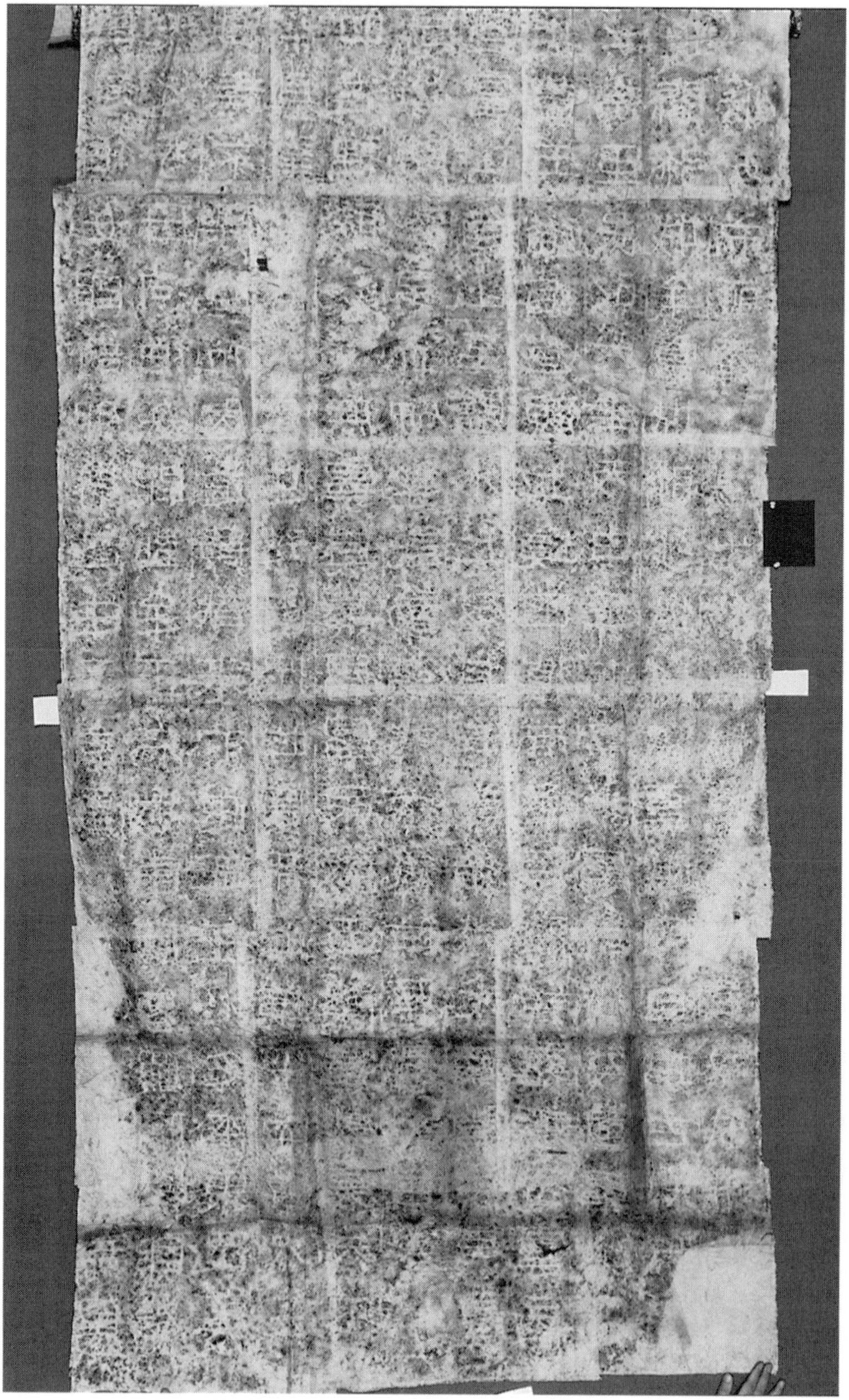

図3　Ⅰ面裏下半分（一九九八年鈴木昭夫撮影）

折りたたまれた拓本が何面のものであるかわかるように、拓本の裏面（折りたたんで表に出ている面）に漢数字が墨書されている。この墨書が、拓本をとった時になされたものか、入手してからなされたのかは不明である。なお、Ⅲ面のみ二箇所に「三」という墨書がある。

小拓紙の基本的な大きさは、縦と横が約五三センチの正方形であった。拓本の端の部分では、紙が二枚に剝がれている箇所が多いが（図4）、これについては、もともと一枚の紙であったが経年の結果で二枚に剝がれたという可能性と、拓本をとった時に小拓紙を二枚重ねて、それぞれを貼り合わせた可能性が考えられる。この拓本では、Ⅲ面の二二番目の紙（六六頁参照）が、裏面の一部（裏からみて右端列二〇字「家」）のみ三角形に小さくきれいに切り取られているので、後者の可能性が高いと考える。紙は黄色味を帯びている。

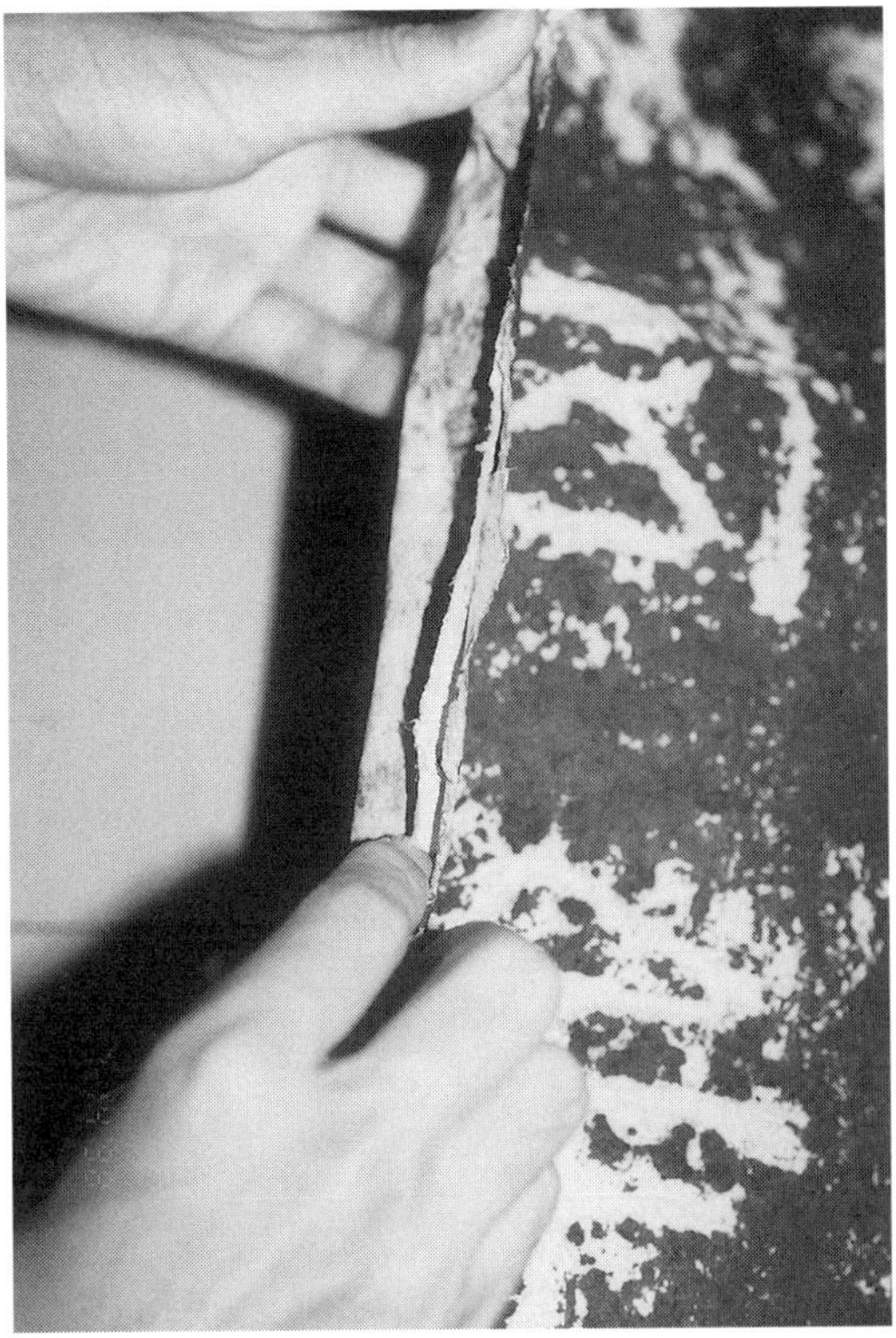

図4　Ⅱ面最左列9字〜10字
（1998年早乙女雅博撮影）

紙の表と裏はでこぼこしているが、これは碑面に密着して拓本をとったので、碑面のでこぼこがそのまま紙面に反映されているためである。碑の字画が不明瞭なところは石灰で補修されているが、拓本の裏にその石灰が付着している箇所が見られる。表装した拓本では、でこぼこが平らに延ばされ、裏も見えないので石灰の付着があるかないか不明である。その意味で、お茶の水女子大学本は学術的に貴重であり、石灰拓本であることが明らかである。

Ⅰ面

拓本全体の法量は、縦五四六センチ、横一五〇センチである。

横方向に並ぶ小拓紙を「段」と呼び、縦方向に並ぶ小拓紙を「列」と呼ぶ。文字については、右から数えた縦方向の「行」と上から数えた横方向の「字」で、拓本のなかの位置を示す。

小拓紙の貼り合わせは、左から右、上から下という順番である。ただし、最下段のみ、右から左へと貼り継いでいる。左から右へ貼っていった右端の小拓紙の幅が、各段とも基本の大きさよりやや狭くなっている。一段目右端の紙幅は、実測値で四七センチであり、基本の小拓紙を六センチほど切り取ったことがわかる。これは、碑面の幅が約一五〇センチであるため、数センチ余った部分を調整したのである。

糊代の幅は、計測値で一～三・五センチであるが、最下段上部の糊代のみ、九センチと大きくとられている。碑面に対して紙が余ったため、上の一〇段目に大きく重ねたものと考えられる。ただし、これまでの広開土王碑拓本調査によると、紙が余る場合には、右に述べた右端部分のように紙を切断して調整するのが一般的であり、切り取った紙は、つぎのⅡ面に見られるように再利用している。これは、紙が貴重であったためと考えられる。本拓本のように、大きく糊代をとって調整する例は、これまで調査された広開土王碑拓本では確認されていない。

「天」（三行二七字）「□」（四行二四字）「七」（四行二七字）「水」（七行二八字）「襄」（八行一二字）「観」（八行

二七字）の裏面に石灰が付着しており、「褭」のところの石灰は大きい。二七字と二八字の裏に見られる石灰は二七字の下方と二八字の上方に付いており、ここは小拓紙の貼り合わせ箇所にあたり、その境目に食い込んで残っている。裏面に書かれた「一」の墨書は「舊」（八行三八字）の裏にあたり、ここは折りたたんだとき一番外側にあたる。

Ⅱ面

拓本の法量は、縦五三七センチ、横は下端で一二一センチ、上端で一〇一センチである。

小拓紙の貼り合わせは、右から左、上から下である。

基本的な小拓紙を右から二枚貼り合わせた後、左端の足りない部分は、細長い紙を貼り合わせて補っている。この細長い紙は、いずれも縦が約五二センチである。基本的な紙の一辺の長さと同じであるため、Ⅰ面で述べたように、他の箇所で調整するために切り取ったものを再利用したと思われる。二列を貼って残った約二〇センチ幅の碑面を埋めるために、左列には小拓紙二三番から二五番のように横に三枚を使用した箇所もあれば、二八番のように一枚しか使用していない箇所もある。さまざまな幅に切り取った紙がストックされていて、随時使用していたと推測される。

最下段で使用されている紙は、縦が三八・五センチである。糊代を多くとって調整したⅠ面とは異なり、基本的な紙を一三センチほど切り取って調整している。

小拓紙三三番、三六番は、「王」（七行三五字）「稱」（七行三九字）の裏の一部破れた箇所に後から四角いツギを貼っている。このツギに用いた紙は二枚重ねの墨が着いた表紙一枚を利用している。「兵」（九行二九字）と「□」

（一〇行二九字）の文字の下端が横に破れているが、ここは合わせ部ではなく折りたたんで保管された時の一番外側の折り目にあたる。「客」（七行二七字）の文字の裏面に「二」の漢数字が墨書される。石灰は「其」（七行三九字）「至」（八行三八字）「那」（九行一五字）「□」（九行三四字）の裏面に付着している。

Ⅲ面

拓本の法量は、縦五四四センチ、横一八二センチである。

小拓紙の貼り合わせは、左から右、上から下である。

各段は、基本的な小拓紙を三枚貼り合わせた後、右端に幅三〇センチ弱（およそ二行分）の紙一枚を使用している。右端の糊代は二・五から四センチほどで、他の箇所と同様である。四段目のみ、右端に幅二五センチと六センチの二枚の紙を使用している。

最下の一一段目の糊代は、上部で一三センチ（およそ一字分）にも達する。Ⅰ面と同じ調整方法であり、小拓紙を切らずに貼っている。碑文の一行目には拓紙が貼られず、二行目から一四行目までに貼られたが、これは拓本をとるときに一行目の文字を認識できなかったためと思われる。以下に記す行は、碑文では二行目に見える行が拓本では一行目にあたるが、碑文の本来の行で表現する。

小拓紙二二番の左上の箇所すなわち「三」（一四行一九字）と「家」（一四行二〇字）の間は、二枚に重ねた紙の裏側が三角形に切り取られているが、なぜ切り取られたかについては、不明である。小拓紙三一番の「城」（六行三一字）の裏には一字分にも満たない小さな拓紙でツギがあてられている。この紙には黒く墨がついているので、すでにとった二枚重ねの拓紙の表紙と見られる。

Ⅳ面

拓本の法量は、縦五三二センチ、横が上端で一〇四センチ、下端で一二五センチである。

小拓紙の貼り合わせは、一～五段目までは左から右で上から下、六・七段目は右から左で上から下、八～一〇段目は左から右で上から下である。

一・二段目は、基本的な小拓紙を各段二枚ずつ使用している。三段目は、最初に左端に二七・六センチの幅の狭い紙を貼った後、基本的な小拓紙を一枚貼り合わせ、最後に幅四五・四センチの若干狭い紙を貼っている。Ⅰ～Ⅲ面で見てきたように、通常は基本的な小拓紙を貼り合わせていって最後の紙で幅を調整するが、このように最初から半端な幅の紙を使用する例は、これまでの調査では確認されていない。

四・五段目は、基本的な小拓紙を左から二枚貼った後、右端に約一八センチ幅の紙を貼っている。六・七段目では、基本的な小拓紙の貼り順が右から左と逆になり、左端に一八センチほどの細長い紙を貼って調整している。八～一〇段目では、ふたたび基本的な小拓紙を左から右に二枚貼って、最後に右端に幅二〇センチほどの紙で調整する。

最下段の一一段目は、複雑な貼り合わせ方をしている。まず、左右両端に幅が基本的な小拓紙と同じ横五三センチ、高さは三一・五センチに切り取った紙を貼る。つぎに、中央部分の空間の右側に幅一八センチ、高さ三一・五センチの紙を貼り、その左側に幅四センチ、高さ二八センチの紙を貼り、その紙の下のわずかに残った箇所に小さな紙片を貼りつけている。小拓紙一二番の「祖」（五行一九字）の裏には一字分にも満たない長方形の紙でツギをあてている。拓本の面を示す漢数字の「四」の墨書は、「王」（七行三七字）の下の裏に見える。一九九八年の調査に続き二〇一二年の調査の時にも「墓」（八行八字）「人」（八行九字）の境の裏面で石灰が確認できた。ここは小拓紙三番と五番の合わせ部にあたる。

小拓紙の基本的な大きさは、縦五三センチ、横五三センチで、碑面に貼り合わせるときは、横を切って拓本全体の幅を調整している。これとほぼ同じ大きさの小拓紙を使用しているのが、梶本益一本と内藤確介本である（本書第Ⅰ部早乙女論文参照）。そこで、この三種の拓本を比較してみたい。貼り合わせ順序でみると、お茶の水女子大学本と梶本益一本がⅠ面、Ⅲ面、Ⅳ面が左から右へ貼り、Ⅱ面は右から左へ貼る。内藤確介本は、Ⅲ面、Ⅳ面が左から右へ貼り前二者と同じであるが、Ⅰ面はⅡ面と同じく右から左へ貼る。

さらに詳しく見ていくと、Ⅰ面は梶本益一本が上から下の段まですべて左から右へと貼り合わせているのに対して、お茶の水女子大学本は一一段目のみ右から左へと逆に貼っている。いずれも整然とした貼り方である。内藤確介本は右から左へ貼っているが、五段目のみ左から右へ貼り、一〇段と一一段目は両側から貼った後に四枚の細く切った拓紙（六二頁図11の三三、三五、三六、三八）とさらに小さい拓紙（六二頁図11の三九、四〇、四一）を貼り、整然としていない。Ⅱ面は梶本益一本とお茶の水女子大学本は、各段が右から左へ貼り、左列の小拓紙の幅で調整しているのに対して、内藤確介本は五段と八段目が左から右へと逆に貼り、その段では幅の調整を右列で行っている。Ⅲ面ではお茶の水女子大学本が各段左から右へ貼っているのに対して、梶本益一本は五段目のみ右から左へ貼り、一〇段と一一段目では両側から貼った後に真中に細長い小拓紙を貼って幅を調整している。内藤確介本は二段、四段、七段、八段、九段、一〇段目が右から左へ貼り、六段と一一段目は両側から貼った後で真中を貼っていて、整然とした貼り方をしていない。一一段目の左側に一字分にあたる紙を貼って「潰」（一行四一字）を拓出しているのは、他の二種には見られない。この拓本をとる時に、字が読めて字がそこにあると確認できたため、紙を貼ったと考えられる。Ⅳ面はお茶の水女子大学本が一段から五段目と八段から一〇段目までは左から右へと整然と貼り、六段と七段目のみ右から左へ貼るが、こちらも整然としている。一一段目のみ両側から貼った後に中を細長い拓紙でうめている。梶本益一本も一段から五段目まではお茶の水女子大学本と同じ貼り方をするが、六段目より下は右から左へと逆に貼る。そのうち九段目は両側から貼った後に中をうめている。この手法はお茶の水女子大学本の一一段目にも見られる。

三種の拓本を比較すると、一定の方向の貼り方を最もよく保っているのがお茶の水女子大学本である。Ⅱ面の左列の細長く切った拓紙による幅の調整でも貼り合わせ順は守っている。内藤確介本は最も乱れていて各段を同じ順序で貼った拓本の面はない。武田幸男氏の類型によるとお茶の水女子大学本（小拓紙三類）はC2-3類型に属し、これと同じ類型に属する鈴木宗作本は小拓紙の大きさが縦約一一〇センチ、横約五六センチであり、鈴木宗作本と小拓紙の大きさが同じ拓本に東京大学東洋文化研究所本（小拓紙四類）がある。東京大学東洋文化研究所本の貼り合わせは、Ⅰ、Ⅲ、Ⅳ面が左から右、Ⅱ面が右から左であり、お茶の水女子大学本と同じである。一方、これとは異なるC1-2類型に属する関野貞甲本と同じ大きさの小拓紙をもつ関野貞乙本の貼り合わせは、Ⅰ、Ⅱ面が右から左、Ⅲ、Ⅳ面が左から右であり、同じ類型に属する今西龍本もⅠ、Ⅱ面が右から左、Ⅲ、Ⅳ面が左から右である。石碑のⅡ面は左上が欠けて文字が書かれていないので、一行すべてが縦にそろう右側から小拓紙を貼りはじめ、左列は紙の幅を切って調整したと考えられる。すべてを調査してはいないが、Ⅱ面の貼り合わせ順序は石灰拓本に共通するといえよう。C2-3類型とC1-2類型で異なるのは、Ⅰ面の貼り合わせ順序であるが、C2-3類型の内藤確介本のみⅠ面はC1-2類型と同じである。このように見てくると、小拓紙の貼り合わせ順序は、武田幸男氏の類型と筆者の類による分類に対応せず、むしろ類型や類を超えて共通することがわかる。

拓本の紙からの分類を考えた場合、小拓紙の大きさによる分類が最も有効である。その上で同じ類に属する拓本を貼り合わせ順序から見ていくことにより、細分が可能である。お茶の水女子大学本は小拓紙三類に属し、その中でも九州大学中央図書館が所蔵する梶本益一本に近い。

註

（1）東京国立博物館『高句麗　広開土王碑拓本』一九九六年。
（2）長正統「九州大学所蔵好太王碑拓本の外的研究」（『朝鮮学報』第九九・一〇〇輯合併号、一九八一年）三七―九〇頁。
（3）横山昭一「目黒区所蔵拓本の採拓年代と外的特徴」（『目黒区所蔵　高句麗広開土王碑拓本写真集』目黒区守屋教育会館郷土資料室、一九八九年）三八―四八頁。

「石灰拓本」着墨パターン法と「お茶の水女子大学本」

武田幸男

一　「広開土王碑」墨本の三類型

1　各種の「広開土王碑」墨本

一八八〇年に発見された「広開土王碑」は、原石本来の深い亀裂や立碑以後の激しい風化に対処して、その時々に、それぞれの意図をもって、多種多様な墨本が作られた。そのなかで墨本制作史上、また碑文研究史上で注目すべき墨本は「墨水廓塡本」、「石灰拓本」、「原石拓本」である（図1）。これを基本的な三類型という。(1)

そのほかに、たとえば岸田吟香がかかわった「模写本」、楊守敬の手になった「双鉤本」、高麗神社が所蔵する「模刻本」など、いくつかの類型が知られていて、なかには無視できないものもあり、その実態と墨本資料としての性格の解明が待たれるところである。

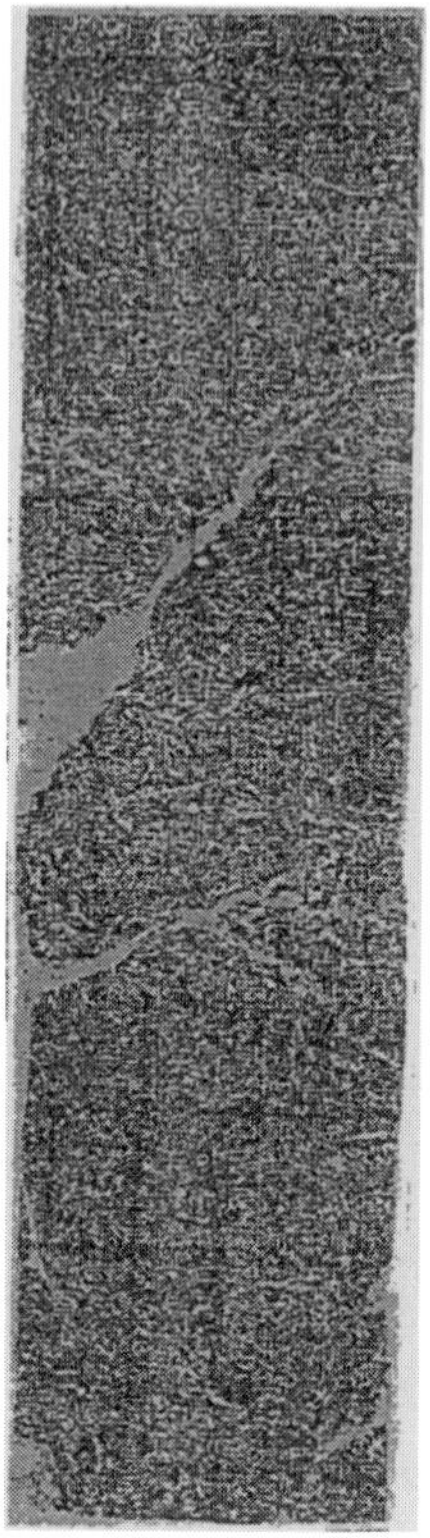
原石拓本（水谷原石拓本）

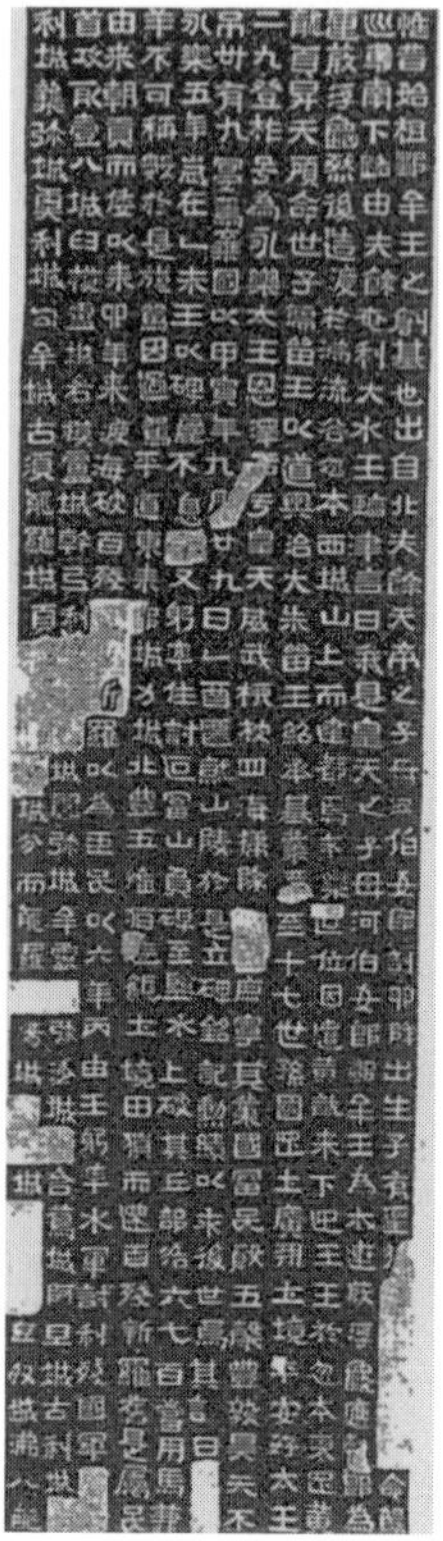
墨水廓填本（酒匂景信本）

石灰拓本（中野政一本）

図１　広開土王碑墨本の基本的三類型

2　「墨水廓填本」類型の墨本

碑文の研究史上、最もよく知られた「墨水廓填本」類型の墨本は、陸軍砲兵中尉・酒匂景信が当時の清国に派遣され、現地の輯安で取得し、一八八三年に将来した「酒匂景信本」である。中国人墨匠が碑石の発見直後から、双鉤加墨様の独特な手法の「墨水廓填本」制作法[2]により、じっくり手間ひまをかけて、模糊朦朧たる碑字を明晰な字画で写したものである。

酒匂景信本が有名になったのは、横井忠直が調査研究の成果を『(亜細亜協会)会余録』第五集（一八八九年）に掲載してからである。その当時、それがただ一つの碑文史料であり、中国・朝鮮をふくむ内外人士の関心を集め、碑文研究の最初期に圧倒的な影響をおよぼした。とくに当時の日本では近代史学の先駆者たち、菅政友・那珂通世・三宅米吉らが酒匂景信本に基づいて、二十世紀を待たずに碑文の定説的な解釈を発表し、その後の碑文研究の基本的な方向を示したのであった。酒匂景信本は王碑研究を実質的に発進させた史料であり、良かれ悪しかれ、長期にわたって唯一の碑文テキストとして用いられた。

しかし、研究史料としてみると、酒匂景信本はいくつかの問題点をふくんでいる。その当時、もともと不整形の碑石を整正四角柱と誤って想定していたことから、一三〇枚にも達する用紙を正しい順序で配列できず、文意の通じない部分が生じたことである。また、その釈文はいささか主観に流れたものがあり、誤釈の文字をふくんでいたことである。さらに、それ以外の墨本がなかったために、誤釈の文字を正す手立てを知らず、学術研究に必須の史料批判を無視せざるをえなかった。ちなみに、酒匂景信本が天下の孤本の地位から解放されたのは、近来、もう一つの「墨水廓填本」が発見されたときである(3)。

3 「石灰拓本」類型の拓本

「墨水廓填本」を継いで、最も長期にわたり、最も数多く制作され、最も広く流布する墨本は「石灰拓本」類型の拓本である。その類型独自の性格が具体的に指摘されたのは、関野貞・今西龍らが高句麗遺跡を調査した一九一三年であった。かれらは中国人拓工の採拓現場を目撃し、「石灰拓本」制作の手法をつぎのように的確詳細に記述した(4)。

十年許前より文字の周囲の間地に石灰を塗りたり。爾後毎年石灰を以て処々補修をなすと。就て詳細に調査するに文字の間地は石灰を以て塗りしのみならず、往々字画を補ひ、又全く新たに石灰の上に文字を刻せる者もあり、而も此等の補足は大抵原字を誤らざるが如し。されども絶対の信は措き難し。
彼碑面の深く欠落せる第一面の如きは泥土を以て塡充し、尚ほ四面ともに全面に石灰を塗り字形のみを現わし、字外の面の小凸凹を塡めて之を平にし、唯拓本を鮮明にすることのみ務めたり。されば、文字中全く工人の手に成るものあり、一部分の修補せるものに至りては甚だ多し。

今西氏は「此碑文を史料として史を考証せんとするものは深き警戒を要す」と警告し、ようやく「石灰拓本」の実態とその性格が知れわたり、碑文研究に一期を画したのである。

最初期の「石灰拓本」制作は、一八九〇年代初頭に溯るとおもわれる。(5)それから百二十年余りが経過した。はじめは「墨水廓塡本」の影響をうけながら、碑面に石灰を塗り、晴朗明晰な石灰文字を拓出したが、塗られた石灰は拓出するたびに剝落し、剝落部分は何度も石灰で補修された。しかし、やがて補修が剝落に追いつかず、碑面はしだいに荒れはじめ、石灰文字もしだいに模糊朦朧となってきた。

「石灰拓本」の概略は、水谷悌二郎の忍耐づよい墨本研究で解明された。(6)「石灰拓本」は「墨水廓塡本」の制作に要した複雑で膨大な手間ひまを省くため、拓工が創意工夫をこらして新たに開発した優れものである。しかし、石灰文字は「絶対の信は措き難」く、主観的な釈文の誇りを払拭できず、学術的方法論に不可欠の史料批判に対応することができなかった。

4　「原石拓本」類型の拓本

史料批判に対応できる墨本は、石灰等で加工していない碑面や、発見当時の碑字をそのまま拓出した墨本、すなわち「原石拓本」類型の拓本である。その「原石拓本」を追求し、それを初めて摘出し、それと知って初めて収蔵したのは水谷悌二郎であった。

水谷氏は大戦末期の一九四五年、米空軍Ｂ29の東京無差別爆撃のなかで「水谷原石拓本」を取得し、ただちに新たな墨本研究、碑字・碑辞・碑文の調査研究に没頭した。かれが「石灰拓本」研究に励んだのは、「原石拓本」を識別し、摘出するためであり、碑文研究の確かな基盤を構築するためであった。その意味で、学術研究の名に値する広開土王碑研究は一九五九年、水谷論文の発表から始まったといえるだろう(7)。

発見当時の碑面には、深い風化痕がきざまれ、また拓本をとるため絡みついた蔓草等を焼却した痕跡がついており、それらは「原石拓本」を始めとして、各種の墨本に刻印されている。深刻な亀裂、荒れた碑面、おぼろげな碑字の群れ。しかし、それが人工的加工の一切ない「原石拓本」の素顔であり、広開土王碑研究の根本史料にほかならない。

「原石拓本」は三類型に類別できるが、それらは碑石が発見された一八八〇年の直後から、「石灰拓本」が出現する一八九〇年頃までに制作された。現存する「原石拓本」はすでに一三本にものぼる。最も有名なのは、北京瑠璃廠の名拓工・李雲従が一八八九年に手拓したものであり、これには水谷原石拓本もふくまれる。時はいま「原石拓本」の時代であり、「原石拓本」に基づいた新しい碑文研究の進展が望まれる。

5　「広開土王碑」すり替え偽造説批判

石灰で加工された「広開土王碑」といえば、センセーショナルな碑文すり替え偽造説を記憶する人も少なくないであろう。李進熙氏は一九七〇年代初めに、つぎのように主張した。軍事探偵・酒匂景信は、現地で広開土王碑の石灰塗布作戦を展開し、意識的に碑文をすり替え、日本に都合の好い「酒匂景信本」を作製したが、日本陸軍参謀本部はその後も「石灰拓本」をすり替え偽造して、真実を隠蔽し、歴史を歪曲したのだという(8)。その当時、李氏の主張は、日本をふくめて、国際的規模で大きな反響をまきおこしたが、その余波はいまも残っているようである。しかし、酒匂景信本と同類型の「墨水廓填本」は酒匂氏が現地の集安に到着する前に制作されていたし、「石灰拓本」は中国人・初天富父子一家が拓出したものである等々、李説の論拠のなかで追認できるのは、すり替えたと特定された文字をふくめてほとんど見当らない。それはいわば論証欠如の所説である。決定的なのは、さきに述べたとおり、石灰加工の一切認められない「原石拓本」が、すでに十指に余って確認されたことである。

李説は水谷氏の「石灰拓本」研究に注目し、それを主な論拠として自説に組みこんだ。ところが、それは水谷氏の研究成果の一部分を任意に用いただけであり、論拠のないまま自在に拡大解釈し、換骨奪胎したものである。換言すれば、水谷氏が終生追及した「原石拓本」の存在を、李説は徹底して否定しつづけたのであった。学術的な広開土王碑研究は、根本史料の「原石拓本」を確認し、それを前提として始められるものである。

二　「着墨パターン法」と「お茶の水女子大学本」の類型

1　「石灰拓本」と「着墨パターン法」

「石灰拓本」は長期にわたり、多種多様な拓本が数多く制作されたが、「お茶の水女子大学本」はそのなかの一本である。私見によれば、「石灰拓本」は大きく五類型に類別されるが、さらに細分可能のものもある。筆者はかねてより、空白のままに残った石灰拓本の不着墨部分の通時的変化に着目し、骨太の「石灰拓本」類型化を試みてきた。その体系は「着墨パターン法」という(9)。

表1 「石灰拓本」不着墨パターン対照表

	第Ⅰ面	第Ⅱ面		第Ⅲ面			備考
ポイント	①	②	③	④	⑤	⑥	
C0型							
C0-1型	〔着　墨〕						④⑤⑥　第一行は数えない
C0-2型	〔不着墨ポイント一つ以上〕						
C1型	連続4〜7行	連続3行×10〜11字格	連続2〜1行×6〜4字格	連続9行	連続3行	連続7行×11字格	
C1-1型	連続4行	(10字格が多い)	連続2行×6字格				
C1-2型	連続5行	(11字格が多い)					
C1-3型	連続6〜7行		連続2〜1行×6〜4字格				
C2型	右方先端6〜8行(7行以上が多い) 左側着墨	連続2〜3行×2〜6字格(2行、5字格が多い)	〔着　墨〕	連続7行以下(5行以上が多い)	連続3行	連続7行以下×10字格以下(7行、10字格が多い)	①　稀に左側不着墨の例がある ①　極細白線右端までの例を含む
C3型	右方先端7〜9行 左側着墨	〔着　墨〕または1行×2〜4字格	〔着　墨〕	〔着　墨〕	〔着　墨〕	〔着　墨〕	①　極細白線右端までの例が多い ④⑤⑥　第一行は数えない
C4型							1945年以後の拓出

＊字格の数え方…当該ポイントの範囲内で、別行かどうかに関係なく、最上の位置を占める字格から最下の字格までの字格数。ただし、第Ⅲ面第1行(ポイント④⑤⑥)の字格は数えない。

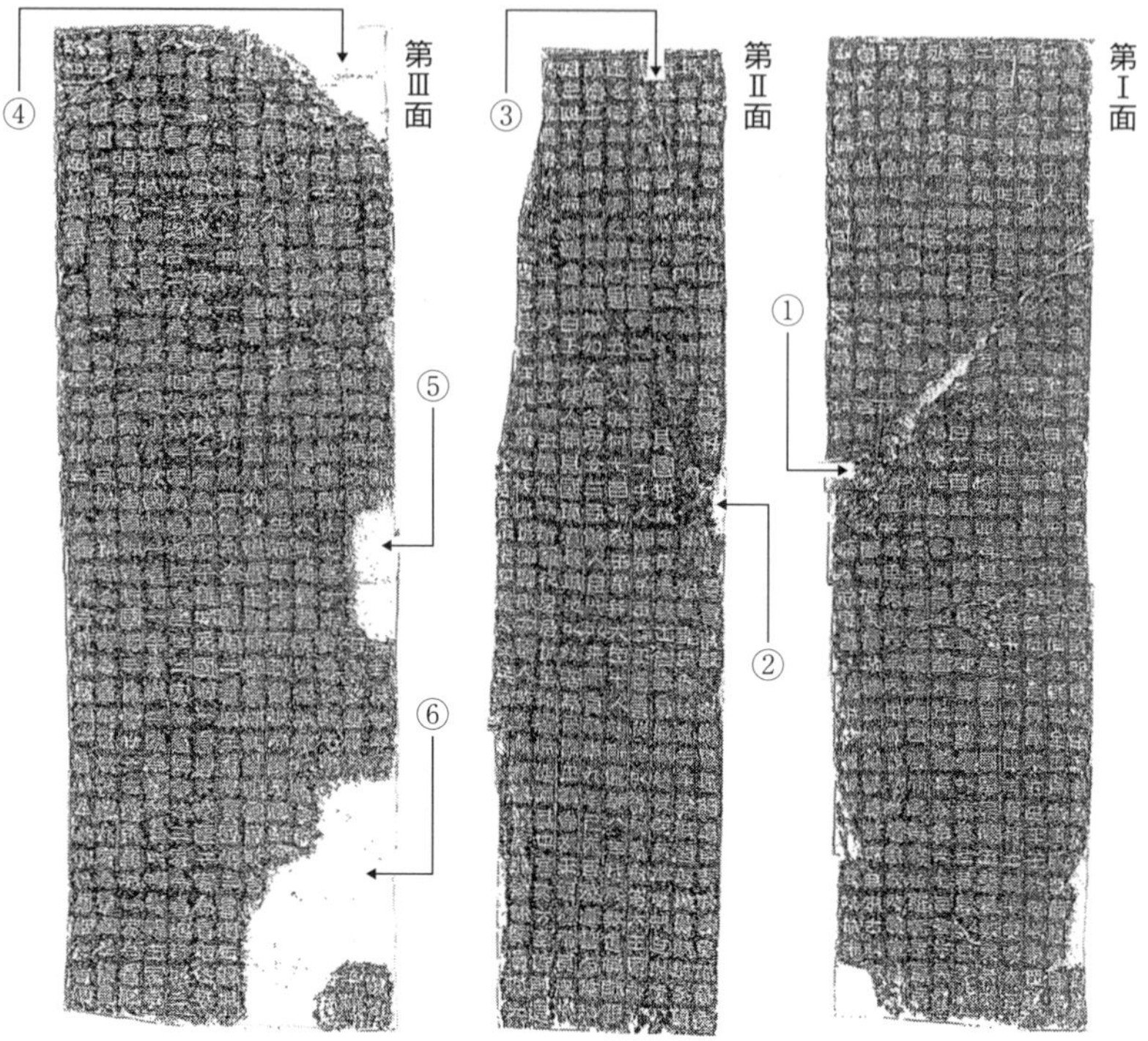

図２「お茶の水女子大学本」不着墨の６ポイント分布図

表1はいま現在の知見で整理した「石灰拓本」類型の時系列的体系、分布を特定した空白部分の6ポイント、ポイントごとの判定基準をあげて、それらの相互関係を示した「不着墨パターン対照表」である。また、図2は「お茶の水女子大学本」の各ポイントの分布情況を図示したものである。

図2に基づいて、「お茶の水女子大学本」の各ポイントの具体的な不着墨部分の様態を確認し、それを表1と照合して、該当する類型を検出してみたい。そのさい文字の点画だけでなく、文字を収めた字格全体に目配りし、とくに字格に掛かった「不着墨」部分を重視する。

2　各ポイントの照合作業

ポイント①について。不着墨部分は左側の四行目から右上に延び、その「右方（の）

先端」が七行目の「洽」〔I05-13〕に達するが、その先に「極細白線（が碑面の）右端まで」貫通する。また、左端から三行目までの着墨部分は「左側着墨」に相当する。

これを表1と照合すると、まず、「右方先端」の空白部分が「左側着墨」と断絶していて、空白の連続を規定する【C1型】に該当しない。つぎに、「左側着墨」と「極細白線右端まで」とが認められるが、これは通常【C2型】と【C3型】に見られるのであり、「お茶の水女子大学本」は二類型のどちらかに該当する。ただし、二類型の「右方先端」がともに七行目（第I面第五行）をふくんでいるので、まだ二類型のどちらかに特定するまでには至らない。

ポイント③について。完全「着墨」されていて、これは【C2型】と【C3型】とに共通する。ポイント①で指摘したことが、ここでまた再確認される。

ポイント④について。ポイント④⑤⑥はみな第Ⅲ面第一行をふくんでいるが、「お茶の水女子大学本」をふくめて、「石灰拓本」は通常その部分にほとんど着墨せず、用紙も充てなかったので、「＊字格の数え方」や備考④⑤⑥に従って、行数はカウントするが、字格数はカウントしない。さて、ポイント④の不着墨部分は、第一行をふくめて連続六行に及び、第七行目にも掛かりそうである。これは【C3型】の「着墨」規定に該当せず、規定「連続7行以下」の【C2型】だけに該当する。

ポイント⑤⑥について。ポイント⑤の不着墨部分の連続三行は、規定「連続3行」に合致する。また、ポイント⑥の連続七行×一〇字格は、規定「連続7行以下×10字格以下」にふくまれる。いずれも【C2型】に該当する。すなわち、ポイント④⑤⑥は、さきのポイント①③を加えて、みな一致して【C2型】を指向する。

内藤確介本　お茶の水女子大学本　梶本益一本

図3　三拓本・不着墨ポイント②

3　ポイント②と類型判定

しかし、ポイント②の不着墨部分はかなり微妙である。他のポイントがすべて【C2型】を指向するのにたいして、このポイントの空白部分は右端に狭められて、【C2型】の規定「連続2〜3行」よりは、【C3型】の「着墨」情況に近似するようにも見えるからである。そこで、あらためて図3により、よく似た性格の二拓本を選んで比較する。[10]

三拓本の文字群はよく似た字形であり、その周縁の小さなキズまで似たものが少なくないが、ポイント②に限って個体差が著しい。私見によれば、ポイント②は深くえぐれた「欠損部分B」の不着墨部分であり、最初期の拓工が「採拓にさいして最も苦心し、工夫を重ねた位置である」。[11]

そこで、「お茶の水女子大学本」をよく見ると、その右端に狭められた空白部分は第一行（「城敦抜」〔Ⅱ01-15〜17〕と同じ行）に掛かる。そこから左側に細い白線が突出し、カーヴを描きながら第二行の未釈字の二字格「□□」〔Ⅱ02-18〜19〕の間に、つまり第三行の「國城」〔Ⅱ03-18〜19〕の二字格の間の右側にわだかまる。本稿の不着墨部分を重視する立場からみて、これを第二行の二字格「□□」に掛かる空白部分とするならば、ポイント②は辛うじて連続二行×三～四字格となり、【C２型】の規定「連続２～３行×２～６字格」に相当することになる。

以上、６ポイントを逐一照合した結果、「お茶の水女子大学本」は【C２型】類型の拓本と判定してよいであろう。ただし、「城□」（Ⅱ01-18～19）（「お茶の水女子大学本」は「城」字を拓出していない）の間に、つまり問題の第二行「□□」の右側の間に、濃墨でやや角張った半円形様にしっかり着けられた墨痕は、いったん拓出した後に加墨された可能性が捨てきれない。もしそれが加墨痕だとすれば、ポイント②本来の空白部分はもっと広く、もっと見やすかったことになる。万一加墨痕でなく、拓出当時の着墨痕であるならば、ポイント②に限り、その着墨法はたまたま【C３型】類型に傾斜したものとみなされる。

三　「お茶の水女子大学本」の着墨情況

1　「お茶の水女子大学本」の着墨情況

ちかごろ広開土王碑墨本の類型問題にふれたさい、「「着墨パターン法」による類型・編年論は、拓本の幾つかの属性と連動しているように思われる」と指摘し、その属性として、一つは文字や字格の拓出状態、墨色の濃淡、点画の肥瘦等の着墨情況、もう一つは着墨時の用紙の枚数や層数、各面の継ぎ貼り用紙の枚数、大きさ、形状、段数等の用紙法を列挙した。さらに、「各拓本の個別的な着墨情況や用紙法にも注目し、それらの通時的位置を考察して、各種の多様な基準（属性）を集約し、総合的に判定することが望ましい」と付言した。(12)

そこで、まず「お茶の水女子大学本」の着墨情況について考察してみよう。「石灰拓本」の着墨情況の特徴は、石灰の塗布情況と剝落部分の補修情況とに現れる。「お茶の水女子大学本」の場合は、たとえば前掲図3に掲げた「内藤確介本」のポイント②の空白部分のなかで、「お茶の水女子大学本」「梶本益一本」に認められる着墨部分がそれである。ほかにも、「抜」字や「國城残」字の周囲の墨色は、これまで石灰を塗り重ねた部分に対応する。また「内藤確介本」の「残」字の右横の、極細の不連続線で囲まれた墨痕の塊は、近来石灰を塗布して修復した位置である。こうした情況は、【C２型】拓本ではごく普通に認められるものである。

さらに、図2にみるように、拓本の全面にわたって小さな白点群が認められ、あるいは所々に天地や行間を画した原碑の罫線が現れる。塗られた石灰が拓本を拓出するたびに剝落し、その剝落痕を修復する作業が追いつかず、そのため小白点が群生し、また罫線が白い不連続状となって表出したのである。

以上に見たような石灰の塗布・剝落の情況は、「石灰拓本」最盛期に制作された【C１型】拓本では稀である。それにたいして「石灰拓本」後期に入った【C３型】拓本の崩落情況ほどには到達していない。すなわち「お茶の水女子大学本」の着墨情況は、【C１型】と【C３型】との中間の位置にあり、典型的な【C２型】類型に適合する。

2　各類型から見た石灰六文字の比較

つぎに、石灰文字（石灰で点画を作った文字）とその変遷過程を中心に比較する。選択した文字は、これまで一貫して誤釈された代表的な石灰六文字である。それらの文字は、「お茶の水女子大学本」をふくめて同じ【C２型】類型に属する四拓本と、各類型から一本ずつ選択した拓本と、比較の基準となる原石拓本「水谷原石拓本」（水谷悌二郎本）との、合わせて九拓本から摘出する。それらを類型別に、つまり制作時期の前後に従って配列し、図4を作成した。ただし、「お茶の水女子大学本」をふくむ【C２型】の四拓本の配列順序は[13]、さしあたり便宜的、暫

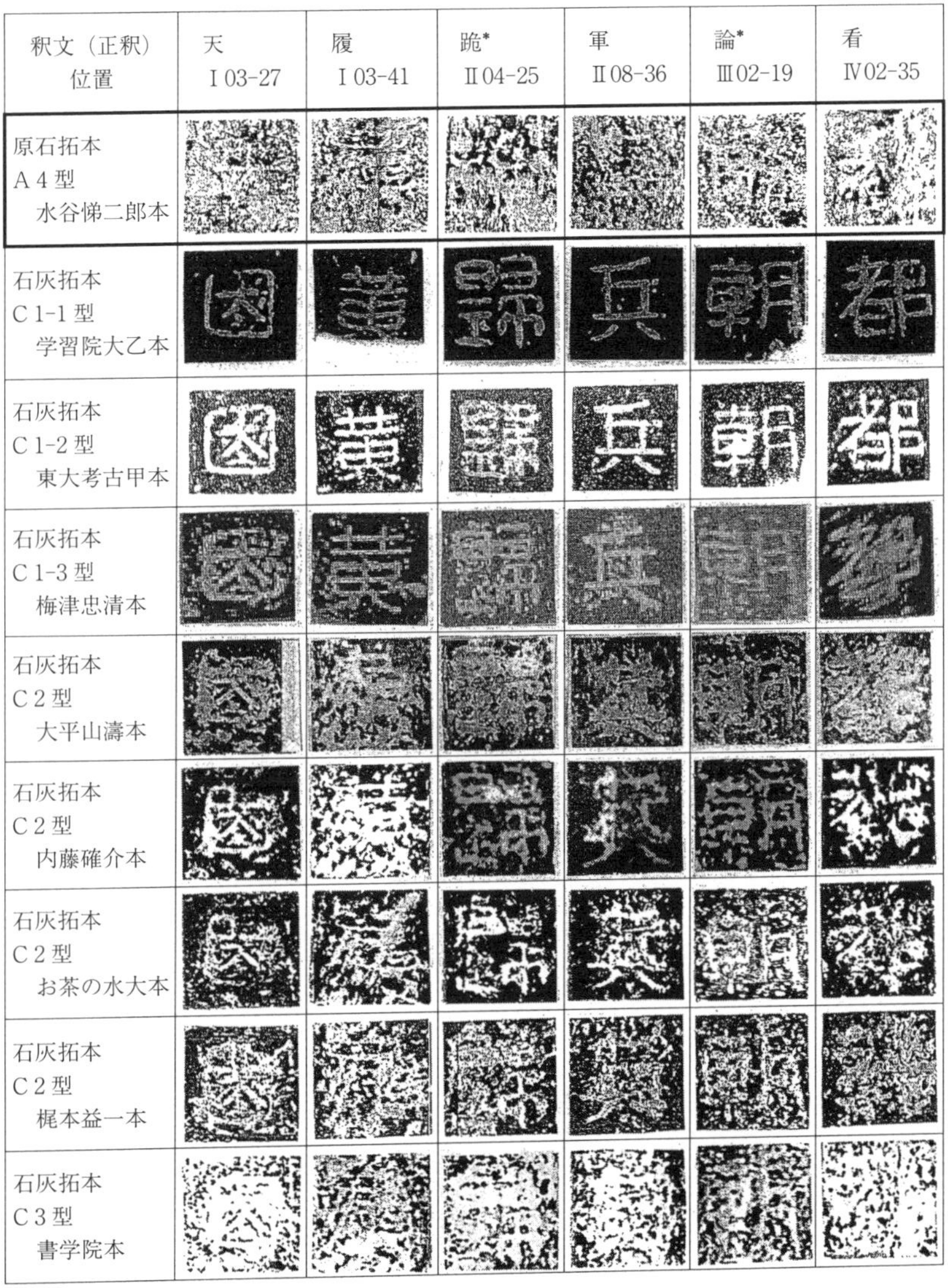

釈文（正釈）位置	天 I 03-27	履 I 03-41	跪* II 04-25	軍 II 08-36	論* III 02-19	看 IV 02-35
原石拓本 A 4 型 水谷悌二郎本						
石灰拓本 C 1-1 型 学習院大乙本	因	黄	歸	兵	朝	都
石灰拓本 C 1-2 型 東大考古甲本	因	黄	歸	兵	朝	都
石灰拓本 C 1-3 型 梅津忠清本	因	黄	歸	兵	朝	都
石灰拓本 C 2 型 大平山濤本						
石灰拓本 C 2 型 内藤確介本						
石灰拓本 C 2 型 お茶の水大本						
石灰拓本 C 2 型 梶本益一本						
石灰拓本 C 3 型 書学院本						

図４　類型別から見た石灰六文字の変遷

定的なものである。

「因」（正釈「天」）。はじめに「学習院大学乙本」の明晰な「因」の字は、「大平山濤本」に至って大きく変化する。石灰が剝落するにつれて、小白点群が出現するとともに、「因」字の「大」画の横線が上下に二分する。それ以下の拓本は、文字の右上部分が崩落するなど、それぞれの変化を見せながらも、横線二分の状態が増えつづける小白点とともに「書学院本」まで受けつがれてゆく。

「黄」（正釈「履」）。はじめ明晰に拓出された「黄」字が、「大平山濤本」に至って大きく変化する。とくに目立つのは字格の左側において、左下に向って複数の斜線がほぼ平行して走りだしたことであり、それは「書学院本」までつづく。斜線群の実体は、それらを「水谷原石拓本」と照合すると、石灰の剝落にともなって表出した正字「履」の字画の一部であることがわかる。また、字格右側の上部の右隅角において、「梅津忠清本」（金沢大学図書館本）まで明晰に拓出されていた「廿」画の左部が崩壊し、「お茶の水女子大学本」に至ってその残画も消滅する。

「歸」（正釈「跪」）。はじめ明朗だった点画が、「梅津忠清本」ではやや崩れかけ、「大平山濤本」より以後には朦朧となり、また小白点もしだいに増えてゆく。

「兵」（正釈「軍」）。最終二画の「八」形は、字形の崩れた「大平山濤本」より以後にも残ったが、それはもともと「水谷原石拓本」に存在しないものである。その末尾の二画も、「書学院本」では剝落痕の白さのなかに埋没する。

「朝」（正釈「論」）。この場合も同様である。「大平山濤本」に至って点画がゆるみ、多数の小白点が現れる。また、「月」画の左上の隅角から左上斜めに小さなキズが現れて、それが「内藤確介本」につづく。しかし、「お茶の水女子大学本」ではそれが消えて、代わって「冂」形のキズが現れる。それと同時に「月」画の右上の隅角の字画が欠落し、それがその後に伝えられる。(14) いずれも石灰の塗布、その修復に起因したキズである。「都」(正釈「看」)。これも例外ではない。「大平山濤本」では字格全面に小白点が群発し、字形は模糊となり、その後さらに朦朧化への道をたどる。

以上に比較した結果で重要なのは、石灰文字が「大平山濤本」、つまり【C2型】拓本に至って明晰明朗な文字が模糊朦朧となり、字格には一挙に小白点が増加したことである。このような大きな変化は、それ以前と以後とを分ける画期になったことを示す。たとえば、先行した【C1型】拓本の文字は容易に釈読できるが、【C2型】拓本では読みにくいか、ほとんど読めなくなり、【C3型】拓本に至ってはそれが文字なのか、どうかすら覚束なくなるであろう。

「お茶の水女子大学本」の通時的位置は【C2型】類型に適合的であることが、さきに指摘した拓本の一般的な着墨情況にくわえて、石灰六文字の変遷過程でも確認されるのである。

四 「お茶の水女子大学本」の用紙法

1 「お茶の水女子大学本」の着墨時用紙法

着墨情況につづいて、「お茶の水女子大学本」の用紙法について考察しよう。「石灰拓本」は「用紙継ぎ貼り法」に従い、碑面の上で小さな紙(継ぎ貼り用紙、基本用紙)を一層、あるいは二層に重ね、各面ごとに用紙一枚に貼り合わせて着墨し、制作された拓本である。このような用紙法は、表装時の拓紙の扱い方と区別して着墨時用紙法という。

着墨時用紙法の特徴は、主として継ぎ貼り用紙の形状やその大きさ、各面に貼った継ぎ貼り用紙の枚数と段数、継ぎ貼り用紙の継ぎ貼り順序やその方向など、継ぎ貼り用紙に集中的に表れる。「お茶の水女子大学本」の継ぎ貼り用紙の形状はおおむね五二センチ平方の正方形、枚数は四面合わせて大小一五〇枚、段数は各面共通の一一段で構成される。

いまのところ調査された拓本はまだ少数にとどまるが、上記した属性はつぎのように解釈される。まず、「お茶の水女子大学本」と同じ五二センチ平方の正方形の拓本として「内藤確介本」と「梶本益一本」とが知られるが、おそらく「山形大学本」も同じ事例とおもわれる。ここで重要なのは、これらの四拓本がすべて【C2型】類型に属することである。他の【C1型】や【C3型】の拓本の継ぎ貼り用紙は長方形か、または不定形が通例である。

また、各面一一段の構成は、「お茶の水女子大学本」をふくめた上記の四拓本に共通して認められるが、他の類型の拓本はいまのところ六段か、九段か、一〇段に限られる。正方形・五二センチ平方の用紙が各面一一段で構成されるのは、あるいは【C2型】類型に特徴的な用紙法の一つなのではなかろうか。

2　「お茶の水女子大学本」の用紙継ぎ貼り順序とその方向

つぎに、図5に「お茶の水女子大学本」の継ぎ貼り順序とその方向を示す。図表を見るときの要点は、各面の貼り始めの番号1の継ぎ貼り用紙が第一段の左端に貼られるか、右端かということ、また番号1、2、3（以下略）へと貼りすすむ方向が第二段以下のどこで変わるか、変わらぬかということである。

「お茶の水女子大学本」の貼り始めは、第Ⅰ面では左端、第Ⅱ面では右端、第Ⅲ面と第Ⅳ面とでまた左端になる。いまわかっているところでは、「お茶の水女子大学本」と同じ貼り始めの拓本は「勝浦鞆雄本」と「多胡碑記念館本」

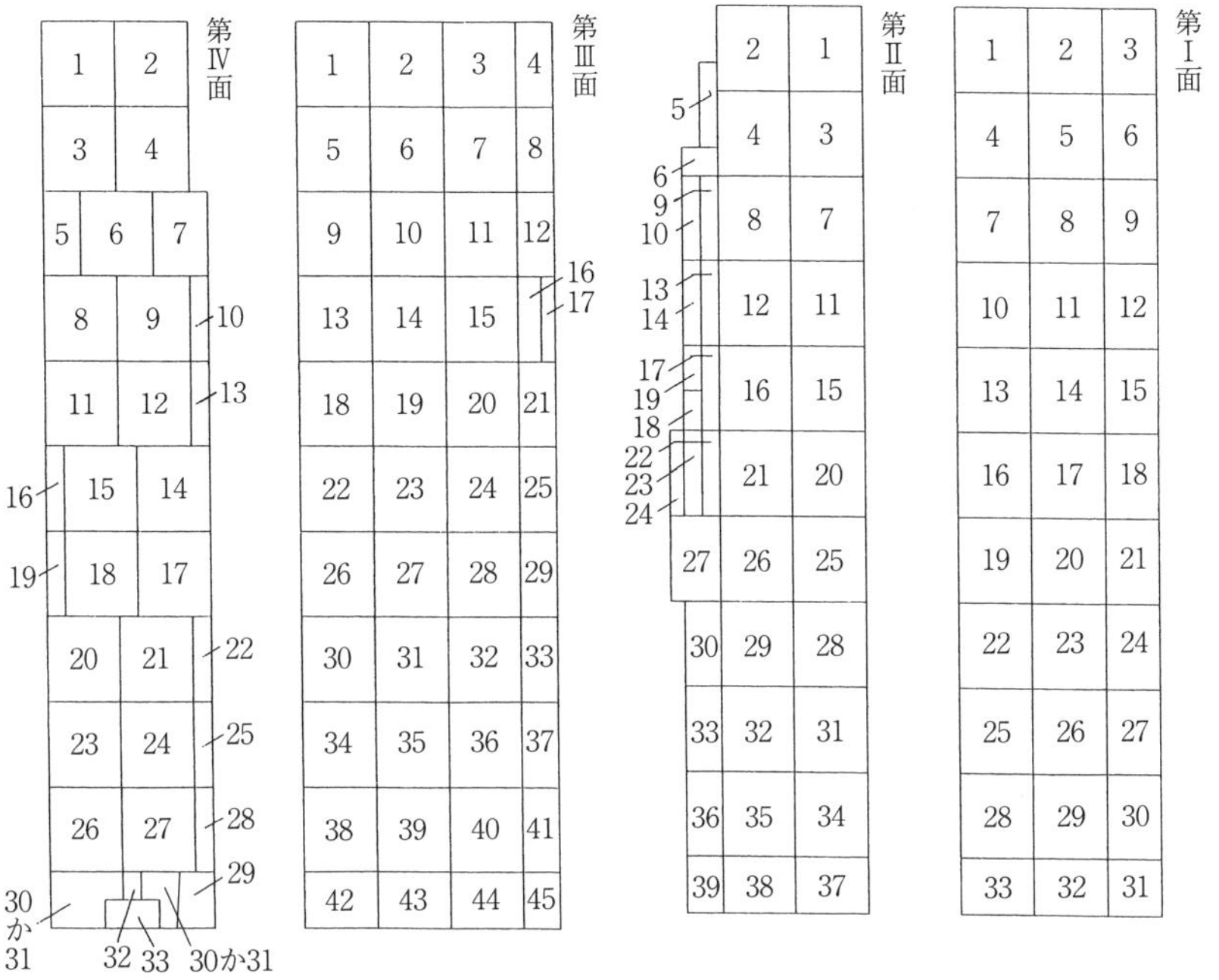

図5 「お茶の水女子大学本」用紙継ぎ貼り順序

「梶本益一本」だけである。注目すべきは、「お茶の水女子大学本」をふくむ四拓本がすべて【C1-3型】と【C2型】の類型に属することである。他の拓本は、原則として第Ⅰ面の番号1の用紙を右端から貼り始めるのであり、「お茶の水女子大学本」のように左端から始めることはない。

また、「お茶の水女子大学本」第Ⅰ面の継ぎ貼りする方向は、第一段が左端から右方向に貼りすすみ、第一〇段までつづくが、最後の第一一段で突然逆になり、右端から左方向に貼りすすむ。第Ⅱ面と第Ⅲ面では、第一段と同じ方向に貼りすすんで最後の第一一段までつづく。しかし第Ⅳ面では、第一段の方向が第六・七段で逆になり、第八段ではいったん貼り始めの方向にもどるが、最後の第一一段では左右ジグザグ状態で貼りおわる。

貼り始めの方向が途中で逆になる例は、【C

1型】拓本にもないではないが稀であり、面ごとに一定の順序で、一定の方向に貼りすすむのが通例である。ところが、【C2型】拓本では多くの段で逆方向に貼ることが常例となり、貼り方がより複雑になり、ジグザグ貼りも多くなる。

このように見てくると、「お茶の水女子大学本」の第Ⅰ面の貼り始めの位置や各面の継ぎ貼り方向は、さきに指摘した継ぎ貼り用紙の形状・大きさや各面の一一段構成など、用紙法の諸属性とあいまって、みな一様に「お茶の水女子大学本」が【C2型】類型に適合することを指ししめす。

五　「お茶の水女子大学本」制作時期の推定

1　「お茶の水女子大学本」制作時期の上限

【C2型】拓本の暫定的な制作時期については、表2が「～一九二七年頃～一九三四年前後」を示す。しかし、これは資料不足、調査不足によって暫定的なものであり、いまのところ上限の未定であることが当面の大きな問題である。また、下限についても、「お茶の水女子大学本」に即して考察する余地があろう。

まず、問題の上限については、仮定をまじえて、少しく大胆に推定してみよう。ほぼ明らかな制作期間の事例では、【C1-1型】制作開始期の一八九五年前後から、【C1-2型】終了期の一九一三年前後まで合計一八年になる。これを機械的に二分して、一類型当たりの平均年数をほぼ九年前後と仮定する。これを【C1-3型】開始期の一九一二年前後に加えれば、その下限はおよそ一九二〇年前後と算出される。この【C1-3型】の下限は、すなわち【C2型】制作時期の上限である。

2 「お茶の水女子大学本」制作時期の下限

つぎに、【C2型】の下限について推定する。その手がかりは図4の【C2型】の三拓本であり、その暫定的に配列した順序の「内藤確介本」→「お茶の水女子大学本」→「梶本益一本」である。これらの三拓本が偶々標識的拓本（制作年次や収蔵年次がわかる拓本）の「内藤確介本」と「梶本益一本」とをふくむのは、本稿にとって幸いなことである。

「内藤確介本」の収蔵時期の上限は一九二七年、下限は一九三一年と推定される(15)。とくに注目すべきは、「梶本益一本」の制作時期が一九二六年か、それより少々溯ること、また収蔵時期の下限が一九三二年と推定される(16)ことである。これらの幾つかの年次と三拓本の配列順序とを勘案してみると、「お茶の水女子大学本」の制作時期について、最長期間と最短期間との二つの下限が推定されてくる。

最長期間の下限は「梶本益一本」の一九三二年である。これによれば、「お茶の水女子大学本」は一九二〇年前後からおよそ一三年の間に制作されたことになる。他方、最短期間の下限は、「梶本益一本」の一九二六年かそれより少し前である。これによれば、「お茶の水女子大学本」は一九二〇年前後からおよそ七年か、それより少々溯ったころまでに制作されたことになる。

本稿はここまで、最長と最短の二つの時期を推定するにとどめたい。ただし、あえて一言でいうならば、「お茶の水女子大学本」は一九二五年前後の数年間に制作されたとみて大過ないであろう。

表2 「石灰拓本」類型・編年暫定表

類型	制作期間
C0型	
C0-1型	1890年代前期前半
C0-2型	1890年代前期後半
C1型	
C1-1型	1895年前後～1902年～
C1-2型	～1905年～1913年前後
C1-3型	1912年前後～
C2型	～1927年頃～1934年前後
C3型	1934年前後～1938年頃
C4型	1963年～

註

(1) 武田幸男編著『広開土王碑原石拓本集成』(東京大学出版会、一九八八年) 解説篇「広開土王碑研究の現段階」、武田幸男『広開土王碑墨本の研究』(吉川弘文館、二〇〇九年) 総論第二章「「広開土王碑」墨本類型の基礎的研究」、総論第三章「「広開土王碑」墨本との対話」参照。

(2) 拙著『広開土王碑墨本の研究』(前掲) 各論二第一章「酒匂景信本とその制作法」参照。

(3) 徐建新『好太王碑拓本の研究』(東京堂出版、二〇〇六年) 第三章「一八八一年旧蔵本の発見とその基礎的研究」参照。なお、旧蔵本の収蔵者について、徐氏は潘祖蔭とし、武田幸男「広開土王碑「李超瓊本」の来歴問題」(『朝鮮学報』二一四、二〇一〇年一月) は李超瓊とみる。

(4) 関野貞「満州国輯安県に於ける高句麗時代の遺蹟」(『朝鮮の建築と芸術』岩波書店、一九四一年) 二九六頁、今西龍「広開土境好太王陵碑に就て」(『訂正増補　大日本時代史 (古代)』早稲田大学出版部、一九一五年) 四五四—四五五頁。

(5) 最古の「石灰拓本」と想定される拓本は、徐建新『好太王碑拓本の研究』(前掲) 第六章第三節「最初の石灰拓本—天津古籍書店文運堂本の発見—」で初めて紹介された。なお拙稿「制作開始期「石灰拓本」の予備的考察」(稿本) は「文運堂本」と、それと同類型の別本とを合わせて考察した。

(6) 水谷悌二郎「好太王碑考」(『書品』一〇〇、東洋書道協会、一九五九年六月) 第一章「好太王碑墨本考」、同『好太王碑考』(開明書院、一九七七年) 所収。

(7) 水谷悌二郎「好太王碑考」(前掲)。水谷氏の「原石拓本」研究の全貌については、武田幸男『広開土王碑との対話』(白帝社、二〇〇七年) 第七章「水谷悌二郎の広開土王碑研究」、拙著『広開土王碑墨本の研究』(前掲) 各論一第二章「水谷悌二郎の「原石拓本」研究」参照。

(8) 李進熙『広開土王陵碑の研究』(吉川弘文館、一九七二年) 参照。

(9) いわゆる「着墨パターン法」は、これまで段階的に改訂増補してきたが、その経緯や過程は拙編著『広開土王碑原石拓本集成』(前掲) 二四七—二五一頁、武田幸男「「広開土王碑」墨本の基礎的研究」(『東方学』一〇七、二〇〇四年一月）、拙著『広開土王碑墨本の研究』（前掲）一一九頁に記される。
（10）「内藤確介本」と「梶本益一本」とはよく似た性格の【C2型】拓本であり、結論を先取りしていえば、「お茶の水女子大学本」もそれら二拓本と同じ類型である。
（11）武田幸男「広開土王碑「原石拓本」欠損部分の研究」（『朝鮮学報』二五五、二〇二〇年十月）一八頁。
（12）武田幸男「広開土王碑研究の諸問題」（『広開土王碑の再照明』、韓国・東北アジア財団、二〇二二年十月、三六頁）。
（13）図4に示した【C2型】の四拓本の配列順序は、決定的な資料不足、調査不足により、さしあたって便宜的かつ暫定的なものであるが、いちおう、いま現在の筆者の所見に基づいている。以下の五点に関して、私見を略記しておこう。①「黄」字右上角の残画「土」について。あとで本文でふれるように、(a)「大平山濤本」・(b)「内藤確介本」は明確な残画「土」を拓するが、それは(c)「お茶の水女子大学本」・(d)「梶本益一本」で消滅する（(a)(b)→(c)(d)）。②「因」字左上角の四角形様の点画について。(a)は不整四角形、(b)(c)は整斉の四角形、(d)では(a)とは異なる不整四角形が拓される（(a)→(b)(c)→(d)）。③「兵」字右下角の縦のキズについて。(a)(b)(c)にはまだキズがなく、(d)で現れる（(a)(b)(c)→(d)）。④「朝」字の「月」画左上角のキズについて。(a)(b)は斜めのキズ、(c)(d)では斜めのキズが消えて、縦線をふくむ「」」形の別のキズが現れる（(a)(b)→(c)(d)）。⑤(d)の石灰剝落情況について。(a)(b)(c)に比べて、(d)では小白点が増加し、石灰文字が朦朧となる（(a)(b)(c)→(d)）。以上を総合すれば、図4の配列順序に一致する（(a)→(b)→(c)→(d)）。
（14）武田幸男「広開土王碑「山形大学本（第Ⅲ面）」調査概報」（『山形大学歴史・地理・人類学論集』一三、二〇一二年三月）九五—九六頁。
（15）横山昭一「目黒区所蔵拓本の採拓年代と外的特徴」（『目黒区所蔵高句麗好太王碑拓本写真集』目黒区守屋教育会館郷土資料室編集・発行、一九九〇年）四二—四三頁。
（16）長正統「九州大学所蔵好太王碑拓本の外的研究」（『朝鮮学報』九九・一〇〇、一九八一年七月）四五、四八頁。

好太王碑拓本の編年方法とお茶の水女子大学本の制作年代

徐　建　新
（江川式部訳）

二〇一二年三月、明治大学の招聘で日本を訪問し、その間、お茶の水女子大学の古瀬奈津子先生のご好意で、同大学歴史資料館が保管収蔵している好太王碑の拓本一本を見学させていただいた。この拓本は現在お茶の水女子大学により、正式に「お茶の水女子大学歴史資料館蔵広開土王碑拓本」（以下、お茶の水女子大学本）と命名されている。そのときは時間の関係で、四面すべての拓本を見ることはできず、第Ⅰ面と第Ⅱ面の拓本を披見しただけであったが、その後まもなく古瀬先生からこの拓本の資料と図版とを受け取った。

二〇一二年七月、筆者はお茶の水女子大学で開催された「発見！お茶の水女子大学の広開土王碑拓本」国際学術討論会に招かれた。この会議にあわせ、お茶の水女子大学では拓本展示会も行われ、その展示室で、筆者は再びお茶の水女子大学本の実物を見学することができたのである。この学術討論会において、筆者は幸いにも「広開土王碑拓本とお茶の水大学本の年代」と題する論文を発表することができた。本稿は、二度にわたるお茶の水女子大学本の観察に基づき、先の論文に加筆修正を行ったものである。

一　異なる種類の好太王碑拓本

一九八〇年代後期以前の研究に比べると、今日の東アジア古代史学界は、好太王碑拓本に対してより多くの理解を得ている。伝世の好太王碑拓本には、およそ三種類の類型がある。

第一種は摹拓本で、「墨水廓塡本」(1) あるいは「双鉤塡墨本」ともいう。「墨水廓塡」あるいは「双鉤塡墨」とは、いずれも拓本を摹拓する方法を指す。摹拓本は本来「摹搨本」と書くべきである。中国古来の碑帖学用語では「搨」と「拓」の含意はやや異なる。「搨」とは書法墨跡の上を紙で覆って模写することであり、したがって「摹搨」ともいう。「拓」とは紙墨を用いて、金石の器物の上から直接その文字や図像紋飾を押し写すもので、「伝拓」ともいう。「搨」と「拓」とはいずれも文字墨跡の複製を指す言葉だが、複製の方法は明確に異なる。唐代以前では、摹搨が多く行われ、宋元以後では、伝拓技法が石刻文字を複製する際の主な手段となった。このため歴史上では「唐摹宋拓」といわれるのである。つまり宋代以前では異なる意味をもっていた「搨」と「拓」の二つの文字も、宋元以後に伝拓の方法が徐々に成熟し、摹搨に代わって伝拓が石刻文字複製の際の主要な方法となるに及んで、字義が混同されるようになり、区別されなくなったのである。(2)

伝世する好太王碑拓本の中で、摹搨の方法を用いて制作された墨本には、一八八四年に日本に持ち込まれた酒匂景信本と一八八三年に東北の地方官吏であった李超瓊が蘇州に持ち帰り李鴻裔と潘祖蔭に贈った墨本がある。このほか大東急記念文庫本も一種の摹搨本であり、その制作年代は上述の二種類の墨本より遅い（図1）。末松保和・星野良作・藤田友治等は、かつて大東急記念文庫本の詳細な調査研究を行った。(3) ここで指摘しておかなければなら

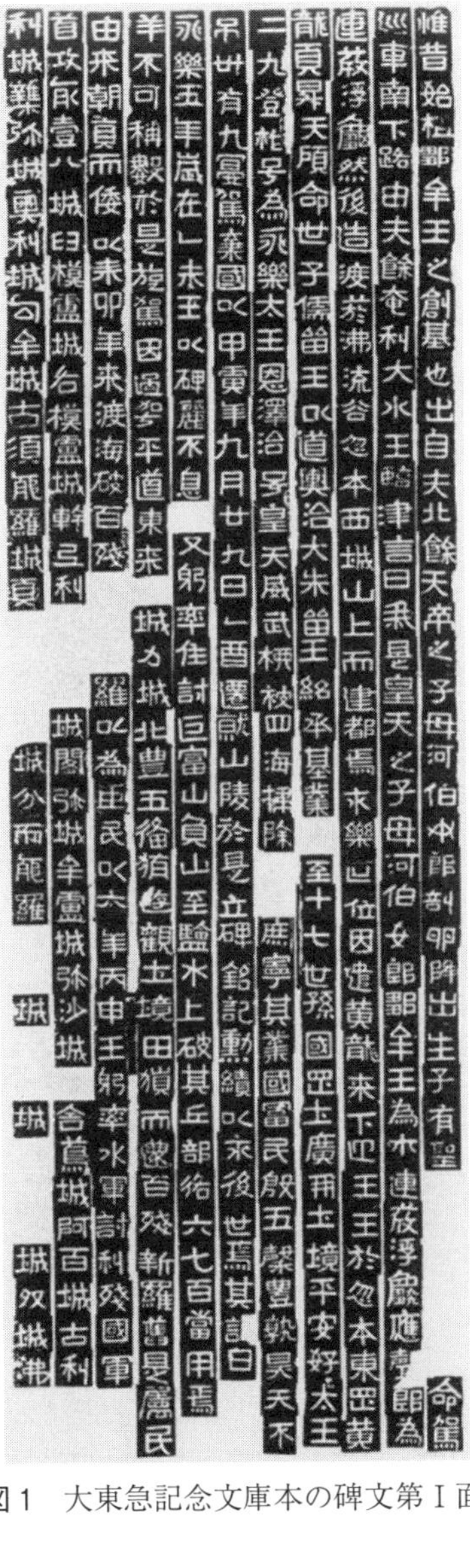

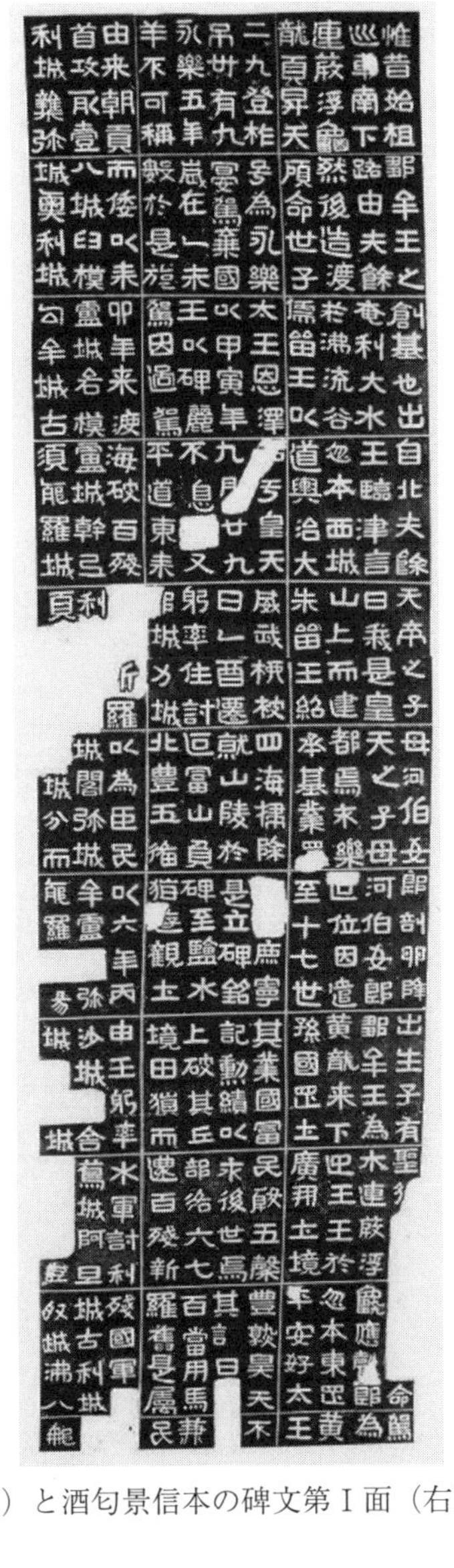

図1　大東急記念文庫本の碑文第Ⅰ面（左）と酒匂景信本の碑文第Ⅰ面（右）

ないのは、中国の金石収蔵家はつとに好太王碑の摹搨本の存在を知っていたことである。一八八四年以後のことになるが、李超瓊は懐仁県令の章樾が彼に送ってきた拓本が、一種の摹搨本であることにふれていた。

友人祥符章幼樵樾首任県事、既得此碑摹搨見貽。

（友人である祥符の章幼樵樾がはじめて県令に任ぜられ、すでにこの碑の摹搨本を入手して贈ってくれた(4)）。

第二種は「石灰拓本」で、「灰後本」ともいう。この種類の拓本は石灰あるいは黄泥を用いて碑面を補修した後に制作された拓本である。発見当初好太王碑の碑面は凹凸があって平らでなかったため、拓本をとるのは困難であった。きれいで完全な拓本を制作するために、拓工は碑面に石灰を塗り、石肌を平らに整え、同時に一部の文字を補修したのである。石灰を塗った後、碑面は平らに整えられ、拓本の制作もより容易になった。また、石灰拓本の碑字は黒白が明確ではっきりしており、真相を知らない収蔵者の要求を満足させるものであった。これ以後、好太王碑の拓本制作は量産期に入ることになる。伝世する好太王碑拓本の中で、数量が最も多いのはこの種の石灰拓本である。碑面に塗られた石灰はもろく、常に剝落した。このため現地で好太王碑の拓本を制作していた者たちは、絶えず石灰を使って碑面を補修し続けたのである。このことは、異なる時期の石灰拓本において、巨大な裂痕の跡や、碑字の字形または碑字の周囲の石花［墨が載らずに白く残った部分］（［　］内は訳者補足、以下同）に、無数の違いを生じさせることになった。

このような、石灰を用いて碑面や碑字を補修していたという事実は、のちに日本の研究者によって発見されたものである。一九一八年、日本の研究者である黒板勝美が碑前で撮影した写真には、石灰補修の状況がはっきりと記録されている。一九七〇年代、在日韓国人研究者である李進熙氏は、異なる拓本上の碑字の差異を根拠として「纂改説」を提示し、戦前の日本参謀本部が人を派遣して碑文を纂改させたのだとした。彼の説は、決して多くの研究者の賛同を得ることはなかった。しかし李氏の研究が、好太王碑の碑文と拓本の研究を大きく進展させたことも、また事実である。

第三種の拓本は原石拓本である。原石拓本の年代は石灰拓本よりも早く、石灰を用いて碑面が補修される前に制作された拓本である。一九八〇年代以後の研究によれば、原石拓本は概ね一八八〇年から一八八九年の間に制作されたとされている。原石拓本では、巨大な裂痕が碑面を貫通しており、碑字上に人口補修の痕跡はなく、現地の拓工がまだ石灰で碑面を補修しはじめていなかったことがわかる。よって原石拓本の碑字は、一二〇年前の好太王碑の姿を体現しているといってよい。まさにこの点において原石拓本は高い学術的価値を有し、研究者の注目を集めているのである。

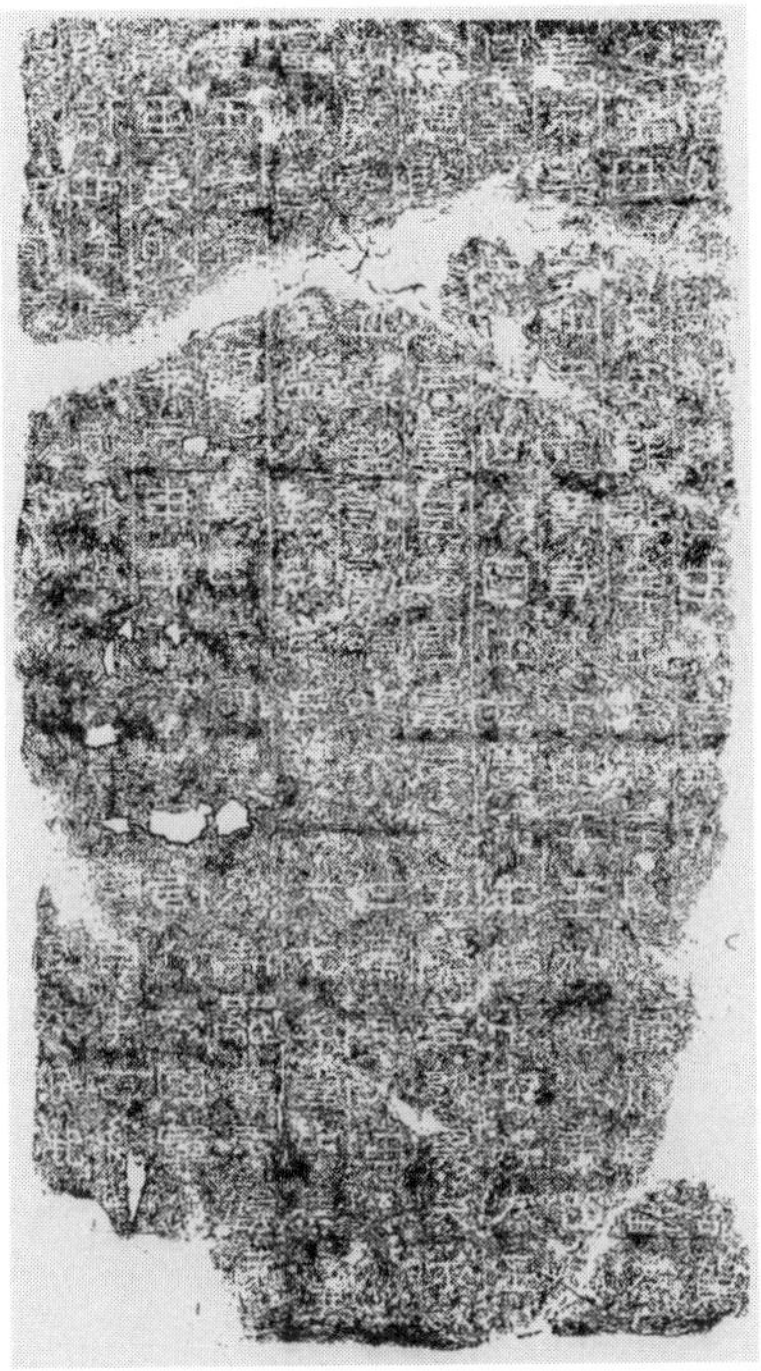

図２　北京大学図書館蔵Ｅ本（原石拓本）第Ⅱ面下段（単層紙制作　徐建新撮影）

好太王碑は千余年の風化を経ており、碑石の表面は凹凸があって平らでなく、取拓はきわめて困難である。このため最初に制作された原石拓本は、たいていすべて軽捶浅拓［軽く敲いて浅く拓出した拓本］の淡墨本である。拓本上の墨色は淡く、石花が全面に残る。また各行の碑字の間には、まっすぐに通った縦線がはっきりと確認できる（図２）。碑面の石歯が鋭いために、軽捶浅拓の方法を用いても、拓本には無数の破損が生じてしまうのである。

すでに知られている一三種類の原石拓本の中には、単層紙を用いて制作されたもの〔北京大学図書館蔵E本〔北京大学図書館E本〕、台湾中央研究院傅斯年図書館蔵乙本〔傅斯年図書館乙本〕〕や、双層紙を用いて制作されたもの〔日本の水谷悌二郎本〔水谷原石拓本〕、北京大学図書館蔵C本〔北京大学図書館C本〕〕がある。一般的には、上記の単層紙の原石拓本は比較的破損が多く、かつ字跡も模糊としている。双層紙の拓本は破損も比較的少なく、字跡も割合はっきりしている。双層紙上紙法は、単層紙上紙法の一種の改良とみてよいだろう。清末の文献記載によれば、北京琉璃廠の有名な拓工であった李雲従が、一八八九年に好太王碑を取拓した際に用いたのは双層紙であった。

これらの拓本以外にもう一種、収蔵者が注意すべき拓本があり、それが摹刻本である。摹刻本は「翻刻本」ともいう。摹刻本は原刻の文字を他の材料（石板・木板・紙板）の上に複製翻刻して制作した拓本のことである。よって摹刻本は原石から制作された拓本ではない。摹刻本と摹搨本とは異なる方法で制作されたものであり、両者は簡単に区別できる。摹搨本は直接双鉤塡墨して作られており、捶拓した後に残る字口は確認できないが、摹刻本は捶拓の字口が確認できる。石刻の凸凹した表面を捶拓すると、着墨されない白い部分が拓本上に多く残される。これを石花といい、摹搨本上には石花がないが、摹刻本上には人工的に造られた石花がいくつか認められる。指摘しておかなければならないのは、摹刻本はおよそ原刻の文字を正確に復原したものではなく、ひどいものになると原刻と全く異なる文字が見られる場合もあり、その研究価値や収蔵価値は、原石によって制作された拓本とは比べものにならない、ということである。

筆者の知る所では、伝世する拓本の中で摹刻本に属するのは、北京大学図書館蔵H本〔北京大学図書館H本〕（登録編号 3021326/M：編号中のMは摹刻本であることを示す）（図3）、台湾国家図書館蔵乙種本〔台湾国家図書館

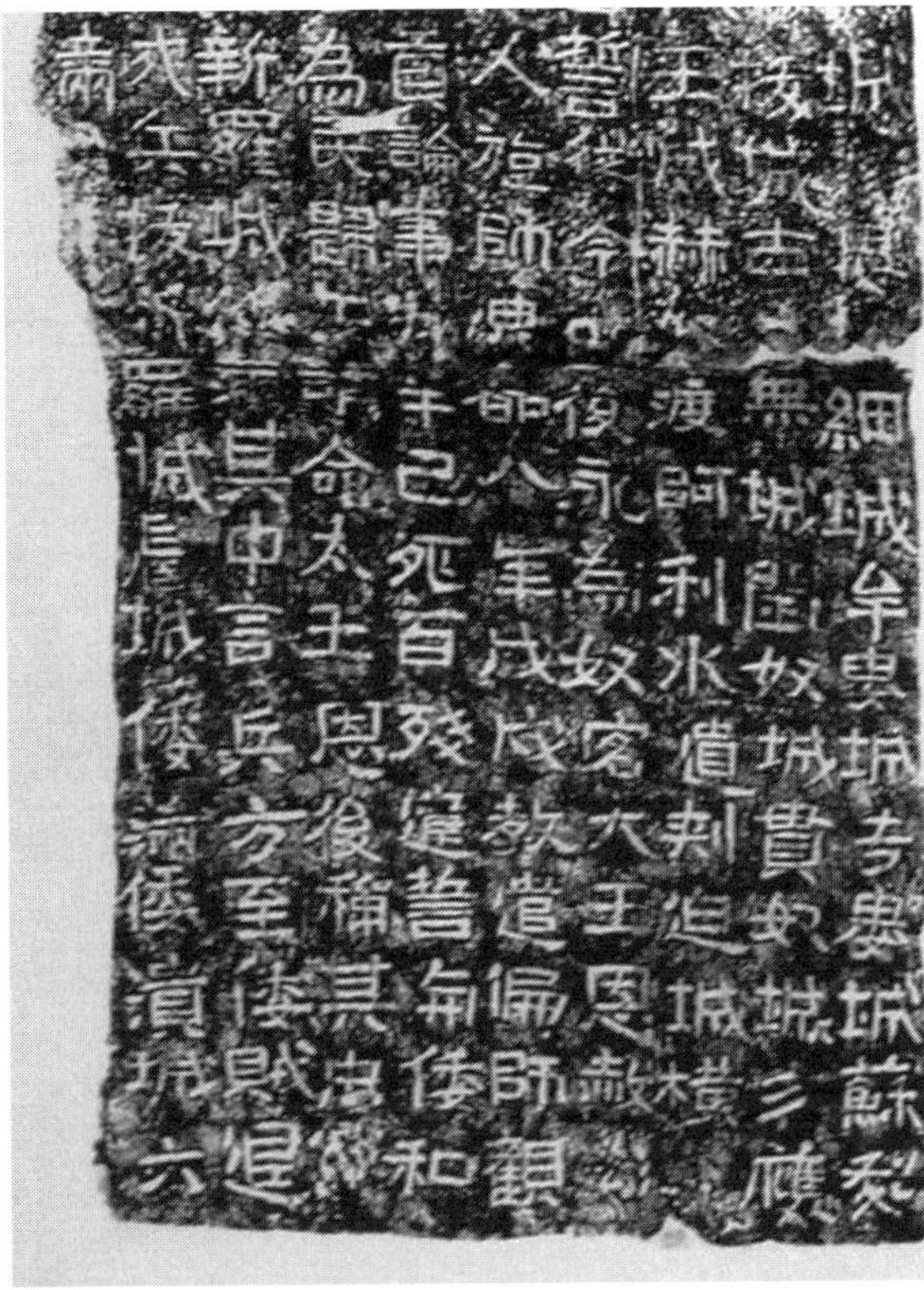

図３　北京大学図書館蔵Ｈ本（摹刻本）　碑文第Ⅱ面下部

図４　中国河北省石家荘市某氏蔵摹刻本　碑文第Ⅰ面の文字（部分）

乙本〕（登録編号3375）および、数年前に筆者が調査した中国河北省石家荘市の某氏蔵摹刻本〔石家荘市某本〕である（図4）。これらの摹刻本のうち、北京大学図書館蔵H本は黄色に変色した紙質からみて、比較的早期に摹刻されたものである。中国河北省石家荘市某氏蔵摹刻本は、比較的遅い時期の摹刻である。コンピュータ・ソフトの技術が発達した現代では、摹刻本の制作技術もますます高くなり、その精度も真に逼るものとなって、判別はより困難になってきている。

摹刻本は原刻の複製品から制作した拓本であり、真の意味での拓本ではない。この種の拓本は適宜弁別しておくことが肝要である。なぜなら真偽不明のままこの種の摹刻本を用いて釈文や書法の研究を行うことは、たいへん危険だからである。

二　お茶の水女子大学本の発見と外観調査

お茶の水女子大学から提供された参考資料によれば、このたび発見された拓本はお茶の水女子大学の前身である東京女子高等師範学校が一九二三年の関東大震災の後に購入したものである。のち拓本は校内の異なる部門によって収蔵・保管されてきた。東京女子高等師範学校が、いまのお茶の水女子大学がある文京区大塚に遷ってからは、まず歴史資料館の歴史標本室で保管されていた。一九七二年、建物の改築に伴い、拓本は一時、有名な日本古代史研究者である青木和夫氏の研究室に保管された。氏が退職した後、拓本は博物館学資料室に遷され、近年、最終的に歴史資料館で保存されるに至ったのである。

ここで、簡単にこの拓本の所感について述べてみたいと思う。

お茶の水女子大学本は濃墨重拓に属する拓本で、拓本の着墨は濃い。拓本を開いたときに強い墨臭がする。使われている墨は上等なものではなく、現地の拓工が、粗製の墨と鍋底の灰と膠水とをまぜて作ったものである。この種の墨を用いて制作した拓本は色落ちしやすく、指で触ると黒く染まる。中国金石学では、質の劣る墨を用いて制作されたこの種の拓本を「煤煙拓」あるいは「鍋煙子本」と呼んでいる。

お茶の水女子大学本の用紙はやや粗雑な皮紙である。時間の経過によって、紙の色はすでに黄色に変化している。中国の造紙技術は前漢時代に起源をもち、その後、麻紙・皮紙（楮紙）・竹紙などさまざまな種類の紙が作られるようになった。造紙技術の発展と、紙に対する社会的需要の多様化に伴い、人びとは造紙の際に各種の原料を適宜加えるようになった。そして加皮竹紙・宣紙・高麗紙・生宣・熟宣等の各類型的な紙が生まれた。清代になると、社会では主に皮紙と竹紙が使われるようになる。竹紙は軽くて薄く、すべらかで光沢があり、多く印刷書籍に使われた。皮紙は書画に多く用いられ、拓本制作にも使われた(5)。お茶の水女子大学本の用紙は一般的な宣紙に比べてやや厚めである。十九世紀末以後の好太王碑拓本には、ほとんどこの種の紙が使用されている。こうした紙が採用されたのは、この種の紙が比較的廉価であることと、そしてさらに重要なのはこうした紙が厚めで弾力性があり、取拓の際に破れにくいからである。

お茶の水女子大学本は、すでに知られている多くの好太王碑拓本と同様に、百余枚の小紙を貼り合わせて作られている。これは大紙を小紙に切り分けるやり方で、主に上紙（取拓のために白紙を碑の表面に貼ること）の便宜のために行う。好太王碑の取拓技法には、野外の岩壁上に作られた摩崖石刻を取拓する際に用いられる、いわゆる「摩崖拓」という中国の伝統的な方法が用いられている。野外の石刻は風雨の浸蝕を経て程度の異なる風化が生じており、表面が脆くなっているうえ、凹凸があって平らでないため、取拓は難しい。加えて野外では風も強く上紙も困難である。このため拓本を制作する際には大紙を小紙に切り分ける必要があるのである。(6)好太王碑の碑面の状態は、こうした状況と似ており、したがって小紙を用いた上紙の方法が採用されたのである。

伝拓技法からみると、お茶の水女子大学本はどのような方法で制作されたものであろうか。中国拓本の捶拓（つまり「伝拓」）方法には、主に「擦拓」と「撲拓」の二種類がある。擦拓とは、氈巻［フェルトを巻いたもの］あるいは撲子［綿を布で包み、持ち手の部分を糸で引き括った拓本用の道具］に墨を含ませ、碑上の紙の表面を少しずつ擦って、字跡を紙上に浮かび上がらせていくやり方で、こうした拓法は平らな碑面に用いられる。しかし碑面が平らでなく、また毀損した部分があるような場合には、擦拓の方法では原碑から良好な拓本をとることができない。このため、のちに撲拓の方法が用いられるようになった。撲拓とは、撲子を用いて正面から碑面を軽く打っていくもので、このようにすると凹凸のある碑面上の文字もはっきりと現れてくる。撲拓は「濃墨拓」と「淡墨拓」とに分けられる。お茶の水女子大学本の表面には、円形をした墨の跡を見ることができ、墨色のやや浅い部分には、伝拓工具である撲子の布紋を確認できる。したがって、お茶水女子大学本はその他の多くの好太王碑拓本と同様に、撲拓の方法によって作成されたものだということがわかる。

拓本の現存状態からみて、お茶の水女子大学本には以下のような特徴がある。第一には拓本の完全性である。お茶の水女子大学本は整幅拓本であり、全四幅で、各幅はそれぞれ五〇センチ四方の小紙を数十枚連接して作られている。拓本をみれば、拓工の技術がかなり熟練していたことがわかる。拓本上の着墨は均一で、第Ⅲ面第一行がまるまる未拓である以外は、碑面に文字がある部分もない部分もすべて拓出されており、漏拓部分はみられない。第二には碑字が鮮明ではっきりしていることである。濃墨重拓であるため、この拓の字口ははっきりしており、碑字も十分に鮮明である。第三には保存状態が良いことである。お茶の水女子大学本の保存状態はきわめて良好で、拓本上の破損部分は少なく、この拓本の保管が非常に良かったことがうかがえる。おそらくこの拓本はこれまでほとんど開かれたことがなく、よって碑字の部分に墨浸［墨うつり］が生じることも少なかったのだろう。これらの特徴から、お茶の水女子大学本は高い鑑賞性をもつ一本であるということができる。

三　好太王碑拓本の編年方法

お茶の水女子大学本には題跋が残されておらず、拓本上には来歴の手掛かりとなるような文字記録は一切残されていない。では、お茶の水女子大学本は一体いつ頃制作された拓本なのか、またすでに知られている好太王碑とどのように異なるのだろうか。

お茶の水女子大学から提供された参考資料によると、今回発見された拓本は、お茶の水女子大学の前身である東京女子師範学校が、一九二三年の関東大震災の後に購入したものである。その資料によれば、東京女子高等師範学校は一九三〇年代に満洲（中国東北地方）および朝鮮半島方面への修学旅行を組織したことがあるという。東京女子高等師範学校が拓本を購入した時期と、この拓本が制作された年代とは何かしら直接的な関係があろう。しかしながら、お茶の水女子大学本が購入された時期が、一九二〇年代前期なのか、一九三〇年代以後なのかについては、現時点では判断できない。この拓本の性格や制作年代を知るためには、その他の拓本編年法を借りる必要がある。

お茶の水女子大学本の制作年代について判断する前に、これまでの好太王碑拓本の編年研究について、簡単に回顧しておきたい。

不完全な統計ではあるが、現在東アジア各国に流伝している好太王碑拓本は少なくとも一一〇種類に及び、これらの拓本は中国・日本・韓国・中国台湾・朝鮮等の地に分散しているが、その多くは制作年代に関する記録が残されていない。新たに見つかったお茶の水女子大学本も同様である。学界が好太王碑拓本の編年研究を重視するのは、好太王碑の真相を明らかにするために、拓本の編年研究が重要な意義をもつからである。これまでの長年の研究によって、研究者はつぎのような認識をもつようになった。すなわち、好太王碑が発見された後、碑石はある時期に石灰による補修を受け、のちに石灰の剝落によって、原碑の文字が徐々に現れるようになった。各時期の拓本がそれぞれ異なる面貌をもつのは、碑石のこうした変化の過程が具体的に反映されているからだ、というものである。こうした基本的な事実については、研究者の間に異議はない。しかし、伝世する各種の好太王碑拓本はすべて異なる時期に制作されたものであり、どのような方法や基準を用いて、これら多くの好太王碑拓本を編年すべきであるのかという問題については、研究者の見解は必ずしも一致していない。

好太王碑の異なる時期の拓本について最初に編年を試みたのは水谷悌二郎であった。その後何人かの研究者がそれぞれの編年案を提示した。研究史上の主な案としては、水谷悌二郎の編年（一九五九年）、李進熙の編年（一九七二年）、王健群の編年（一九八四年・一九八五年）、武田幸男の編年（一九八八年・二〇〇四年）、白崎昭一郎の編年（一九九三年）、朴真奭の編年（二〇〇一年）、耿鉄華の編年（二〇〇四年）、徐建新の編年（二〇〇六年）がある。水谷悌二郎は拓本の編年研究を通じて、酒匂本等の双鉤廓塡本は正式な拓本とはいえないことを明確に指摘している。そして同時に、彼は石灰補字以前に作成された原石拓本を、最も早く学界に提供した。これがすなわち、現在日本の国立歴史民俗博物館に収蔵されている水谷拓本〔水谷原石拓本〕である。(7) 水谷悌二郎の拓本編年の中で、後に論議を引き起こした問題が、一八八九年に李雲従が制作した拓本を彼が石灰拓本と認めてしまったこと、具体的にいえば、それを石灰剝落時期の拓本と見てしまったことである。水谷のこの判断は、のちに李進熙の編年研究に影響を及ぼすことになった。一九七二年以後、在日韓国人研究者の李進熙は、積極的に水谷の編年研究の成果を参照し、拓本の編年問題についてさらに研究を行った。そしてその研究に基づき、彼は拓本上の碑字の変化を根拠に、戦前の日本参謀本部が碑石に対して「石灰塗抹作戦」を行ったとした。これが有名な「纂改説」である。(8)この見解は、当時の日本学術界に大きな衝撃を与えた。李進熙の拓本編年研究は「纂改説」を提示する重要な根拠となったといえよう。

一九八〇年代以後、中国と日本の研究者は新たな拓本編年研究を開始した。この時期の編年研究の主な動機と研究の特徴は次のようなものである。①李進熙の提示した「纂改説」問題に対する検証と回答。②石灰塗抹以前の早期拓本、いわゆる原石拓本の捜索と鑑定。③拓本編年の客観的な基準の確定。この時期の主要な研究成果には、王健群と武田幸男の研究がある。王健群の研究は李進熙が提示した纂改説を否定し、原碑の詳細な調査を通じて、新たに釈読された碑字を提示した。彼の研究成果は東アジアの学術界において広く関心を集めた。(9)武田幸男の研究は、拓本編年の客観的指標を確定させ、原石拓本を認定するうえで重要な進展をもたらした。武田氏の研究は東アジア各国の金石文献と原始記録を参考に、拓本の着墨状態に基づいて編年を行ったものである。彼のこうした編年方法は「着墨パターン比較法」と呼ばれている。武田氏の研究は、拓本そのものが提供する情報を利用することによって、編年方法に対する研究のあり方を追究するもので、その後の編年研究に大きな影響を与えることになった。

後の研究者たちは好太王碑拓本の編年方法について、さらに新たな探究を行った。一九八〇年代以後に提示された主な編年方法にはつぎの三種類がある。①武田幸男が提示した「着墨パターン比較法」、②早乙女雅博が主張する「小拓紙貼り継ぎの比較法」、③筆者が主張する「碑字字形比較法」、である。

以下、筆者が主張する「碑字字形比較法」について説明をしてみたい。

現存する好太王碑拓本は、そのほとんどの拓本で、制作年代に関する記録が残されていない。研究者は仮に、ある基準を設けて拓本の編年を判断するのだが、これにはたとえば拓本上の碑字の変化を利用する場合がある。とくに碑字の毀損状態から拓本の順序の先後を判断することがあるが、これはもともと金石学では広く採用されてきた方法の一つである。しかし、かつてこの種の方法を用いて好太王碑拓本の編年を行おうとした人びとがいたが、決して好ましい結果は得られなかった。具体的にいえば、伝統的な金石学の拓本編年方法では、字体が鮮明でかつ完全な拓本を初拓本とみなし、碑字が模糊としていたり毀損していたりする拓本は晩出の拓本とみなされる。しかし、こうした慣習的な知識を安易に好太王碑の拓本編年に適用しようとすれば、正確な結論は得られない。なぜなら好太王碑は発見後、何度も人為的な石灰補修を受けており、各補修後には、碑字が全く鮮明なものになっているからである。よって碑字が完全ではっきりしているものが、必ずしも初拓本であるとはいえない。

「碑字字形比較法」とそれ以前の碑字比較法との相違点は、異なる時期の碑字の基本的な筆画が完全であるかどうかだけではなく、異なる時期の字形の変化についても重視したことにある。「碑字字形比較法」の拓本編年における有効性は、以下の原理に基づく。各時期の拓本を子細に対比することによってわかったのは、好太王碑の石灰で補修された碑字では、その異なる時期の筆画の具体的な形状すなわち字形は、同じとは限らない、ということである。同じ碑字でありながら、異なる時期の拓本で字形に変化が生じてしまった主な原因は、拓工が碑字に何度も補修を施したためである。拓工が石灰を用いて碑字を補修する際には、たいてい碑字の基本的な筆画の一致に留意しただけであった。つまり拓工は碑字を修復する際に、修復した碑字の字形が前回の補修と同じであるかどうかには関心を持たなかった。実際に当時の技術では、いくら今回の補修後の字形を前回のものと完全に一致させようとしても、到底不可能であっただろう。このようにみてくると、石灰補修の碑字は、ひとたび石灰の剝落が起これば、その字形は複製不可能となるのである。よって石灰補字により残された字形の特徴は一時的なものであり、それぞれの石灰補字はすべて、前回補修の際の字形と完全に一致させることはできなかった。石灰補修碑字の字形がもつこうした特性が、拓本編年の客観的根拠となりうるのである。

「碑字字形比較法」を用いて拓本を編年する際には、以下の二点に注意しなければならない。まず「碑字字形比較法」は完全に独立した編年方法ではなく、この方法を用いて編年を行う際には、すでに制作年代が判明している拓本を編年の基準としなければならない点である。その他関係する歴史文献の記載や着墨の特徴、紙の年代、上紙の方法等の面での調査結果を参照する必要がある。つぎに、一つの碑字を比較するだけでは編年の結論を得ることはできず、多くの碑字の比較結果を総合することで、正確な結論を導き出すことが可能となる点である。たとえば、一八九〇年以前に制作された原石拓本と、一九三〇年代以後の石灰が徐々に剝落した拓本とでは、多くの碑字の字形で似通った特徴がみられるが、しかしこれら二種類の拓本の性質は同じではない。もし各碑字の比較を根拠とするだけなら、二種類の拓本は年代が近いと結論されてしまうことになり、正確とはいえないのである。

すでに知られている好太王碑の拓本の中には、その制作年代を知る手掛かりを持つものが幾つかある。こうした手掛かりには、拓本上の題跋、金石収蔵家による著作や記録・手紙、研究者の調査報告や旅行者の記録などが含まれる。これらの文献記録は、今日研究者らが拓本の制作年代を推測する際の手助けとなっている。こうした拓本の制作年代の推測およびその判断には、以下の二つの異なる性質をもつ編年が含まれる。一つは、文献記録に基づいて正確な拓本制作年代を知ることができる場合であり、筆者はこの種類の年代を「絶対年代」と言っている。たとえば、現代中国の著名な拓工である張明善氏が一九六四年一月二十日に中国国家文物局に提出した報告書によれば、張明善拓本〔張明善手拓本〕は一九六三年九月十四日から十月十六日の間に制作されたものであることが確実にわかる。もうひとつは、購入・収蔵・著録や拓本出版の記録から、その拓本が制作された年代の下限を判断できる場合である。得られた情報だけでは拓本がいつ制作されたのかはわからないにしても、拓本がいつ頃までに作られたのかについては、知ることができる場合がある。筆者はこの種類の年代を「相対年代」と呼んでいる。たとえば北京の王少箴旧蔵本〔王少箴本〕は、一九一七年に姚華が書いた題跋から、制作年代が一九一七年を下らないことがわかっている。また楊守敬の「高句麗広開土好太王談徳碑跋」の一文には、楊守敬蔵本〔楊守敬本〕が一九〇二年にその友人曹廷傑から贈られたものであり、その制作年代が一九〇二年を下らないことが推測できるのである。とはいえ、これら二つの拓本が一体いつ制作されたのかについては、さらなる研究を待たなければならない。いずれにせよ、絶対年代のわかる拓本でも、相対年代しかわからない拓本でも、拓本年代の基準性をもつ拓本であることに変わりはない。

「碑字字形比較法」を用いて行われる編年の具体的な方法は、まず絶対年代あるいは相対年代のわかる拓本を用い、それらを編年の基準性をもつ拓本とし、その後、年代不明の拓本の碑字の拓出状態に基づいて、これらの拓本との比較を行う。こうしてようやく異なる時期の拓本を排列することができる。同一時期の拓本については、碑字の残損状況に基づいて、さらに同一時期のものどうしで先後の順序に配列することができるのである。

四　お茶の水女子大大学本の制作年代

お茶の水女子大学本と石灰塗抹を経ていない早期の原石拓本とを比べると、着墨状態や碑字の形態には明らかな違いがある。このことから、お茶の水女子大学本が石灰拓本の一種であることは疑いない。しかし、どの年代の石灰拓本であるのかについては、さらに分析が必要である。そこで特徴的な拓本のいくつかを択び、お茶の水女子大学本との比較を試みた。

以下、まず比較に用いた拓本について簡単に紹介しておきたい。

①酒匂景信本。摹拓本、また墨水廓塡本・双鉤塡墨本ともいう。摹拓時に百三十余枚の小紙を用いており、それらを貼り合わせて四幅に表装している。一八八三年に、日本参謀本部の情報収集活動に従事していた軍人・酒匂景信が現地で入手し、一八八四年に日本に持ち帰った。制作年代は一八八三年かその直前である。現在は東京国立博物館に所蔵されている。「酒匂本」と簡称する。

②北京王少箴旧蔵本〔王少箴本〕。原石拓本。整幅本、全四幅。掛け軸に表装されており、単層紙、淡墨煤煙拓。この本はもと北京の収蔵家王維城（字は少箴）の旧蔵で、現在はその家人が所蔵している。拓本上に一九一七年の姚華の題跋がある。この本の面貌は北京大学E本、台湾中央研究院傅斯年図書館蔵乙種本〔傅斯年図書館乙本〕ときわめて近く、これらの拓本と日本の水谷拓本、北京大学諸本とを比べると、字跡が模糊としていて、着墨もより浅淡である。私は、王少箴旧蔵本は原石拓本の中でも比較的早期の拓本で、制作年代は一八八九年以前であろうと推測している。「王氏蔵本」と簡称する。

③天津古籍書店文運堂旧蔵本〔文運堂本〕。石灰拓本。剪裱本、全四冊。単層紙、煤煙拓。墨色は浅淡で、題跋はなく、「受自所蔵金石」の収蔵印がある。天津古籍書店文運堂の旧蔵で、のち競売にかけられ、現在は韓国独立博物館が所蔵している。筆者は該本の碑字の比較研究から、この本の取拓年代は原石拓本と内藤湖南本の間にあるとみている。そして、これまでに知られている石灰拓本の中で最も早い一本と断定しており、その年代は一八九〇年代初めの数年間と推測する。

④内藤湖南旧蔵本〔内藤湖南本〕。石灰拓本。整幅本、全四幅。単層紙、煤煙拓。着墨は濃重で、題跋はない。日本の東洋史研究者である内藤湖南の旧蔵で、現在は京都大学人文科学研究所が所蔵している。内藤湖南本には拓本制作年代の記録は残されておらず、内藤がどこからこの本を手に入れたのかはわからない。筆者はかつて内藤湖南本の制作年代は一八九四年前後ではないかと推測したことがある。この判断は、内藤湖南が所蔵していた好太王碑写真に対する李進熙の研究と関係がある。李進熙は、内藤湖南所蔵の写真は、一九〇七年四月に撮影されたシャバンヌの写真や、一九〇五年に鳥居龍蔵が撮影した写真よりも早く、その撮影時期はおよそ一九〇五年夏季とみていた⑽。しかし、筆者はさらなる碑字の比較研究を通じて、内藤湖南本は一九〇五年夏季に撮影された内藤湖南の写真より早く、一九〇二年以前に制作された楊守敬本より早い時期のものであることを指摘した⑾。内藤湖南本の写真は、李進熙『広開土王陵碑の研究・資料編』（吉川弘文館、一九七二年）、および東京国立博物館編『高句麗広開土王碑拓本』（東京国立博物館、一九九六年）等の書に掲載されている。

⑤楊守敬旧蔵本〔楊守敬本〕。石灰拓本。整幅本、全四幅。濃墨重拓。この本は一九〇二年に曹廷傑が贈ったものである。原本は現在行方不明である。楊守敬本の拓本の面貌は内藤湖南本とよく似ている。ただ一部の碑字の毀損情況からみるところでは、その制作年代は内藤湖南本以後の近い時期であろう。楊守敬の『寰宇貞石図』（上海有正書局、一九〇九年再版）、『奉天通志』（民国二十三年〔一九三四年〕刊）、日本の藤原楚水纂輯『増訂・寰宇貞石図』（興文社、一九四〇年）に縮小写真の図版が掲載されている。

⑥シャバンヌ旧蔵本〔シャバンヌ本〕。石灰拓本。整幅本、全四幅。濃墨重拓。フランスの東洋史学者シャバンヌ（Édouard Chavannes　中国名は〝沙畹〟）が、一九〇七年四月に現地に赴き碑前で入手した拓本。拓本の制作年代は一九〇七年かあるいは少し前である。『通報』（第二巻第九号）に縮小写真の図版が掲載されており、それが

この本である。「シャバンヌ本」と簡称する。

⑦朝鮮総督府旧蔵本〔ソウル大学校奎章閣乙本〕。石灰拓本。現在韓国のソウル大学図書館奎章閣が所蔵している。整幅本、全四幅、濃墨重拓。武田幸男の考証によれば、この本は一九一三年十月に関野貞、今西龍が現地で碑刻を調査した際に得た拓本である。『朝鮮古蹟図譜』（朝鮮総督府、一九一五年）、『朝鮮金石総覧』（朝鮮総督府、一九一九年）所載の拓本はすべてこの本である。ソウル大学図書館の登録編号は「（奎）11719」。李進熙『広開土王陵碑の研究・資料編』（吉川弘文館、一九七二年）にはこの本の縮小写真図版が掲載されている。「朝鮮総督本」と簡称する。

⑧九州大学図書館蔵本〔梶本益一本〕。石灰拓本。整幅本、全四幅。題跋なし、濃墨重拓。この本は梶本益一が一九四三年に九州大学に寄贈したものである。拓本の破損か所の背面に、収蔵者が当時の新聞紙を用いて補修を施している。長正統はこの新聞の日付けからこの本の年代を一九二七年前後と推測している。「九州大学本」と簡称する。

⑨東京都目黒区めぐろ歴史資料館蔵本〔内藤確介本〕。石灰拓本。整幅本、全四幅。題跋なし、濃墨重拓。もと内藤確介旧蔵本で、のちに東京都目黒区守屋教育会館郷土資料室（当時）に寄贈された。内藤確介の在華経歴から、彼がこの本を得た年代は概ね一九二七年～一九三一年の間であろうと、研究者らはみている。東京都目黒区守屋教育会館郷土資料室編集の『高句麗広開土王碑拓本写真集』（一九九〇年）に、この本の縮小写真図版が掲載されている。「目黒区本」と簡称する。

⑩書学院蔵全拓本〔書学院本〕。石灰拓本。整幅本、全四幅。淡墨拓、題跋なし。現在日本書学院が所蔵している。日本『書道研究』（創刊号一九八七年六月）にこの本の縮小写真図版が掲載されており、「書学院全拓」と題がある。

この本が書学院に収蔵されるまでの経緯は不明で、一九三〇年代中期前後の拓本と推定される。この本は足立幸一旧蔵本ときわめて近く、石灰がやや大きな範囲で脱落した状況をみることができる。「書学院本」と簡称する。

以下、上述の一〇種類の拓本と、お茶の水女子大学本とを比較してみたい。紙幅の制限もあるので、ここでは六つの碑字をとりあげて比較することとする。

1　第Ⅰ面第二行第二字「幸」（車）字

以上の碑文第Ⅰ面第二行第二字は、石灰塗抹前の原石拓本では「幸」字に釈文されている。ただし一八八三年以前に制作された李超瓊旧蔵本と一八八三年に制作された酒匂本等の摹搨本では、この字は「車」字を半分にした形に描写されている。一八八九年以前の原石拓本上では「幸」字の半分が釈録できる。最も古い石灰拓本である天津文運堂旧蔵本〔文運堂本〕では、この字ははじめて完全な「車」字に補修されており、この釈文は明らかに李超瓊旧蔵本や酒匂本等の摹搨本の影響を受けたものであった。筆者は比較調査を通じて、文運堂本上の多くの碑字が原石拓本の特徴をもっていることを発見した。内藤湖南本とは異なるものである。このことは、内藤湖南本が石灰で全面を塗抹した後に制作された拓本であることを示すものであり、その制作年代は文運堂本の後である。楊守敬本の「車」字の右上部は、石灰が剝落して拓本上に再び空白が生じている。ただしこの字の左半分はまだ文運堂本と内藤湖南本の「車」字の筆画の特徴が残っている。文運堂本・内藤湖南本・楊守敬本がいつ制作されたのかについては、拓本上に何の説明書きも残されていない。碑字字形の比較を通じて、これら三本の編年が、上海有正書局一九〇九年出版の好太王碑石印本〔呉椒甫本〕と関係があり、この〔石印本の〕拓本が呉椒甫本（図5第二段第二字）であることがわかった。この本が呉椒甫本と呼ばれる所以は、該本上に小宋と自称する人物の書いた『志』（すな

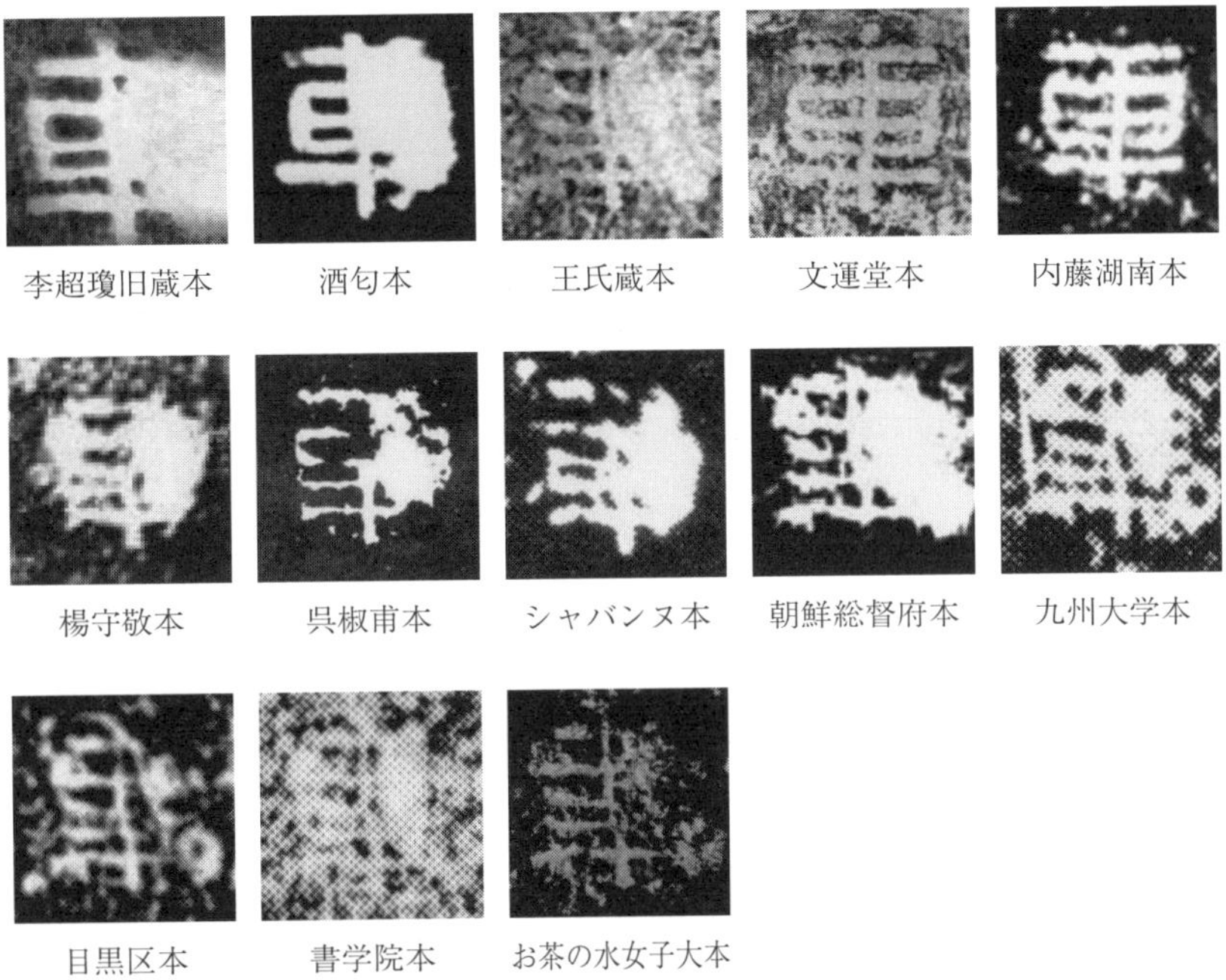

図5　第Ⅰ面第2行第2字「幸」（車）字

わち跋語）があり、そこに、この本がかつて常州の呉椒甫の旧蔵であったと記されているからである。小宋の『志』は一九〇九年に書かれたもので、常州の呉椒甫が中日之役、すなわち中日甲午戦争［日清戦争・一八九四年八月～一八九五年四月］の時期にこの本を得たことが述べられている[12]。このことは、この拓本の制作年代が一八九四年～一八九五年の間であることを示す。再び呉椒甫本とその他の十九世紀末～二十世紀初めの拓本とを比較してみると、呉椒甫本の字形は楊守敬本と異なり、一九〇七年に制作されたシャバンヌ本と近い。このことから呉椒甫本は編年の上では楊守敬本とシャバンヌ本の間に位置すると判断できるのである。小宋の『志』によって呉椒甫本の制作年代が一八九四年～一八九五年の間であることがわかるので、文運堂本・内藤湖南本・楊守敬本の制作年代は必ず一八九四年以前ということになる。

上の「車」字の比較において、シャバンヌ本より遅い朝鮮総督府本（一九一三年）では石灰の剥落によって「車」字の字形が再び原石拓本とよく似た半分の「幸」字に変化している。この後すべての拓本上では完全な「車」字は二度と出現しなくなる。お茶の水女子大学本上の「幸」字は、字形の比較と右側の毀損の痕跡からみて、九州大学本や目黒区本と最も近い。

2　第Ⅰ面第三行第五字「然」

第Ⅰ面第三行第五字の「然」字は、原碑上ではもともと「然」字の異体字であり、該字の左上角の字形は「歹」字に似ている。摹搨本である酒匂本も原碑の字形がそのまま反映されている。最も早い石灰拓本である文運堂本では、「然」字は全面的に補修され、字形には変化が生じており、「歹」字の上方の横画が消失している。内藤湖南本・楊守敬本・シャバンヌ本はみな文運堂本と同様である。一九一〇年代初期になると、碑石上の「然」字の所の石灰が剥落しはじめ、本来の「歹」字に似た筆画が露顕してくる。一九三〇年代以後の書学院本上では、この「然」字がますます模糊となっている。これらの比較から、お茶の水女子大学本の「然」字の形状および「然」字右上方の「犬」字の毀損状態は、九州大学本・目黒区本と最も近い。

3　第Ⅰ面第三行第二七字「天」（因）

第Ⅰ面第三行第二七字は「天」字に釈文すべきであり、原石拓本である王氏蔵本をみると、該字の上半分は毀損しており、「天」字の二本の横画の両端が、縦画とつながっているようにみえる。その他の原石拓本では、たとえば北京大A・B・C・D本や日本の水谷拓本もみな同様の字形を呈している。一八八三年、中国東北の地方官吏で

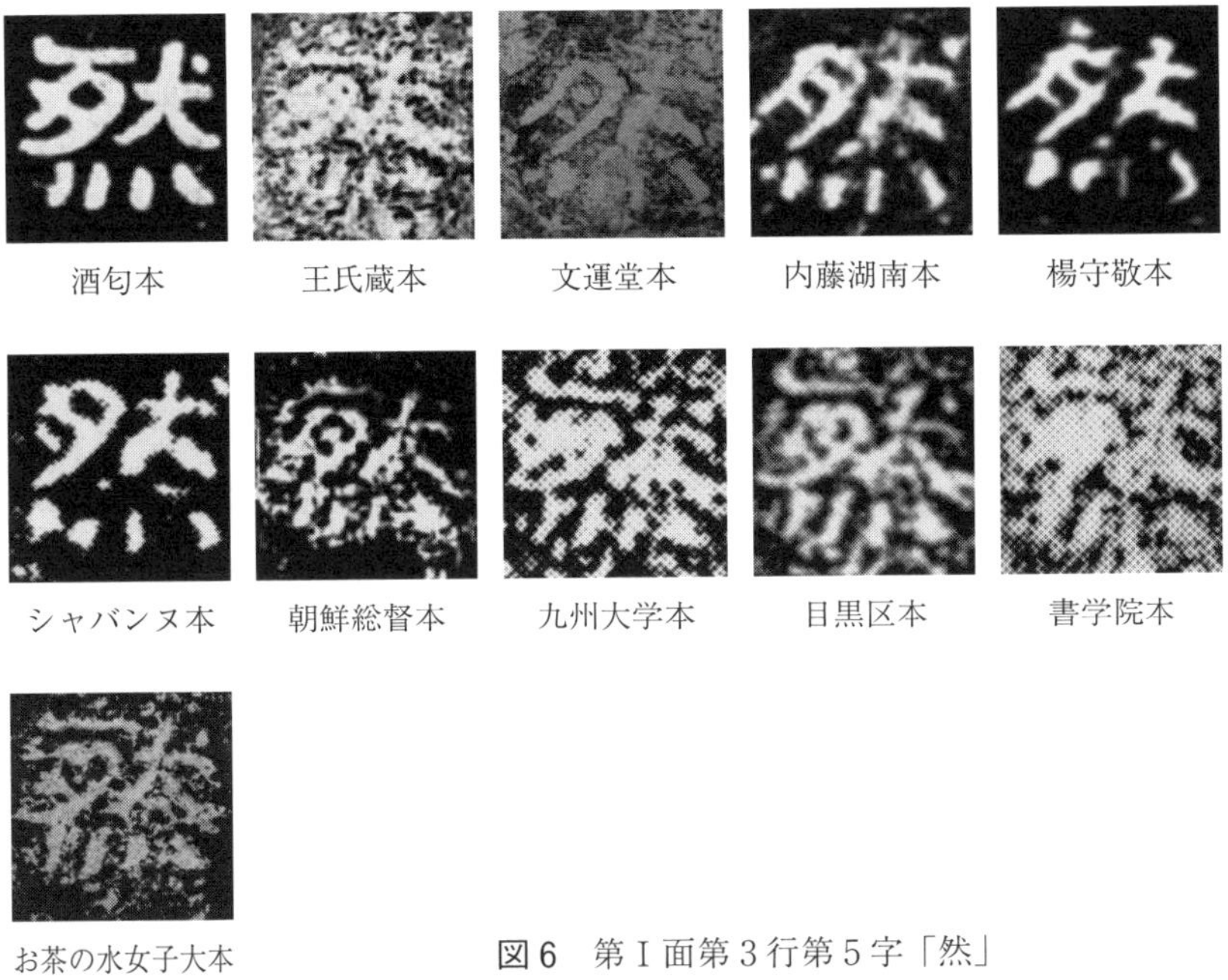

図6　第Ⅰ面第3行第5字「然」

あった李超瓊は、摹搨本を蘇州に持ち帰った。李超瓊旧蔵本とその後の原石拓本の「天」字は一致しているが、酒匂本の制作者はこの字を「因」字として摹拓しており、文運堂本が制作された際にも、拓工は間違いなく酒匂本のような摹搨本を参考にして、この字を明確な「因」字に補修したのである。文運堂本に関する筆者の調査では、該本の「因」字は完全に石灰で作られた造字であることがわかっている。同時に該字の筆画の周囲の石花も、人為的に造られたものである。文運堂本の「因」字はのちのすべての拓本に継承された。一九一八年に黒板勝美が撮影した写真では「因」字の中央の「大」字の字形に変化が生じており、「大」字上に一本の横画が出て、「夫」字のようになっている。以後の二〇年代・三〇年代の拓本もみな黒板勝美の写真と一致している。この特徴は引き続き一九六三年の張明善拓本にも残されていた。しかし不可思議なのは、「因」字は一九八一年の周雲台本（周雲台手拓本）と王健群

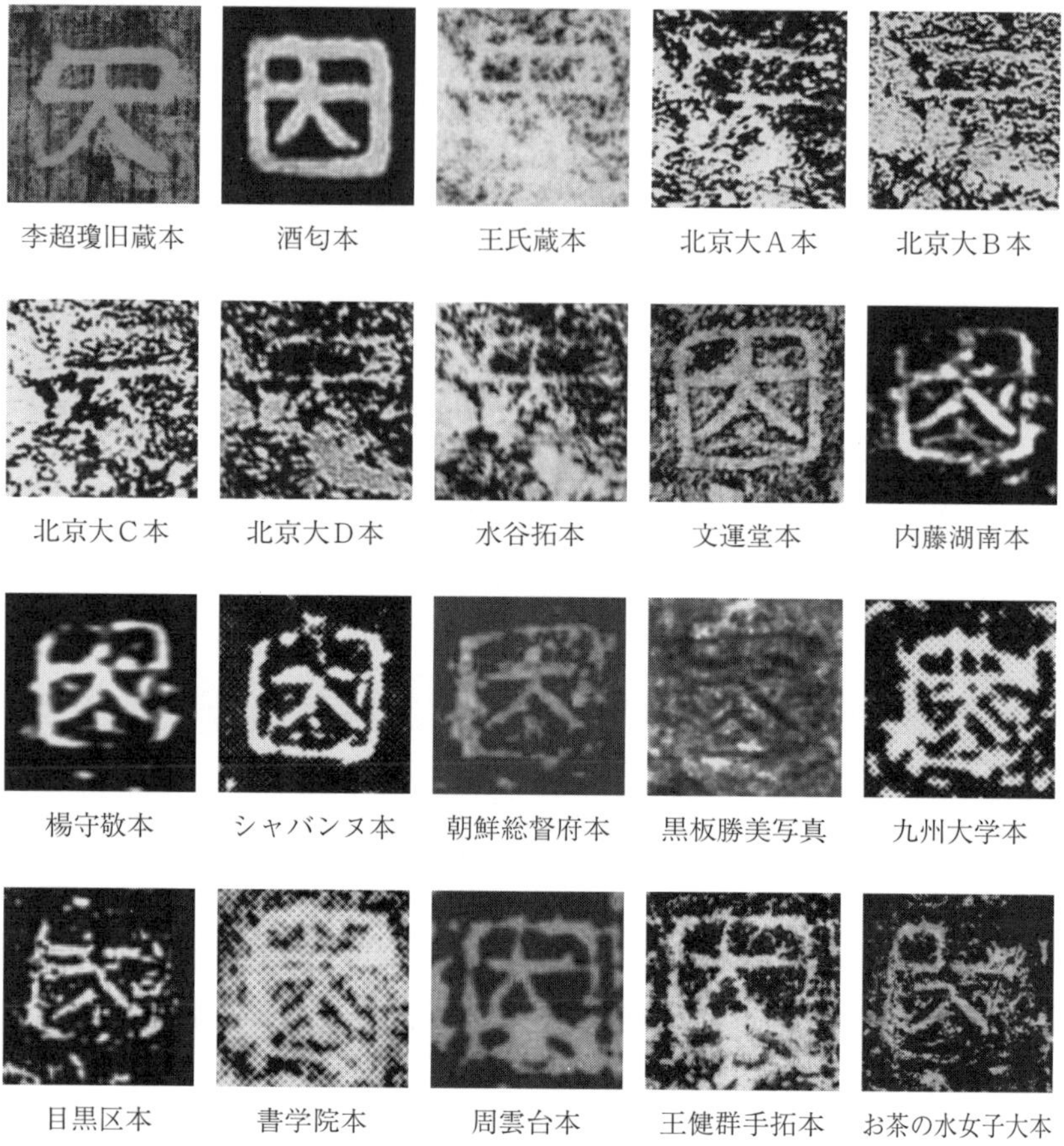

図７　第Ⅰ面第３行第27字「天」（因）

手拓本上ではふたたび変化を生じ、「因」字の中央の「夫」字が再度変化して「大」字となっていることである。お茶の水女子大学本の「因」字の字形は、九州大学本・目黒区本とより近い。

4　第Ⅰ面第五行第一八字「武」

第Ⅰ面第五行第一八字「武」は好太王碑上では本来「戓」と書かれており、右側が「戈」字となっている。この点、摹搨本である酒匂本と原石拓本である王氏蔵本とは一致している。

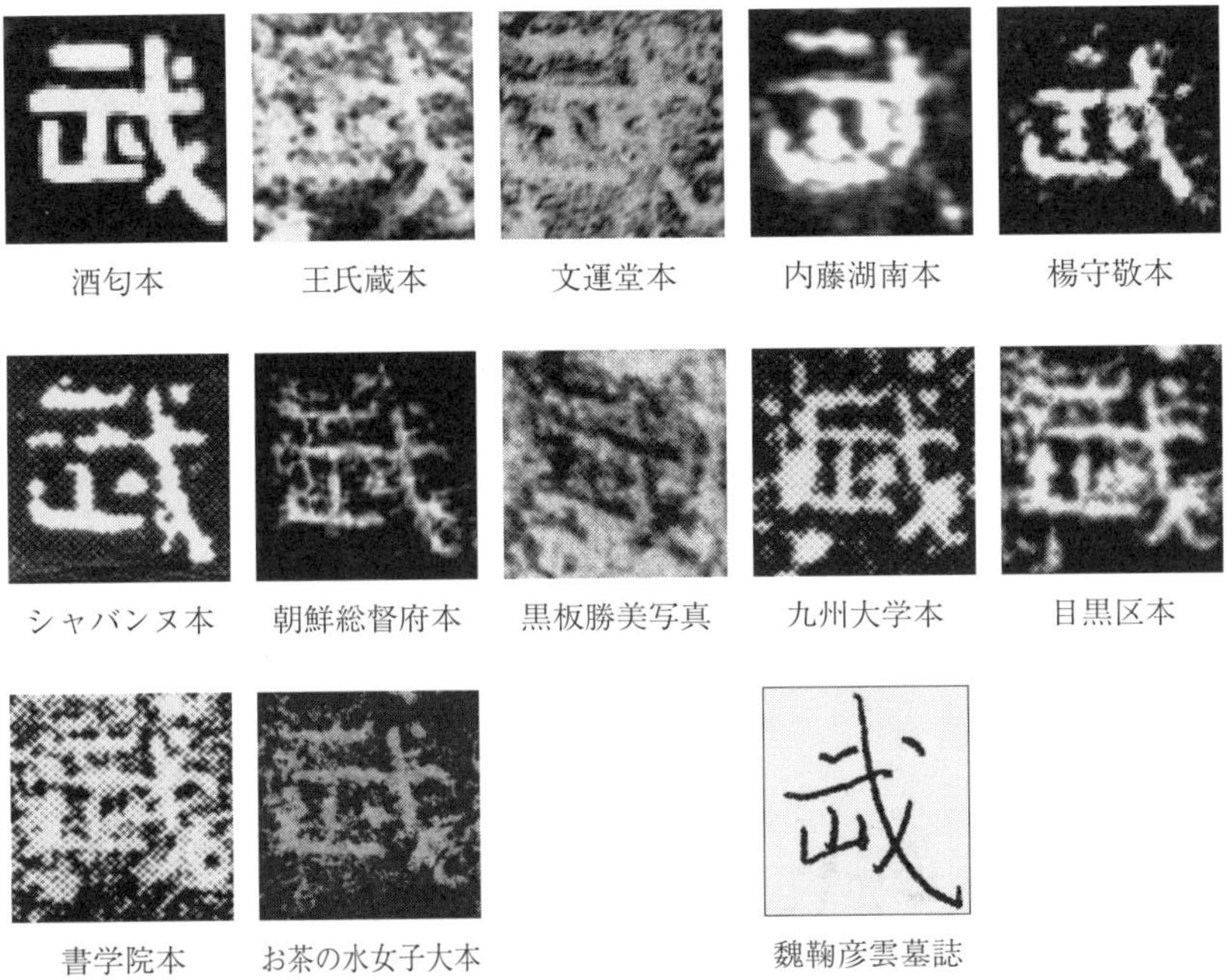

図8　第Ⅰ面第5行第18字「武」

中国古代の石刻では、「武」字には多くの書き方があり、魏の「鞠彦雲墓誌」の「武」字は、右側が「戈」に作られている（図8参照。秦公輯『碑別字新編』文物出版社、一九八五年）。文運堂本を始まりとして「戈」字上の斜画が塡められてしまい、また文運堂本の「武」字の左下の部分の「止」字の字形にも変化が生じている。内藤湖南本と楊守敬本の字形は、文運堂本と同じである。一九一三年の朝鮮総督府本では「戈」字の斜画上の石灰が剝落し始めており、一九一八年の黒板勝美写真をみると、「戈」字の斜画上の石灰はすでに全部剝落している。そしてこの「戈」字の斜画はその後二度と補修されなかった。このため一九一八年以後の拓本では、「武」字の右側の部分はすべて「戈」字となっている。この特徴は一九一八年以後の石灰拓本の重要な基準となるものである。お茶の水女子大学本は、九州大学本・目黒区本と似ており、細部の特徴の一部分は九州本と相い近く、また他の一部分は目黒区本に近い。

5　第Ⅰ面第一〇行第二七字「城」

第Ⅰ面第一〇行第二七字は碑石の中部に位置し、原碑では「城」字となっている。碑面の毀損によって、この字の上半分は欠けており、下半分の筆画がわずかに残されている。摹搨本である酒匂本・原石拓本から楊守敬本までは、この字はいずれも拓出されておらず、拓本上では空白となっている。およそ十九世紀末から二十世紀初めのある時期に、取拓者が、碑面が毀損して凹んだ所に石灰を填めて平らにし、その石灰上に「城」字を彫り入れたのである。そうして、整った「城」字が拓本に出現することになった。一九一三年に朝鮮総督府本が制作された頃には、「城」字の右側の「戈」字が破損しはじめており、一九二〇年代になると、「戈」字の破損はさらにひどくなっていく。同時に「城」字の上方にある「牟」字（第一面第一〇行第二五字）の二本目の横画も破損しはじめている。九州大学本・目黒区本・書学院本には、みな「牟」字の破損情況がみられる。お茶の水女子大学本にみえる「牟」字と「城」字の破損後の字形は、上述の二本と同じである。よってこれら三本は、まさに同時期の拓本とみなすことができる。

6　第Ⅱ面第一〇行第二八字「新」（滿）

第Ⅱ面第一〇行第二八字は原碑ではきわめて不明瞭な一字で、一部の研究者は残存する字画と碑文上下の文脈からこの字を「新」字と推測しており、筆者もこの見解を支持する。しかし石灰拓本の多くは、この字を「滿」字に補修している。一八八三年の酒匂本とこれに近い李超瓊旧蔵本にはこの字は摹拓されておらず、紙面は空白である。

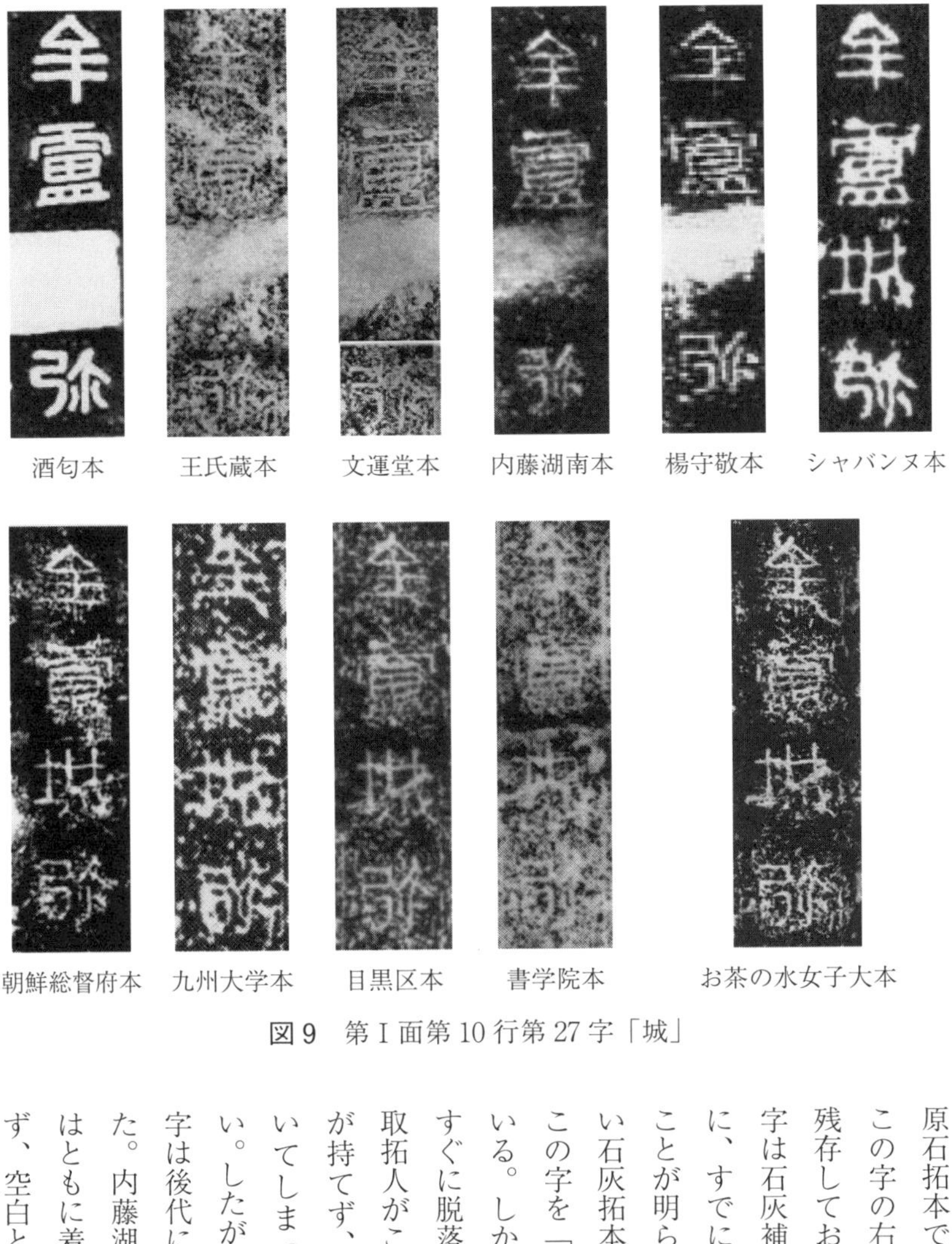

図9　第Ⅰ面第10行第27字「城」

原石拓本である王氏蔵本にはこの字の右側の部分の筆画が残存しており、ここからこの字は石灰補字が行われる以前に、すでに残字となっていたことが明らかである。最も早い石灰拓本である文運堂本はこの字を「西」字に補修している。しかしこの「西」字はすぐに脱落したようであり、取拓人がこの字の判断に自信が持てず、「西」字を取り除いてしまったのかもしれない。したがって文運堂の「西」字は後代には継承されなかった。内藤湖南本と楊守敬本とはともに着墨拓出されておらず、空白となっている。十九

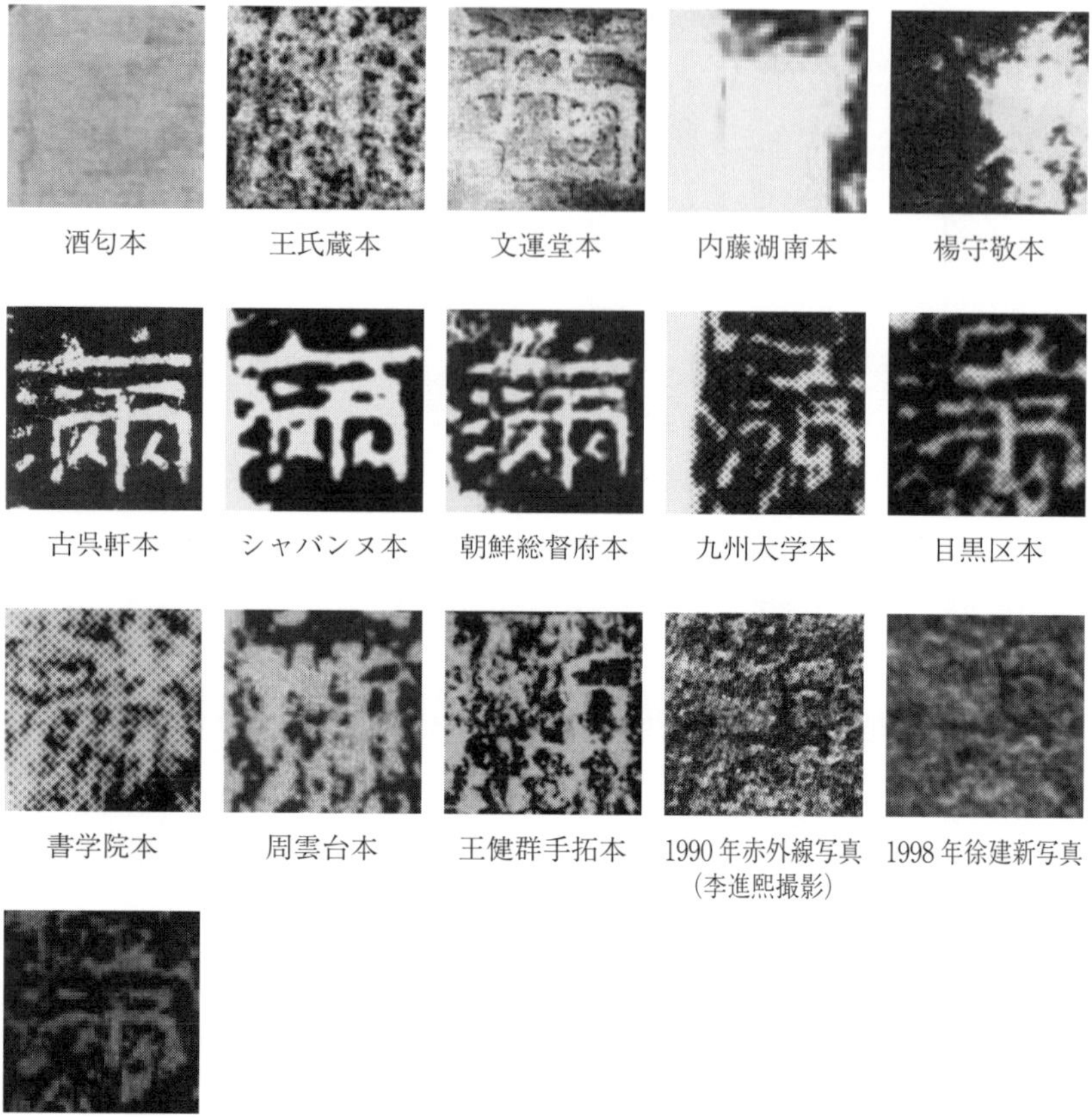

図10　第Ⅱ面第10行第28字「新」（滿）

世紀末から二十世紀の初め、取拓者はこの字を「滿」字に補修した。この改修は後の多くの拓本に継承されている。古呉軒本（楊守敬本以後に出現した、字跡のきわめてはっきりした石灰拓本で、江蘇の古呉軒出版社から一九九九年六月に縮印本が出版された）、一九〇七年のシャバンヌ本から一九一三年の朝鮮総督府本まで、すべて字形の似た「滿」字がみえる。およそ一九二〇年代前後に、この字は再度補修され、釈文では「滿」字とするが、字形にはすでに変化が生じている。最もわかりやすいのは、「滿」字右下部分の「两」の字形変化である。拓本をみると、一九二七年以後の九州大学本、目黒区本、書学院本上の「两」の字形は、それ以前の拓本と明らかに異なる。お茶の水女子大学本の「两」の字形は、九州大学本や目黒区本と同じであり、この拓本も同時期のものであろう。一九三〇年代以後「滿」字の上の石灰が徐々に剝落し、碑字は本来の面貌を回復した。一九八一年以後の周雲台本、王健群手拓本、一九九〇年の李進熙の赤外線写真、一九九八年の徐建新の写真には、「滿」字はすでに見えなくなっており、この碑字の現在の残存状態は、原石拓本の王氏蔵本に近い。

以上、碑文の第Ⅰ面および第Ⅱ面の、計六か所の碑字の比較を通じて、筆者は、お茶の水女子大学本は九州大学本・目黒区本と最も近いと考える。したがって、お茶の水女子大学本の制作年代は九州大学本・目黒区本と同時期の、一九二〇年代後期であろうと推測する。

註

（1）墨水廓填之本という用語については、清・呉大澂『皇華紀程』（上海書店出版社、一九九四年）を参照。

（2）趙海明「伝統的複印技術―碑帖的摹搨与伝拓―」（同『碑帖鑑蔵』上下、天津古籍出版社、二〇一〇年）。

（3）藤田友治『好太王碑論争の解明』（新泉社、一九八六年）。

（4）李超瓊が一八八三年に蘇州に持ち帰った摹刻本の題跋之四より。徐建新「高句麗好太王碑早期墨本的新発見―対一八八四年潘祖蔭蔵本的初歩的調査―」（『中国史研究』二〇〇五年第一期）参照。

（5）潘吉星『中国造紙史』（上海人民出版社、二〇〇九年）。王志維編著『中国書画用紙浅談』（世界知識出版社、一九九〇年）。

（6）李一・斉開文著『拓片拓本制作技法』（北京工芸美術出版社、一九九五年）。

（7）水谷悌二郎「好太王碑考」（『書品』第一〇〇号、一九五九年）。

（8）李進熙『広開土王陵碑の研究』（吉川弘文館、一九七二年）。李進熙『好太王碑の謎』（講談社、一九七三年）。李進熙『好太王碑と任那日本府』（学生社、一九七七年）。

（9）王健群『好太王碑研究』（吉林人民出版社、一九八四年）三二頁。王健群・賈士金・方起東『好太王碑と高句麗遺跡』（読売新聞社、一九八八年）。武田幸男『広開土王碑原石拓本集成』（東京大学出版会、一九八八年）。

（10）前掲註（8）李進熙『広開土王陵碑の研究』、『好太王碑の謎』、『好太王碑と任那日本府』。

（11）徐建新『好太王碑拓本の研究』（東京堂出版、二〇〇六年）。

（12）小宋『志』の原文は次のようなものである。

此満洲第一古碑也。碑在今奉天輯安県。張金波司使蔵有釈本、唐風楼亦蔵此本。然多未如此本之完全者。此本為常州呉椒甫司馬従軍当中日之役所得。今本亦多破缺、故此尤可宝也。宣統己酉（一九〇九年）小宋志。

総括　広開土王碑拓本研究の「いま」と「これから」

三上喜孝

広開土王碑は、四世紀末から五世紀初頭にかけての古代東アジア情勢を語る第一級の史料として、もっぱらその記載内容が、東アジアの研究者たちの関心の的であった。

長らく広開土王碑の解読研究に用いられてきた酒匂景信本は、いわゆる墨水廓塡本と呼ばれるもので、石碑の文字を忠実に写しとったものとはいえず、現在ではこの墨本を根拠に内容を検討することには大きな問題があることが常識となっている。代わって現在では、石碑に何の加工もほどこさない状態でとられた、いわゆる原石拓本による解読作業が、広開土王碑研究の前提となっている。一方、最も多く流布している石灰拓本は、原石では判別しがたい文字を石灰の塗布により際立たせることで、文字を明瞭に読み取れる工夫を凝らした拓本といえるが、石灰をくり返し塗布していく過程で、本来の碑文とは異なる文字が作られるなど、資料としてそのまま活用することには問題がある。

このように、長らく「資料論」が不在のままに進められてきた広開土王碑文研究は、現存する拓本そのものの研究を通じて、「資料論」を前提にした研究へと大きく変貌を遂げていった。その研究を牽引してきたのが、武田幸男氏と、徐建新氏であった。本書の柱のひとつは、広開土王碑拓本の研究手法を紹介し、広開土王碑拓本の「資料論」を共有することにある。

武田幸男氏は、原石拓本、石灰拓本、墨水廓塡本など、現存するすべての墨本を調査、研究の対象とし、それらの編年を試みている。武田氏の手法は、「着墨パターン法」と呼ばれるもので、拓本の文字部分ではなく、「着墨されていない部分（不着墨部分）」に注目し、そこに通時的変化を見出して、拓本を類型化している。石灰拓本についていえば、大きくC０型からC４型の五類型に類別され（さらに細分可能のものもある）。これにもとづき、拓本の編年作業を試みたのである。これらの成果は、氏の著書『広開土王碑墨本の研究』（吉川弘文館、二〇〇九年）にまとめられている。

だが、氏が著書をまとめられて以降も、石灰拓本に関する調査は続いており、「着墨パターン法」は、今後もさらに改良を加えながら、深められていくものと思う。

徐建新氏の「碑字字形比較法」は、石灰で補修された碑字が、石灰剝落後には二度と同じ字形を再現することができない、という石灰拓本の特性を利用して、碑字の字形による拓本の編年を試みたものである。氏の研究成果は、『好太王碑拓本の研究』（東京堂出版、二〇〇六年）にまとめられている。

両氏が、拓本に残されたいわば「墨」の情報から、拓本の制作年代を推定したのに対して、拓本に使われた紙（小拓紙）そのものに注目し、小拓紙の一枚の大きさやその貼り合わせ方に注目して、拓本の編年を試みたのが、早乙女雅博氏の「小拓紙比較法」と呼ばれる手法である。早乙女氏は、小拓紙一枚の規格と、小拓紙の貼り継ぎのパターンなどから、拓本を五類型に分け、編年作業を進めている。

ではこうした調査手法によれば、お茶の水女子大学所蔵の広開土王碑拓本の制作年代は、いつごろと推定できるであろうか。

武田幸男氏は、「着墨パターン法」という分析法により、拓本の類型が、武田氏の分類による「C２型」に属すること、より具体的には、梶本益一本（九州大学中央図書館蔵）や内藤確介本（目黒区めぐろ歴史資料館蔵）と同じ類型に属することを明らかにした。制作時期については、現存の他の「C２型」の拓本と比較しつつ、梶本益一本よりもやや早い、「一九二〇年前後〜一九二七年以前」と推測している。

徐建新氏は、拓本に見える字形を比較する方法により、梶本益一本と内藤確介本の間、すなわち一九二〇年代後期であろうと推測している。

早乙女雅博氏は、広開土王碑拓本を構成している「小拓紙」の大きさや貼り継ぎに注目する。お茶の水女子大学本における小拓紙の規格や貼り継ぎのパターンが、梶本益一本や内藤確介本ときわめてよく類似している点から、制作年代を一九二七年から一九二九年頃と推定した。

武田幸男氏の「着墨パターン法」、徐建新氏の「字形比較法」、早乙女雅博氏の「小拓紙比較法」という、三者三様の分析手法により、いずれもお茶の水女子大学本の制作年代を一九二〇年代後半頃と導き出したことは、これらの手法を相互に検証しあうことで、拓本の制作年代をかなり絞り込むことができることを示している。

さて、本書のもうひとつの柱は、各地に残っている広開土王碑拓本の「来歴」を、自覚的に追求していこうという試みである。

奥田環氏は、お茶の水女子大学の前身にあたる東京女子高等師範学校の学術標本がどのように活用されていたか、その歴史を丁寧にあとづけた上で、広開土王碑拓本が、どのような経緯で大学にもたらされたかについて推定している。検討の結果、拓本の将来時期として、一九三九年の大陸視察旅行の際に購入した可能性を指摘している。

奥田氏の考察は、広開土王碑石灰拓本を教育機関の学術標本、教材としてとらえる視点であり、近現代における広開土王碑石灰拓本の普及や活用の実態を考える上で、今後も検討すべき重要な視点である。

奥田氏が想定した一九三九年という時期について、二〇一二年七月にお茶の水女子大学で行われたシンポジウムの席では、一九三九年という時期に入手することができた背景や、拓本の制作年代である一九二〇年代後半との間に一〇年ほどの差異があることの意味、などが問題となった。拓本の将来時期については、確定的な資料がなく、なお今後の検討が待たれるところであろう。

この点に関して早乙女雅博氏は同シンポジウムの席で、足立幸一本（京都府立福知山高等学校蔵）をとりあげ、大陸に渡った卒業生が、後輩たちの「満蒙」での活躍を期待するために広開土王碑拓本を寄贈した事例があることを紹介し、学内教員による購入の可能性だけでなく、卒業生による寄贈の可能性もあるのではないかと指摘した。この足立幸一本は、どのような経緯で、教育機関に広開土王碑拓本がもたらされたのかを詳細に知ることができる、貴重な事例である。

そうした意味もあり、筆者は、拓本の来歴を自覚的に考えていくことの必要性を提唱した。きっかけは、山形大学における広開土王碑拓本の発見である。いまだ実証的な結論には至っていないが、事例を積み重ねていくことにより、近現代における広開土王碑石灰拓本の受容と流通の意味を明らかにすることができるだろうと思う。

さて、広開土王碑拓本の研究において、大きな役割を果たした研究者の一人が、水谷悌二郎氏であることは、よく知られているところである。水谷悌二郎氏が旧蔵し、現在、国立歴史民俗博物館が所蔵する、いわゆる水谷原石拓本は、原碑本来の姿を伝える数少ない拓本である。

その水谷氏が、原石拓本とともに、碑文研究の原点として愛蔵していた「水谷旧蔵精拓本」は、戦後、水谷氏の手を離れてから長らく所在不明であったが、二〇一二年、岡山県の金光図書館で「発見」された〔水谷精拓本〕。本書では、水谷旧蔵精拓本の発見に立ち会った稲田奈津子氏により、発見の経緯と調査の概要がまとめられている。

水谷旧蔵精拓本の発見は、たんに石灰拓本の一つが発見された、という事実にとどまらない。水谷悌二郎氏が情熱を傾けて碑文研究を行った原点の資料として、研究史上、はかりしれない価値を持つものである。その意味で、碑文研究のシンボル的存在であるといっても過言ではない。この発見に、武田幸男氏をはじめ、調査に参加した筆者も、少なからぬ興奮を覚えた。水谷悌二郎氏が調査に没頭した「精拓本」を、今度は私たちが、本書で提示してきた手法を用いて、分析していかなければならない。それは、水谷氏から私たちに託された「宿題」である。

本書を通じて、広開土王碑拓本の制作年代を推定するさまざまな手法や、近現代の日本において広開土王碑拓本が広く流通していく背景を考えるための素材を、提供することができたように思う。今後はこうした手法を高めていきながら、誰もが共有できるような広開土王碑拓本の「資料論」を確立していかなければならない。

そして、原石拓本にくらべて歴史資料としての価値が低く、また数も多いことから、これまでなかなかそれ自体が研究対象とはなりにくかった石灰拓本にあらためて目を向けることにより、近現代史に翻弄された広開土王碑の意味を、さらに明らかにすることができるであろう。

史料編

史料1　広開土王碑拓本「お茶の水女子大学本」写真（お茶の水女子大学歴史資料館蔵）

第Ⅰ面

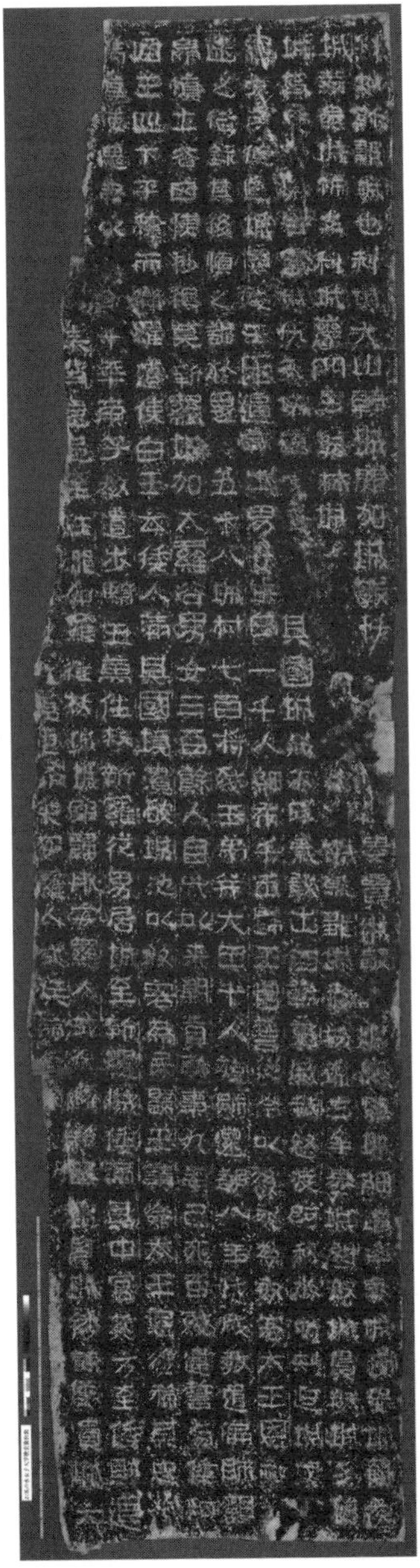

第Ⅱ面

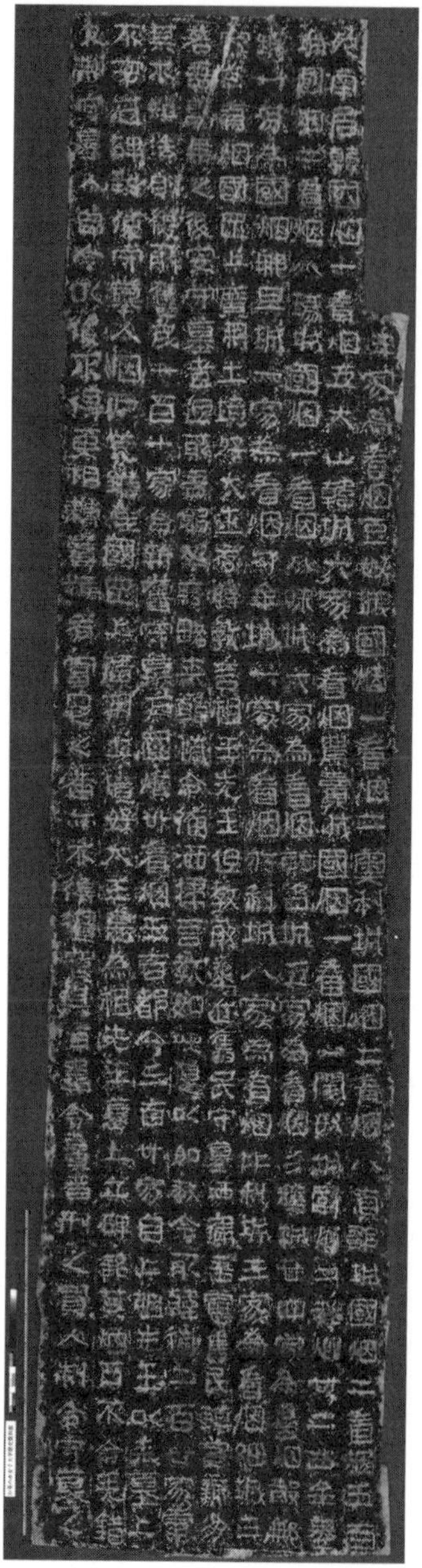

第Ⅳ面

第Ⅲ面

史料2 主要拓本一覧

名称	種類	旧蔵	現蔵	国	参考文献
足立幸一本	石灰拓本	足立幸一	京都府立福知山高等学校	日本	武田、徐 浜田耕策「故足立幸一氏寄贈の京都府立福知山高校所蔵の広開土王碑拓本について」(『学習院大学東洋文化研究所調査研究報告』第24号、1990年)
池上庄治郎本	模刻本	池上庄治郎	大阪歴史博物館寄託	日本	武田
今西龍本	石灰拓本	今西龍	天理大学附属天理図書館	日本	武田、徐
上田正昭本	石灰拓本	不明	上田正昭	日本	徐 寺田隆信・井上秀雄編『好太王碑探訪記』(日本放送出版協会、1985年)
梅津忠清本	石灰拓本	梅津忠清	金沢大学附属図書館	日本	武田 古畑徹「金沢大学附属図書館所蔵(旧制第四高等学校旧蔵)広開土王碑拓本について」(『金沢大学資料館だより』No.26、金沢大学資料館、2005年)
大平山濤本	石灰拓本	江田文雅堂	大平山濤	日本	武田
お茶の水女子大学本	石灰拓本	不明	お茶の水女子大学歴史資料館	日本	本書
学習院大学甲本	石灰拓本	白鳥庫吉収集か	学習院大学東洋文化研究所 221/91/1～4	日本	武田 http://www.gakushuin.ac.jp/univ/rioc/vm/c01_zenkindai/c0101_koukaido.html 学習院大学東洋文化研究所編『知識は東アジアの海を渡った―学習院大学コレクションの世界』(2010年)
学習院大学乙本	石灰拓本	白鳥庫吉収集か	学習院大学東洋文化研究所 221/91a/1～4	日本	武田 http://www.gakushuin.ac.jp/univ/rioc/vm/c01_zenkindai/c0101_koukaido.html 学習院大学東洋文化研究所編『知識は東アジアの海を渡った―学習院大学コレクションの世界』(2010年)
梶本益一本	石灰拓本	梶本益一	九州大学中央図書館	日本	武田、徐 長正統「九州大学所蔵好太王碑拓本の外的研究」(『朝鮮学報』99, 100号、1981年)

名称	種類	旧蔵	現蔵	国	参考文献
勝浦鞆雄本	石灰拓本	不明	宮崎県総合博物館保管	日本	永井哲雄「高句麗広開土王碑文の将来者をめぐる一・二の史料追加について」(『日本歴史』296、1973年)
金子鴎亭本	原石拓本	不明	金子鴎亭	日本	武田、徐
川口平三郎本	石灰拓本	不明	川口平三郎	日本	徐
菅野敏夫本	石灰拓本	菅野敏夫	大阪歴史博物館	日本	武田
京都大学人文科学研究所本	石灰拓本	不明	京都大学人文科学研究所	日本	武田、徐
講談社本	石灰拓本	不明	講談社	日本	武田 李進熙『好太王碑の謎』(講談社、1985年)
国立歴史民俗博物館甲本	石灰拓本	不明	国立歴史民俗博物館	日本	武田
国立歴史民俗博物館乙本	石灰拓本	不明	国立歴史民俗博物館	日本	武田
高麗神社本	模刻本	高麗文英	高麗神社	日本	武田
酒匂景信本	墨水廓塡本	酒匂景信	東京国立博物館	日本	武田、徐
シャバンヌ本	石灰拓本	シャバンヌ	不明	不明	武田、徐 E.Chavannes, "Les monuments de l'ancien royaume Coréen de Kaokeou-li," *T'OUNG PAO* serie ii, VOL. IX (1908) pp.236-296.
書学院本	石灰拓本	比田井南谷	書学院	日本	武田、徐 『書道研究』創刊号(美術新聞社、1987年)
書品100号本	石灰拓本	不明	不明	不明	徐 『書品』100号(東洋書道協会、1959年)
鈴木宗作本	石灰拓本	鈴木宗作	東京国立博物館	日本	武田
関戸力松本	石灰拓本	関戸力松	大阪歴史博物館寄託	日本	武田
関野貞甲本	石灰拓本	関野貞	東京大学大学院工学系研究科建築学専攻 む印第38号～第40号	日本	武田 早乙女雅博「高句麗・広開土王碑 東大建築本の調査」『関野貞アジア踏査』(東京大学総合研究博物館、2005年)
関野貞乙本	石灰拓本	不明	東京大学大学院工学系研究科建築学専攻	日本	早乙女雅博「小拓紙から見た広開土王碑拓本の分類と年代」本書所収

名　称	種　類	旧　蔵	現　蔵	国	参考文献
大東急記念文庫本	墨水廓塡本		大東急記念文庫	日本	星野良作『広開土王碑研究の軌跡』（吉川弘文館、1991年）
多胡碑記念館本	石灰拓本		多胡碑記念館	日本	武田幸男「「石灰拓本」着墨パターン法と「お茶の水女子大学本」」本書所収
辻元謙之助本	石灰拓本	辻元謙之助	天理大学附属天理図書館	日本	武田、徐
寺内正毅甲本	石灰拓本	寺内正毅	山口県立大学附属図書館 桜圃寺内文庫	日本	武田 原川一郎・池田啓子「桜圃寺内文庫和漢書目録」（『桜圃寺内文庫の研究』1976年）
寺内正毅乙本	石灰拓本	寺内正毅	山口県立大学附属図書館 桜圃寺内文庫	日本	武田 原川一郎・池田啓子「桜圃寺内文庫和漢書目録」（『桜圃寺内文庫の研究』1976年）
東洋文庫甲本	石灰拓本	不明	東洋文庫　Ⅳ-1-205	日本	武田
東洋文庫乙本	石灰拓本	不明	東洋文庫　Ⅳ-1-27	日本	武田
東京大学東洋文化研究所本	石灰拓本	不明	東京大学東洋文化研究所	日本	徐 王健群『好太王碑研究』（吉林人民出版社、1984年）
東京大学文学部甲本	石灰拓本	不明	東京大学文学部（表装）	日本	武田
東京大学文学部乙本	石灰拓本	不明	東京大学文学部（未表装）	日本	武田 早乙女雅博「東京大学所蔵の広開土王碑拓本―小拓紙からみた制作年代の考察」（『高句麗研究』第21輯、高句麗研究会、2005年）
内藤確介本	石灰拓本	内藤確介	目黒区めぐろ歴史資料館	日本	武田、徐 東京都目黒区守屋教育会館郷土資料室『高句麗広開土王碑拓本写真集』（1990年）
内藤湖南本	石灰拓本	内藤湖南	京都大学人文科学研究所	日本	武田、徐 王健群『好太王碑研究』（吉林人民出版社、1984年）
長崎西高校本	石灰拓本	不明	長崎県立長崎西高等学校	日本	九州国立博物館『馬―アジアを駆けた二千年』（2010年）
中村不折本	石灰拓本	書道博物館	台東区立書道博物館	日本	武田
中野政一本	石灰拓本	中野政一	不明	日本	武田、徐

名　称	種　類	旧　蔵	現　蔵	国	参考文献
水谷原石拓本	原石拓本	水谷悌二郎	国立歴史民俗博物館 H-1288	日本	武田、徐 水谷悌二郎「好太王碑考」(『書品』第100号、1959年)
水谷精拓本	石灰拓本	水谷悌二郎	金光図書館	日本	武田 稲田奈津子「金光図書館所蔵『初拓好太王碑』と「水谷旧蔵精拓本」」(『東京大学史料編纂所附属画像史料解析センター通信』58号、2012年) 荊木美行「水谷悌二郎精拓本の再発見―広開土王碑研究の一齣②―」(『皇學館大学史料編纂所所報』234号、2012年)
三井家聴氷閣本	石灰拓本	三井家聴氷閣	三井記念美術館	日本	武田、徐 水谷悌二郎「好太王碑考」(『書品』第100号、1959年)
明治大学甲本	石灰拓本	不明	明治大学中央図書館 092.6/37//H	日本	第47回明治大学中央図書館企画展示『新収貴重書展』(2013年)
明治大学乙本	石灰拓本	不明	明治大学中央図書館 092.6/40//H	日本	第47回明治大学中央図書館企画展示『新収貴重書展』(2013年)
山形大学本	石灰拓本	不明	山形大学小白川図書館	日本	武田幸男「広開土王碑「山形大学本（第Ⅲ面）」調査概報」(『山形大学歴史・地理・人類学論集』2012年)
読売テレビ放送本	石灰拓本	不明	読売テレビ放送株式会社	日本	武田、徐
早稲田大学本	石灰拓本	不明	早稲田大学図書館 チ 10 04603	日本	http://www.wul.waseda.ac.jp/kotenseki/html/chi10/chi10_04603/index.html
王健群手拓本	石灰拓本	王健群		中国	王健群『好太王碑研究』（吉林人民出版社、1984年） 徐建新「好太王碑拓本の編年方法とお茶の水女子大学本の制作年代」本書所収
王少蔵本	原石拓本	王維城（字少蔵）	王維城の一族	中国	武田、徐
吉林省文物管理局本	石灰拓本	不明（1974-75年頃採拓）	不明	中国	武田
古呉軒本	石灰拓本	不明	不明	中国	徐 蘇州古呉軒出版社（1999年出版）
呉椒甫本	石灰拓本	呉椒甫	不明	中国	武田、徐 『旧拓好太王碑』（上海有正書局、1909年）

名 称	種 類	旧 蔵	現 蔵	国	参考文献
四川美術本	石灰拓本	不明	不明	中国	徐
上海某本	石灰拓本	不明	不明	中国	徐
周雲台手拓本	石灰拓本	周雲台 1981 年採拓	吉林省集安市博物館	中国	武田、徐 王健群『好太王碑研究』(吉林人民出版社、1984 年)
晋好太王碑本	石灰拓本	不明	不明	中国	武田
石家荘市某本	模刻本		河北省石家荘市某氏	中国	徐建新「好太王碑拓本の編年方法とお茶の水女子大学本の制作年代」本書所収
荘厳本	石灰拓本	許英世	荘厳	中国	武田
中国国家図書館本	原石拓本	北京図書館	中国国家図書館(名称変更)	中国	武田、徐
張文舒本	石灰拓本	張文舒	吉林省集安市博物館	中国	武田
張明善手拓本	石灰拓本	張明善 1963 年採拓	吉林省博物館	中国	武田、徐
天津某本	石灰拓本	不明	天津個人収蔵家	中国	武田
北京大学図書館 A 本	原石拓本	潘祖陰	北京大学図書館	中国	武田、徐
北京大学図書館 B 本	原石拓本	不明	北京大学図書館	中国	武田、徐
北京大学図書館 C 本	原石拓本	不明	北京大学図書館	中国	武田、徐
北京大学図書館 D 本	原石拓本	不明	北京大学図書館	中国	武田、徐
北京大学図書館 E 本	原石拓本	不明	北京大学図書館	中国	武田、徐
北京大学図書館 F 本	石灰拓本	不明	北京大学図書館	中国	徐
北京大学図書館 G 本	石灰拓本	柳風堂	北京大学図書館	中国	徐
北京大学図書館 H 本	模刻本	不明	北京大学図書館	中国	武田
満洲金石志稿本	石灰拓本	不明	不明	中国	薗田一亀編『満洲金石志稿』第一冊(南満州鉄道株式会社、1936 年)
楊守敬本	石灰拓本	楊守敬	所在不明	中国	武田、徐 楊守敬『寰宇貞石図』(上海有正書局、1909 年再版)
羅振玉本	石灰拓本	不明	不明	中国	武田
李超瓊本	墨水廓塡本	李超瓊	北京個人収蔵家	中国	武田、徐

名称	種類	旧蔵	現蔵	国	参考文献
劉承幹本	石灰拓本	劉承幹	北京大学図書館	中国	武田
遼寧省博物館本	石灰拓本	不明	遼寧省博物館	中国	武田
台湾国家図書館乙本	模刻本	不明	台湾国家図書館　3375	台湾	武田
傅斯年図書館甲本	原石拓本	不明	台湾中央研究院歴史語言研究所傅斯年図書館	台湾	武田、徐
傅斯年図書館乙本	原石拓本	不明	台湾中央研究院歴史語言研究所傅斯年図書館	台湾	武田、徐
傅斯年図書館丙本	石灰拓本	不明	台湾中央研究院歴史語言研究所傅斯年図書館	台湾	武田、徐
傅斯年図書館丁本	石灰拓本	不明	台湾中央研究院歴史語言研究所傅斯年図書館	台湾	武田、徐
延世大本	石灰拓本		延世大学校図書館 LPG951.025	韓国	文化財研究所『広開土大王陵碑拓本図録』(1996年)
国立中央図書館甲本	石灰拓本	朝鮮総督府図書館	国立中央図書館　古朝52-50　昭8.4.10の入庫印あり	韓国	文化財研究所『広開土大王陵碑拓本図録』(1996年) 李亨求・朴魯姫『広開土大王陵碑新研究』(同和出版社、1985年)
国立中央図書館乙本	石灰拓本		国立中央博物館 No.6490	韓国	文化財研究所『広開土大王陵碑拓本図録』(1996年)
書通本	原石拓本	不明	不明	韓国	武田 『書通』創刊号(1973年) 朴真奭『好太王碑拓本研究』(黒竜江朝鮮民族出版社、2001年)
ソウル大学校奎章閣甲本	石灰拓本	朝鮮総督府	ソウル大学校奎章閣　奎11719	韓国	朝鮮総督府『朝鮮図書解題』(1918年) ソウル大学校奎章閣『奎章閣韓国本図書解題続集—史部3』(民昌文化社、1966年)
ソウル大学校奎章閣乙本	不明	朝鮮総督府	ソウル大学校奎章閣　奎11713　25123　縮刷本	韓国	朝鮮総督府『朝鮮図書解題』(1918年) ソウル大学校奎章閣『奎章閣韓国本図書解題続集—史部3』(民昌文化社、1966年)

名称	種類	旧蔵	現蔵	国	参考文献
ソウル大学校奎章閣丙本	不明		ソウル大学校奎章閣　古929.5-G994	韓国	ソウル大学校奎章閣『奎章閣韓国本図書解題続集―史部3』（民昌文化社、1966年）
ソウル大博物館甲本	石灰拓本		ソウル大学校博物館No.1017	韓国	文化財研究所『広開土大王陵碑拓本図録』（1996年）
ソウル大博物館乙本	石灰拓本	森田芳夫が入手、1936年	ソウル大学校博物館No.257	韓国	文化財研究所『広開土大王陵碑拓本図録』（1996年）
張遇聖本	石灰拓本		張遇聖	韓国	文化財研究所『広開土大王陵碑拓本図録』（1996年）
鄭在煥本	石灰拓本	鄭在煥	東亜大学校博物館	韓国	文化財研究所『広開土大王陵碑拓本図録』（1996年）
任昌淳本	原石拓本	天池舎人	泰東古典研究所	韓国	武田 任世権「広開土王碑の研究―青溟本原石拓本の検討―」（『国史館論叢』第74輯、国史編纂委員会、1997年） 任世権・李宇泰『韓国金石文集成（1）』（韓国国学振興院、2002年）
文運堂本	石灰拓本	天津文運堂	韓国独立記念館	韓国	武田、徐
富田晋二本	不明	富田晋二寄贈	旧平壌府立博物館	北朝鮮	田中萬宗『朝鮮古蹟行脚』（泰東書院、1930年）

付記
・参考文献欄の「武田」「徐」は以下の文献を指す。
　武田：武田幸男『広開土王碑墨本の研究』（吉川弘文館、2009年）
　徐：徐建新『好太王碑拓本の研究』（東京堂出版、2006年）
・監修・作成者は下記の通り。
　監修：早乙女雅博
　作成協力：古内絵里子（お茶の水女子大学博士後期課程在学中）

あとがき

研究のテーマは思いがけないところで見つかることがある。筆者の勤務するお茶の水女子大学の歴史資料館が所蔵する広開土王碑拓本についてもそうだった。なぜ、本学で広開土王碑拓本のシンポジウムを開催し本にまとめることになったかという経緯を、少し詳しく紹介したい。

二〇一一年十二月八日、図書・情報チームの江川和子チームリーダー（当時）から歴史資料館にある広開土王碑拓本を見てほしいという依頼があったことが始まりだった。歴史資料館のアカデミック・アシスタントの志賀祐紀さんが、山形大学で夏に第Ⅲ面が発見されプレス発表された記事を見たこともあり、本学にある広開土王碑拓本に関心がもたれるようになったのである。

調べていくと、この拓本は一部の方たちには知られており、元々本学の文教育学部史学科所蔵だったものが、青木和夫先生の退官を機に、鷹野光行先生の博物館学資料室に移動され、そこから歴史資料館に運び込まれたものであることがわかった。本学に入った経緯については、本書の奥田環さんの論文をお読みいただきたい。

ある研究会で東京大学史料編纂所の稲田奈津子さんに本学にある広開土王碑拓本についてお話したところ、山形大学の三上喜孝さんを通じて、広開土王碑研究の第一人者である武田幸男先生に調査していただけることになったのである。お二人に感謝したい。

武田先生や早乙女雅博先生がたの調査は二〇一二年三月に行われたが、ちょうど同時期に中国での広開土王碑研究の代表的研究者である徐建新先生が日本に来られていて、徐先生にも見ていただけることになった。本当に幸運が重なったと思う。

この間、歴史資料館の方では、拓本の写真を撮影してインターネット上などでの公開に備え、保管方法などについても準備を進めていただけることになった。こうして、今まで誰からも関心をもたれることがなかった拓本は日の目を見ることになったのである。五月にはプレスリリースをしていただき、広開土王没後一六〇〇年ということもあり、本学で開催する国際日本学シンポジウムで取り上げることになった。

調査・講演をしていただき、本書に寄稿してくださった武田先生、徐先生、早乙女先生、奥田さん、三上さん、稲田さん、橋本さん、通訳・翻訳の労をとってくださった江川式部さん、そして今回の発見の切っ掛けを作り、私たちの目を啓いてくださった歴史資料館の江川和子チームリーダー（当時）、兵藤徳和係長、志賀祐紀さんには厚く御礼申し上げる。また、調査などに尽力してくださった比較日本学教育研究センターのアカデミック・アシスタント（当時）の矢越葉子さんにも心から感謝したい。

本書に収録したシンポジウムは、お茶の水女子大学が毎年七月の第一土曜・日曜に開催している国際日本学シンポジウムの一環として行われた。国際日本学シンポジウムは、一九九九年大学院博士後期課程に国際日本学専攻が設置されたのを機に開始され、二〇〇四年に比較日本学研究センターが設置されてからは（二〇〇八年より比較日本学教育研究センターに改称）、センターが主催してきたもので、今回で第一四回を数える。国際日本学は、国際的視野の中で日本研究を進め、総合学としての日本学を世界に発信することを目的としている。

本シンポジウムでは、外国の日本学研究者の方の発表があるのも、当初からの特徴で、二〇〇七年の第八回から第一一回までの五年間には、魅力ある大学院教育イニシアティブ、大学院教育改革支援プログラムの援助を得て、外国から多数の日本学研究者を招聘することができた。また、本シンポジウムには本学の大学院博士後期課程の修了者や大学院生も発表者として登場しており、大学院生にとって、先端的・国際的研究に触れる場として、また、発表の場として意義のある機会を提供してきた。

今回は「文字・表現・交流の国際日本学」を統一テーマとし、第一日目に「発見！お茶の水女子大学の広開土王碑拓本」が行われた。シンポジウムを開催するにあたって、共催となり支援してくださった本学の特別経費「女性リーダーを創出する国際拠点の形成」プログラム、歴史資料館、比較歴史学コースに御礼申し上げたい。

このように、思いがけない出会いを経て、お茶の水女子大学の広開土王碑拓本は再発見されてシンポジウムが開催され、本となった。最後になったが、本書を刊行するに際して、お世話になった鈴木靖民先生、吉村武彦先生、専門的見地からさまざまなご教示をいただいた早乙女雅博先生、そして同成社の佐藤涼子社長、三浦彩子さんに心から感謝申し上げる。

二〇一三年四月

古瀬奈津子

執筆者紹介（執筆順・編者を除く）

武田幸男（たけだ　ゆきお）
一九三四年生。東京大学大学院修士課程修了。東京大学名誉教授。主要著作論文『高句麗史と東アジア』（岩波書店、一九八九年）、『広開土王碑との対話』（白帝社、二〇〇七年）、『広開土王碑墨本の研究』（吉川弘文館、二〇〇九年）。

徐　建新（Xu jianxin）
一九五三年生。中国社会科学院世界歴史研究所古代中世史研究室主任・研究員。中国社会科学院大学院教授。博士（史学）。主要著作論文「従律令制度看日本奈良時代的社會等級結構」（臺灣大學『臺大歴史學報』二〇〇三年）、『好太王碑拓本の研究』（東京堂出版、二〇〇六年）、「日本古代国家形成史についての諸問題」（『日本古代の王権と東アジア』吉川弘文館、二〇一二年）。

江川式部（えがわ　しきぶ）
一九六七年生。明治大学大学院文学研究科博士後期課程修了、博士（史学）。現在、明治大学兼任講師。主要著作論文「唐代の上墓儀礼—墓祭習俗の礼典編入とその意義について—」（『東方学』第一二〇輯、二〇一〇年）、「顔勤礼碑と顔氏一門」（『東アジア石刻研究』第二号、二〇一〇年）、『大唐元陵儀注新釈』（汲古書院、二〇一三年、共著）。

早乙女雅博（さおとめ　まさひろ）
一九五二年生。東京大学大学院人文科学研究科博士課程単位取得退学。現在、東京大学大学院人文社会系研究科教授。主要著作論文『朝鮮半島の考古学』（同成社、二〇〇〇年）、『関野貞アジア踏査』（東京大学総合研究博物館、二〇〇五年、共著）、『新羅考古学研究』（同成社、二〇一〇年）。

奥田　環（おくだ　たまき）
一九六一年生。お茶の水女子大学大学院人間文化研究科博士課程単位取得退学。現在、お茶の水女子大学・日本大学・埼玉学園大学非常勤講師。主要著作論文「学校博物館の源流—東京女子高等師範学校附属小学校の「児童博物館」—」（『博物館学雑誌』第三一巻第二号、二〇〇六年）、「東京女子高等師範学校の「修学旅行」」（『お茶の水女子大学人文科学研究』第七巻、二〇一一年）。

三上喜孝（みかみ　よしたか）

一九六九年生。東京大学大学院人文社会系研究科博士課程単位取得退学、博士（文学）。現在、山形大学人文学部准教授。主要著作論文『日本古代の貨幣と社会』（吉川弘文館、二〇〇五年）、『日本古代の文字と地方社会』（吉川弘文館、二〇一三年）。

稲田奈津子（いなだ　なつこ）

一九七五年生。東京大学大学院人文社会系研究科博士課程単位取得退学、博士（文学）。現在、東京大学史料編纂所助教。主要著作論文「奈良時代の天皇喪葬儀礼―大唐元陵儀注の検討を通して―」（『東方学』一一四輯、二〇〇七年）、「舎利奉安記と日本古代史料」（『仏教』文明の東方移動―百済弥勒寺西塔の舎利荘厳―』汲古書院、二〇一三年）。

橋本　繁（はしもと　しげる）

一九七五年生。早稲田大学大学院文学研究科博士後期課程修了、博士（文学）。現在、早稲田大学非常勤講師。主要著作論文「金海出土『論語』木簡と新羅社会」（『朝鮮学報』一九三、二〇〇四年）、「浦項中城里碑の研究」（『朝鮮学報』二二〇、二〇一一年）、「中古新羅築城碑の研究」（『韓国朝鮮文化研究』十二、二〇一三年）。

広開土王碑《こうかいどおうひ》拓本《たくほん》の新研究《しんけんきゅう》

■編者略歴■

古瀬奈津子（ふるせ　なつこ）

1954年、埼玉県生まれ。

お茶の水女子大学大学院人間文化研究科（博士課程）単位取得退学、博士（文学）。お茶の水女子大学助手、国立歴史民俗博物館助教授などを経て、現在、お茶の水女子大学大学院教授。

主要著作論文

『唐令拾遺補』（東京大学出版会、1997年、共編）
『日本古代王権と儀式』（吉川弘文館、1998年）
『遣唐使の見た中国』（吉川弘文館、2003年）
『日唐律令比較研究の新段階』（山川出版社、2008年、共著）
『日本の対外関係2　律令国家と東アジア』（吉川弘文館、2011年、共著）
『シリーズ日本古代史⑥摂関政治』（岩波書店、2011年）

2013年7月20日発行

編　者　古瀬奈津子
発行者　山脇洋亮
印　刷　三美印刷㈱
製　本　協栄製本㈱

発行所　東京都千代田区飯田橋4-4-8
（〒102-0072）東京中央ビル　㈱同成社
TEL 03-3239-1467　振替 00140-0-20618

ISBN978-4-88621-640-3 C3022